Anomalien in Handlungs- und Entscheidungstheorien

Ulrich Druwe
Volker Kunz (Hrsg.)

Anomalien in Handlungs- und Entscheidungstheorien

Leske + Budrich, Opladen 1998

Gedruckt auf säurefreiem und altersbeständigem Papier.

ISBN 3-8100-1981-X

© 1998 Leske + Budrich, Opladen

Druck: Druck Partner Rübelmann, Hemsbach
Printed in Germany

Inhalt

Einleitung

Der vorliegende Band mit dem Titel „Anomalien in Handlungs- und Entscheidungstheorien" ist u.a. das Resultat der dritten Tagung des Arbeitskreises „Handlungs- und Entscheidungstheorie" der „Sektion Politische Theorie und Ideengeschichte" innerhalb der Deutschen Vereinigung für Politische Wissenschaft (DVPW). Während sich die ersten beiden Tagungen mit Grundlagen und zentralen politikwissenschaftlichen Anwendungen handlungs- und entscheidungstheoretischer Ansätze beschäftigten (Druwe, Kunz, Hg. 1994, 1996), stehen in diesem Band ausgewählte Probleme oder Anomalien im Mittelpunkt methodologischer, theoretischer und anwendungsorientierter Betrachtungen.

Der Anomaliebegriff wurde von dem amerikanischen Wissenschaftshistoriker Thomas S. Kuhn 1962 in seinem Buch „The Structure of Scientific Revolutions" eingeführt. Nach seiner Auffassung arbeiten Wissenschaftler reifer Disziplinen auf der Grundlage eines Paradigmas. „Ein Paradigma ist das, was den Mitgliedern einer wissenschaftlichen Gemeinschaft gemeinsam ist ..." (Kuhn 1979: 187). Gemeinsam sind einer wissenschaftlichen Gemeinschaft nach Kuhn eine Wissenschaftssprache mit einheitlichen Definitionen und symbolischen Verallgemeinerungen, heuristische Modelle, Werte bezüglich der Plausibilität, der Einfachheit etc. und insbesondere Musterbeispiele, mit denen neue Mitglieder in eine wissenschaftliche Gemeinschaft eingeführt werden. Innerhalb des Paradigmas wird „normale Wissenschaft", d.h. „die Tätigkeit des Rätsellösens" betrieben (Kuhn 1979: 65). Probleme, die das Paradigma aufwirft, werden gelöst und so die Reichweite und die Exaktheit des Paradigmas kumulativ verbessert.

Die normale Wissenschaft strebt allerdings nicht nach grundlegend neuen Tatsachen und Theorien, aber gerade durch den Erfolg der normalen Wissenschaft, durch den von ihr erzielten kumulativen Fortschritt, kommt es zu neuen Entdeckungen und Theorien bis hin zu einem neuen Paradigma; diese Entwicklung nennt Kuhn eine wissenschaftliche Revolution. „Die Entdeckung beginnt mit dem Bewußtwerden einer Anomalie, das heißt mit der Erkenntnis, daß die Natur in irgendeiner Weise die von einem Paradigma erzeugten, die normale Wissenschaft beherrschenden Erwartungen nicht erfüllt hat" (Kuhn 1979: 65f.). „Je exakter und umfassender dieses Paradigma ist, desto empfindlicher ist es als Indikator für Anomalien" (Kuhn 1979: 77). „Dieses Bewußtsein der Anomalie eröffnet eine Periode, in der Begriffskategorien umgemodelt werden, bis das anfänglich Anomale zum Erwarteten geworden ist. An diesem Punkt ist die Entdeckung abgeschlossen" und ein Paradigmawechsel erfolgt (Kuhn 1979: 76).

Der Anomaliebegriff nach Kuhn setzt damit folgendes voraus: (a) Es existiert ein Paradigma; (b) aus dem Paradigma sind empirische Aussagen abzuleiten; (c) empirische Erwartungen, die aus dem Paradigma gefolgert werden und empirische Beobachtungen „der Natur" stimmen nicht überein; (d) die nicht erfüllten Erwartungen des Paradigmas führen in der wissenschaftlichen Gemeinschaft zu einem Bewußtseinswandel, zu einer „Wahrnehmung, daß etwas falsch gelaufen" ist (Kuhn 1979: 70).

In den individualistisch ausgerichteten Sozialwissenschaften wird vor allem die ökonomische Orientierung als Paradigma interpretiert, obwohl Kuhn selbst der Ansicht ist, daß es die Sozialwissenschaften noch nicht zum Status einer reifen Wissenschaft gebracht haben. Hinsichtlich des empirischen Gehalts des ökonomischen Paradigmas und damit seiner Anomalieempfindlichkeit liegen allerdings unterschiedliche Einschätzungen vor. Entsprechend heterogen sind die Semantiken bezüglich des Begriffs der Anomalie. Dies regt unserer Ansicht nach dazu an, sich in Zukunft vermehrt mit konzeptionellen Grundfragen zu beschäftigen und systematische Theorievergleiche vorzunehmen, auch und vor allem in empirischer Hinsicht: Bei allen Variationen, die im Rahmen des ökonomischen Paradigmas anzutreffen sind, sollte es immer auch darum gehen, einen Aussagenzusammenhang zu formulieren, der hinsichtlich seiner logischen Struktur *und* der empirischen Daten ein Maximum an Konsistenz aufweist. Wir können in diesem Zusammenhang eine gemeinsame Position der Autorinnen und Autoren des vorliegenden Bandes zumindest insoweit feststellen, daß die Kritik an handlungs- und entscheidungstheoretischen Prämissen und die Spanne der Anwendbarkeit einer Theorie vor allem im Lichte konkurrierender Ansätze formuliert und ermittelt werden kann.

Die empirische Anomalienforschung im Bereich der Handlungs- und Entscheidungstheorien geht üblicherweise von zwei Prämissen aus: Der Möglichkeit einer kausalen Handlungserklärung und der Geltung des (mehr oder weniger raffiniert anzuwendenden) Falsifikationismus. Beide Aspekte können kritisch betrachtet werden, was entsprechende Folgen hinsichtlich der Einschätzung von Anomalien für die Theorieentwicklung in unserem Bereich hat. Diese Thematik steht im Mittelpunkt der ersten drei Beiträge des vorliegenden Bandes. Volker Dreier, Politikwissenschaftler in Tübingen/ Florenz, diskutiert die Argumente für eine kausale und intentionalistische Erklärung von Handlungen. Aus der Diskussion ergibt sich, daß trotz der bis heute bestehenden Ungeklärtheit des Gegensatzes von kausaler und intentionalistischer Handlungserklärung die Argumente zur Zeit eher für die kausale Erklärung sprechen.

Die Darmstädter Politikwissenschaftlerin Kirsten Mensch stellt den Falsifikationismus Karl Poppers grundsätzlich in Frage und plädiert bezüglich der Beurteilung des Rational-Choice-Ansatzes in der Politikwissenschaft für die Verwendung schwächerer wissenschaftstheoretischer Kriterien nach Imre Lakatos. Eine ähnliche Argumentation wird von Matthias Gsänger, Politikwissenschaftler in Würzburg, verfolgt. Er bezieht sich auf Vorschläge, die Thomas Fararo zur Theoriekonstruktion entwickelt hat, und stellt auf der Grundlage der Theorie rationalen Handelns ein präskriptives Modell für wissenschaftliches Handeln vor. Beide Autoren, Kirsten Mensch und Matthias Gsänger, nehmen in ihrer Diskussion auf das in der Politikwissenschaft berühmt gewordene Wahlparadox nach Anthony Downs bzw. dem damit korrespondierenden Problem der Entscheidungen in Niedrigkostensituationen Bezug.

Die beiden anschließenden Beiträge beschäftigen sich mit Anomalien, wie sie im Rahmen einer handlungstheoretischen Erklärung sozialer Prozesse zu verorten sind, und geben darüber hinaus einen Überblick über die wichtigsten Diskussionspunkte in der Entscheidungstheorie. Zunächst geht der Stuttgarter Politikwissenschaftler Volker Kunz auf Anomalien traditioneller handlungstheoretischer Ansätze ein und hinterfragt insbesondere die situationslogische Anwendung dieser Theorien, die nach seiner Einschätzung mit einer erfahrungswissenschaftlich begründeten Sozial- und Handlungswissenschaft kaum zusammenpaßt. Soll dennoch dieser Rahmen nicht verlassen werden, sind Ausweichargumentationen notwendig, über deren Gehalt vor dem Hintergrund eines allgemeinen handlungstheoretischen Konzepts diskutiert wird. Sonja Haug, Soziologin in Mannheim, beschäftigt sich nachfolgend mit den zentralen Anomalien der klassischen Entscheidungstheorie. Ihre Schlußfolgerung aufgrund einer umfassenden Literaturanalyse ist eindeutig: Es bedarf der Preisgabe der unrealistischen Annahmen über die Akteurspräferenzen, um der subjektiven Wahrnehmung von Alternativen und den Bedingungen des Entscheidens unter Unsicherheit und Risiko zu entsprechen. Damit gewinnen Überlegungen zur Anpassung des Entscheidungsmodells an die beobachteten Präferenzmuster, zu alternativen Entscheidungsregeln sowie zur Erweiterung der Theorie um subjektive und psychologische Elemente an zentraler Bedeutung. Sonja Haug und Volker Kunz gehen ausführlich auf die in der vorliegenden Literatur üblichen Reaktionen und Kritiken ein, die der Nachweis der von ihnen diskutierten Anomalien produziert hat.

In den nachfolgenden Beiträgen des vorliegenden Bandes werden spezielle Fragen der Anomalienforschung im Rahmen des Rational-Choice-Paradigmas erörtert. Ein zentrales Problem stellt hier bis heute die empirisch zu beobachtende Kooperation von Akteuren in Situationen dar, welche die

Struktur eines Gefangenendilemmas aufweisen. Dieses Phänomen ist im Hinblick auf die (spiel-) theoretischen Grundannahmen eine bedeutende Anomalie, um dessen Klärung sich Thomas Plümper, Sozialwissenschaftler in Köln/ Konstanz, sowie der Göttinger Philosoph Thomas Schmidt bemühen.

Den von Daniel Kahneman und Amos Tversky mittels psychologischer Entscheidungsexperimente aufgedeckten Strukturierungseffekten, denen die Menschen in Entscheidungssituationen unterliegen können, kommt in der Debatte zur empirischen Relevanz der klassischen Entscheidungstheorie durchweg ein großer Stellenwert zu. Insgesamt gibt es aber im Vergleich zur Bedeutung, die diesen Effekten in der wissenschaftlichen Diskussion beigemessen wird, nur sehr wenige empirische Replikationsversuche. An dieses Defizit schließt der Mannheimer Soziologe Volker Stocké an. Die Ergebnisse seiner Untersuchungen relativieren die Bedeutsamkeit der von Kahneman und Tversky experimentell ermittelten Framing-Effekte.

Nicht nur in der Theorie individueller Entscheidung treten empirische Anomalien auf. Auch die in der formalen Verhandlungstheorie vorfindbare klassische Nash-Lösung entspricht nicht dem beobachtbarem Verhalten in realen Verhandlungen. Dieses Phänomen bildet den Ausgangspunkt im abschließenden Beitrag des Göttinger Philosophen Karl Reinhard Lohmann. Er zeigt auf Grundlage der Überlegungen von David Gauthier, daß ein adäquates Verhandlungsmodell sowohl den engen Rahmen der konsequentialistischen Standardinterpretation von Rational-Choice verlassen, als auch ein modifiziertes Verständnis natürlicher Rechte beinhalten muß.[1]

Abschließend möchten wir noch darauf hinweisen, daß handlungs- und entscheidungstheoretisch Interessierten sich die Möglichkeit bietet, auf der alljährlichen Frühjahrstagung des Arbeitskreises „Handlungs- und Entscheidungstheorie" aktuelle Fragestellungen zu diskutieren und einschlägige Kontakte zu knüpfen. Wer an einer (auch nur passiven) Mitarbeit interessiert ist, wende sich bitte an die Sprecher des Arbeitskreises. Die jeweiligen Themenstellungen sind auch aus den Mitteilungen der Deutschen Vereinigung für Politische Wissenschaft zu entnehmen.

Mainz und Stuttgart, November 1997   Ulrich Druwe und Volker Kunz

---

[1]   Die in den Beiträgen enthaltenen Verweise auf Arbeiten des vorliegenden Bandes, wurden von den Herausgebern hinzugefügt. Wir danken den Autorinnen und Autoren für ihre Kooperation und Geduld.

Literatur

Druwe, U./ Kunz, V. (Hg.) 1994: Rational Choice in der Politikwissenschaft. Grundlagen und Anwendungen. Opladen

Druwe, U./ Kunz, V. (Hg.) 1996: Handlungs- und Entscheidungstheorie in der Politikwissenschaft. Eine Einführung in Konzepte und Forschungsstand. Opladen

Kuhn, T. S. 1979: Die Struktur wissenschaftlicher Revolutionen. Frankfurt

Adressen

Dr. Volker Kunz
Institut für Politikwissenschaft
Universität Stuttgart
Keplerstraße 17
70174 Stuttgart
Tel.: 0711 / 121-2750
E-Mail: volker.kunz@po.pol.uni-stuttgart.de

Prof. Dr. Ulrich Druwe
Institut für Politikwissenschaft
Johannes Gutenberg-Universität Mainz
Colonel-Kleinmann-Weg 2
55099 Mainz
Tel.: 06131 / 39-2150 oder -2907
E-Mail: druwe@mail.zdv.uni-mainz.de

1. Kausalitätsprobleme in Handlungs- und Entscheidungstheorien

Volker Dreier

Zusammenfassung

Nach der Einführung von drei Basis-Relationen zur Charakterisierung einer Handlung wird zunächst der Begriff der 'Kausalität' und seiner Probleme unter wissenschaftstheoretischen und -philosophischen Gesichtspunkten expliziert. Auf der Grundlage dieser Explikation werden in einem dritten Schritt die Argumente für eine kausale und eine intentionalistische Erklärung von Handlungen diskutiert und gegeneinander abgewogen. Aus dieser Diskussion ergibt sich, daß trotz der weiterbestehenden Ungeklärtheit des Gegensatzes von kausaler und intentionalistischer Erklärung von Handlungen, zumindest gegenwärtig, die Argumente eher für die kausale Erklärung sprechen. Prinzipiell gesehen, stellt jedoch der Gegenstand der Handlungserklärung in den Sozialwissenschaften weiterhin ein noch ungelöstes Rätsel bzw. eine paradigmarelative Anomalie im Sinne Kuhns dar.

1.   Problemaufriß: Einführende Überlegungen zu Handlung und Kausalität

Der Wissenschaftsphilosoph Mackie (1974) bestimmt als grundlegende Beziehung zwischen Ereignissen die von Ursache und Wirkung, die Kausalrelation; sie bildet(n) nach seiner Ansicht und Analyse den "Zement des Universums". Fassen wir Handlungen als eine Teilmenge bzw. als Spezialfälle aller möglichen und tatsächlichen Ereignisse auf, so trifft diese Behauptung Mackies auch auf Handlungen zu. Wie uns die Alltags- und sozialwissenschaftliche Forschungspraxis zeigt, ist diese Zuschreibung von Kausalrelationen für Handlungen, zunächst einmal unreflektiert und naiv betrachtet, auch nicht von der Hand zu weisen.

Kausalität spielt sowohl in unserem täglichen Leben als auch in vielen sozialwissenschaftlichen Theorien eine gewichtige Rolle, leitet und bestärkt sie doch die Individuen in ihren Handlungen. Wenn eine Person bspw. glaubt, daß ihre Handlung einen bestimmten, erwünschten Zustand verursacht, dann wird sie diese Handlung mit großer Wahrscheinlichkeit ausführen. Wenn sie jedoch umgekehrt glaubt, daß eine andere Handlung einen mit dem erwünschten Zustand unverträglichen Zustand verursacht, dann wird sie diese andere Handlung nicht ausführen.[1] Es ist gerade die Wahrnehmung solcher Kausalrelationen und auch die Überzeugung, daß solche existieren, eine Ursache dafür, daß Handlungen überhaupt ausgeführt werden. In dieser so angesprochenen Form von Kausalität als einer individuellen Überzeugung, derzufolge eine Handlung einen bestimmten Zustand verursacht, ist jedoch darauf hinzuweisen, daß eine solche individuenbezogene Kausalitätsrelation nicht mit der "wirklichen" Kausalrelation in der Welt übereinstimmen muß.

Wie kommt nun jedoch ein Individuum zu der Überzeugung, daß eine bestimmte Handlung ein bestimmtes Ereignis bzw. einen bestimmten Zustand erwirkt bzw. kausal hervorbringt? Zwei Charakteristika von Handlungen sind zu einer Beantwortung dieser Frage anzugeben. Die erste betrifft die innere Struktur von Handlungen. Derzufolge sind Handlungen als nicht-zufällig und somit als regelmäßig anzusehen. Regelmäßig sind sie, weil sie wiederholbar sind, wobei diese Wiederholbarkeit der Handlung von einem Schema erzeugt wird, das der Handelnde zuvor in sich, wie auch immer, aufgebaut hat und in vielen Situationen anwendet, um eine entsprechende Handlung zu erzeugen

---

[1]   Wobei anzumerken ist, daß wir mit diesen beiden Beispielen auch schon implizit das einer Handlung zugrundeliegende Moment der Entscheidung eingeführt haben.

(Aebli 1993: 83ff). Das zweite Charakteristikum einer Handlung besteht in deren Zielgerichtetheit, d.h. ein Individuum will mit einer Handlung immer auch etwas erreichen. Es läßt sich folglich schlußfolgern, daß eine Handlung aus einem Ziel und einem anwendbaren Schema besteht, das in irgendeiner Weise zur Erreichung des Ziels beiträgt.

Dem Ziel einer Handlung und der Zielrealisierung einer Handlung durch das Handeln selbst liegt zumindest in den meisten Fällen eine Absicht zugrunde, d.h. eine Handlung ist motiviert und/oder intendiert.

Da sowohl die Beschreibung von Handlungen als auch die von Ereignissen in einer Sprache erfolgt und ein und dieselbe Handlung bzw. ein und dasselbe Ereignis sprachlich unterschiedlich formuliert werden kann, erweist es sich als zweckmäßig, Handlungen und Ereignisse durch nicht satzartige Entitäten darzustellen, etwa durch Propositionen (vgl. Jeffrey 1967: Kap. 4, Balzer 1993: 92ff, zu Propositionen im allgemeinen Bunge 1983: Kap. 4). Eine Proposition ist dabei als eine Klasse von Sätzen mit gleicher Bedeutung aufzufassen (Balzer 1993: 92). Bezeichnen wir ein Individuum mit i, Propositionen mit p, wobei p' eine von p verschiedene Proposition bezeichnet und Zeitpunkte mit t, wobei ein Zeitpunkt t' später als t ist, so können die drei angeführten Basis-Relationen von individuellen Handlungen wie folgt verkürzt und formal angegeben werden (nach Balzer 1990, 1992, 1993):

1. Intentionsrelation (**R1**):

   'i *intendiert* zum Zeitpunkt **t p** zu tun' bzw.

   $INTEND(\mathbf{i,p,t})$

2. Individuelle Kausalrelation (**R2**):

   '**p'** *verursacht* nach Überzeugung von **i p'** bzw.

   $GLAUBT(\mathbf{i}[KAUS(\mathbf{p',p})])$

3. Realisierungsrelation (**R3**):

   'i *realisiert* **p'** zum Zeitpunkt **t''** bzw.

   $REAL(\mathbf{i,p',t'})$

Nehmen wir diese drei Relationen, die wir als minimale Bestandteile zur Charakterisierung einer Handlung betrachten, zur Grundlage der Analyse von Kausalitätsproblemen bezüglich der Klärung von Handlungen, so impliziert dies m.E. nach u.a. zwei Fragestellungen:[2]

---

[2] Als weitere Fragestellungen sind hier bspw. die folgenden zwei anzuführen: erstens, ob Handlungen deterministisch oder indeterministisch sind oder aber eine Mittelstellung einnehmen, d.h die Kärung der Frage, ob die Absicht das sichtbare Verhalten verursacht. Diese Problematik wird insbesondere im Kontext des 'Leib-Seele Pro-

1. Ist der innerpsychische Prozeß der Intention oder Motivation eine Ursache für die Durchführung einer Handlung? bzw. anders formuliert: kann eine durchgeführte Handlung kausal auf die ihr zugrundeliegende Intention oder Motivation zurückgeführt werden?
2. Wie ist die individuelle Kausalrelation unter empirischen und theoretischen Überlegungen zu beurteilen? bzw. anders formuliert: Läßt sich das Ergebnis einer Handlung vollständig kausal erklären?

Um diese beiden Fragen adäquat beantworten zu können, erfordert es zunächst eine synchrone Analyse der Entität 'Kausalität' und der mit ihr verbundenen Problembereiche von einem allgemeinen wissenschaftstheoretischen und - philosophischen Standpunkt aus (zu einer diachronen Analyse des Kausalitäts- begriffs und seiner Problembereiche vgl. bspw. Bunge 1987).

2. Zum Problem der Kausalität. Eine wissenschafts- theoretische und -philosophische Betrachtung

Die wissenschaftstheoretische Analyse des Begriffs 'Kausalität' involviert nach Stegmüller (1983: 505) im wesentlichen die Klärung von vier mit ihm explizit oder implizit verbundener Bestandteile bzw. Problembereiche:[3]
1. Was bedeutet die Redewendung 'ist kausal verursacht'? bzw. was ist über- haupt die Bedeutung von 'Ursache' und 'Wirkung'?
2. Was ist unter einem 'Kausalgesetz' zu verstehen? bzw. allgemeiner und damit verbunden, was ist überhaupt ein empirisches Gesetz?
3. Was ist und beinhaltet eine kausale Erklärung?
4. Wie läßt sich ein Kausalprinzip formulieren?

---

blems' diskutiert; vgl. dazu für eine erste Orientierung Bunge (1984); zweitens, und an erstens anknüpfend, ob Handlungen frei gewählt werden können; vgl. dazu zu einer ersten Orientierung Pothast (1978) und Watson (1982).

[3] Wir beziehen uns bei der Explikation des Begriffs der Kausalität und der mit diesem verbundenen Problembereiche auf die 'klassische' Argumentationsstruktur der ana- lytischen Wissenschaftstheorie. Neuere Konzeptionen zum Kausalitätsbegriff wie bspw. der von Suppes (1970), der eine probabilistische Kausalitätstheorie vorlegte oder die Idee von Kausalität, derzufolge von einer Ursache nur dann gesprochen werden kann, wenn eine Verzweigung des Ereignisverlaufs möglich ist (Hart 1973), werden wir hier nicht eingehen. Für neuere Arbeiten zum Kausalitätsbegriff sei dar- über hinaus auf den Sammelband von Posch (1981) verwiesen.

Bei der Analyse diese Problembereiche erscheint es angebracht, zunächst den Begriff des Kausalgesetzes zu erörtern, um auf dessen Explikation dann in sukzessiver Reihenfolge die Begriffe der kausalen Erklärung, der Ursache und des Kausalprinzips zu präzisieren (eine Reihenfolge, die auch Stegmüller 1960, 1983: 504 und Kutschera 1972: 345f vorschlagen).

2.1. Zum Begriff des Kausalgesetzes

Im Rahmen einer Bedeutungsanalyse können zwei Typen von Kausalgesetzen auftreten: deterministisch-sukzessive und deterministisch-statistische Kausalgesetze. Mit dem Etikett 'Sukzession' soll der Umstand bezeichnet werden, daß Kausalgesetze Ereignisfolgen zum Gegenstand haben, dergestalt, daß ein 'Früher-Sein' der Ursache die Wirkung impliziert. Als 'deterministisch' werden Kausalgesetze bezeichnet, wenn das Antecedensereignis vorliegt und das Sukzessionsereignis auftreten muß. Dagegen sind Kausalgesetze 'statistisch', wenn das Antecedensereignis vorliegt und das Sukzessionsereignis mit einer bestimmten Wahrscheinlichkeit auftritt.[4]

Da Kausalgesetze zur Klasse der empirischen Gesetze gezählt werden, müssen sie neben der Eigenschaft 'deterministisch-sukzessiv' oder 'deterministisch-statistisch' zu sein auch die fundamentalere Eigenschaft besitzen, überhaupt ein empirisches Gesetz zu sein. Doch was ist die Eigenschaft einer bestimmten Entität, ein Gesetz oder eben kein Gesetz zu sein? Hier stehen wir vor der Schwierigkeit, daß es bis heute noch nicht gelungen ist, ein Kriterium dafür anzugeben, was ein Gesetz von einem Nichtgesetz unterscheidet. Dieses Fehlen eines Unterscheidungskriteriums führte dazu, den Gesetzesbegriff unter pragmatischen Gesichtspunkten zu bestimmen und von der Fiktionalität wahrer

---

[4] Nach Stegmüller sind aber auch statistische Gesetzmäßigkeiten als deterministisch aufzufassen. Seine Auffassung des Begriffs 'deterministisch' bezieht sich dabei nicht nur auf den Gesetzesbegriff, sondern auch auf den Zustandsbegriff. Dies erlaubt ihm dann, auch die Gesetze der Quantenmechanik als deterministisch zu formulieren. Daß trotz dieser deterministischen Auffassung der Gesetze der Quantenmechanik nicht eindeutig auf zukünftige Zustände geschlossen werden kann, liegt in der Änderung des Zustandsbegriffs. Da der Zustandsbegriff selbst probabilistisch bestimmt wird, können die quantenphysikalischen Gesetzmäßigkeiten als deterministische Gesetze bezeichnet werden, welche gegenwärtige Wahrscheinlichkeiten mit zukünftigen Wahrscheinlichkeiten verknüpfen. Zugrundegelegt ist dieser Argumentation die Auffassung, daß alle Vorgänge in dieser Welt als kausal-deterministisch zu begreifen sind, vgl. Stegmüller (1960: 179f).

Gesetze abzurücken. Betrachten wir diesen Vorschlag kurz etwas eingehender. Ein wissenschaftliches Gesetz (ob natur- oder sozialwissenschaftlicher Art ist hier nicht ausschlaggebend) stellt zunächst einmal einen Leer-Begriff, einen extensional unendlichen Begriff dar, der mittels bestimmter logischer und struktureller Kriterien vor einem pragmatischen Hintergrund[5] operationabel gemacht werden kann. Dabei wird der Begriff des wissenschaftlichen Gesetzes über den Begriff der gesetzesartigen Aussage bestimmt, so daß empirische Gesetze als wahre, d.h. empirisch bewährte gesetzartige (nomische) Aussagen bestimmt werden können (Kutschera 1972: 329), die speziell im Rahmen von D-N-Erklärungen den Status von Aussagen universeller Form besitzen, die eine regelhafte Verknüpfung zwischen unterschiedlichen empirischen Phänomenen behaupten. In Form einer Arbeitshypothese können so empirische Gesetze als nichtanalytische und empirisch bewährte nomische Generalisierungen aufge-faßt werden (Kutschera 1972: 349). Das Kriterium der Nichtanalyzität soll dabei Tautologien verhindern, das Kriterium der nomologischen Generalisie-rung soll empirische Gesetze von bloß zufälligen Generalisierungen wie bspw. 'Alle Äpfel in diesem Korb sind rot' abgrenzen. Nomologische Generalisierun-gen sind also Aussagen, die eine notwendige Verknüpfung zwischen den Teilsätzen einer komplexen nichtanalytischen Aussage postulieren; in ihrer einfachsten Form stellen sie eine Subjunktion der Art $\forall x\ (\mathbf{Px} \rightarrow \mathbf{Qx})$ dar.

Mit Hilfe solcher nomologischer Generalisierungen können auch irreale Kon-ditionalsätze eine Unterstützung erhalten, die nicht durch eine zufällige Gene-ralisierung gewährt wird. Als ein Beispiel für die nomologische Generalisie-rung kann folgender Satz dienen: 'Wenn eine Person **A** ein Bundestagsabge-ordneter ist, dann ist er auch gewählt worden'. Der aus diesem Satz abgeleitete irreale Konditionalsatz lautet dann: 'Wenn eine Person **A** ein Bundestags-abgeordneter *wäre*, dann *wäre* er auch gewählt worden'. Dieser wahre irreale Konditionalsatz ist allerdings von falschen irrealen Konditionalsätzen, wie bspw. 'Wenn **A** ein Apfel wäre und sich im Korb befände, dann wäre er rot' abzugrenzen. Dieser irreale Konditionalsatz auf der Grundlage einer zufälligen Generalisierung ist falsch bzw. Unsinn, denn in ihm wird ein notwendiger Kausalzusammenhang zwischen 'Apfel im Korb' und 'rot sein' behauptet. Daraus kann ein weiteres Kriterium für gesetzartige Aussagen abgeleitet wer-den: Gesetzartige Aussagen lassen irreale Konditionalsätze zu bzw. stützen

---

[5] Unter pragmatischem Hintergrund soll mit Essler (1979: 73) verstanden werden, daß auf eine Benutzer-Sprache Bezug genommen wird, innerhalb derer die Begriffe im Hinblick auf bestimmte Anwendungsbereiche und Zwecke festgelegt worden sind.

solche und werden selbst wiederum durch wahre irreale Konditionalsätze gestützt (Goodman 1975).

Als weitere Kriterien für empirische Gesetze sind anzuführen, daß sie sich auf unendlich viele Fälle beziehen müssen und daß sie keinen Bezug auf ein Raum-Zeit-Gebiet besitzen dürfen. Diese normative Festsetzung für Gesetze, die sich aus logischen und empirischen Gründen erheblich anzweifeln lassen, scheinen jedoch zu restriktiv zu sein. Dem ersten Kriterium kann entgegengehalten werden, daß bspw. ein zunächst unbegrenzt gültiges empirisches Gesetz durch 'zufällige oder kontingente Umstände' nur auf endliche Fälle eine Anwendung finden kann; dieser Umstand birgt folgerichtig die Konsequenz in sich, daß wahre allgemeine Aussagen nicht empirische Gesetze zu sein brauchen (Popper 1982: 382), und daß bspw. Aussagen über biologische Individuen, deren Anzahl wohl endlich ist, nie den Charakter von empirischen Gesetzen annehmen können. Gegen das zweite Kriterium spricht die Tatsache, daß bspw. durch Umbenennung, Individuen aus zufälligen Generalisierungen eliminiert werden und daß Aussagen über alle Lebewesen auf der Erde auch Gesetzescharakter besitzen können (Kutschera 1972: 330). Esser, Klenovits und Zehnpfennig (1977: 108) gehen sogar so weit, diesem Kriterium sowohl die notwendige als auch die hinreichende Bedingung für empirische Gesetze abzusprechen.

Wir können im Hinblick auf empirische Kausalgesetze folglich festhalten, daß sie als nichtanalytische, empirisch bewährte nomische Generalisierungen deterministisch-sukzessiver bzw. deterministisch-statistischer Form aufzufassen sind, und sich ihr epistemischer Status in der Funktion ihrer Verwendungsweise und Stellung in einem Netzwerk miteinander verknüpfter Gesetze, also Theorien zeigt. Empirische Kausalgesetze beschreiben folglich auch nicht die Struktur der Welt, sondern sie geben lediglich systematische Regeln dafür an, wie wir mit kausalen Gesetzesaussagen umzugehen haben. Die Formulierung empirischer (Kausal-)Gesetze erfolgt dabei stets im Rahmen umfassender und historisch wechselnder Begriffssysteme, die an ganz bestimmte Fragestellungen und Orientierungsbeispiele gebunden sind. (Kausal-)Gesetze werden so von der wissenschaftlichen Gemeinschaft als 'wahr' akzeptiert, obwohl sie weder verifizierbar noch einer induktiven Bestätigung zugänglich sind.

2.2.   Zum Begriff der kausalen Erklärung

Eine Explikation des Begriffs der kausalen Erklärung erfordert zunächst einmal die Angabe dessen, was allgemein unter einer wissenschaftlichen Erklärung zu verstehen ist bzw. verstanden werden kann. Nach Hempel und Oppenheim (1965) besteht eine wissenschaftliche Erklärung in der logisch korrekten Ableitung eines in einem einfachen oder komplexen singulären Satzes formulierten

Ereignis oder Sachverhalts aus mindestens einem allgemeinen Gesetz und mindestens einem vorliegenden Ereignis, das als Anwendungsbedingung des allgemeinen Gesetzes anzusehen ist. Dabei wird das zu erklärende Ereignis als Explanandum und die zur Erklärung dieses Ereignisses herangezogenen Gesetze und Randbedingungen als Explanans bezeichnet (Abb. 1).

<pre>
Logische | A₁, A₂,...,Aₖ
Ableitung | G₁, G₂,...,Gᵣ   Explanans
                  | ──────────────
                  └──>   E   Explanandum
</pre>

Abbildung 1: Schema der deduktiv-nomologischen Erklärung

Innerhalb des in Abb. 1 dargestellten Schemas stellen A_1, A_2,...,A_k singuläre Sätze dar, die die betroffenen speziellen Sachverhalte beschreiben (Wenn-Komponente des Betreffenden Gesetzes G). Sie werden als Rand- oder Antecedensbedingungen bezeichnet. Treten mehrere Antecedensbedingungen auf, wie bspw. in unserem Schema, so werden diese zu einem singulären Satz, der Antecedensbedingung zusammengefaßt. G_1, G_2,...,G_r repräsentieren die allgemeinen Gesetze, in ihrer einfachsten Form als 'Wenn-Dann-Sätze' aufzufassen, auf denen die Erklärung beruht. Um den hypothetischen Charakter wissenschaftlicher Gesetze zu verdeutlichen, sprechen wir anstatt von Gesetzen von Gesetzeshypothesen. Die Konjunktion von allgemeiner Gesetzeshypothese und Antecedensbedingung bildet das Explanans der Erklärung.

Das Explanandum stellt das Ereignis dar, das in der deduzierenden Aussage beschrieben wird. Es kann in Explanandum-Phänomen und Explanandum-Satz unterteilt werden. In der Ableitung selbst ist der Explanandum-Satz relevant, der das zu erklärende Ereignis beschreibt.

Wird eine Erklärung diesem Schema nach vorgenommen, so wird von einer deduktiv-nomologischen Erklärung oder kürzer von einer D-N-Erklärung gesprochen. Sie stellt aussagenlogisch betrachtet einen Anwendungsfall des modus ponens dar, formal: $(p \rightarrow q) \wedge (p \Rightarrow q)$.

Quantorenlogisch läßt sich das Schema der D-N-Erklärung folgendermaßen formalisieren (Abb. 2):

$$\forall x \quad (\mathbf{Px} \rightarrow \mathbf{Qx})$$

$$\underline{\quad (\mathbf{Pa} \rightarrow \mathbf{Qa}) \quad \text{(Universalspezifikation)} \quad}$$
$$\mathbf{Pa}$$

$$\mathbf{Qa}$$

Abbildung 2: Quantorenlogische Formalisierung des D-N-Schemas

Es ist jedoch anzumerken, daß dieses Schema (Abb.2) nur den einfachsten Teil einer D-N-Erklärung repräsentiert, die logische Deduktion eines Ereignisses aus einer Gesetzeshypothese und einer Antezedensbedingung, welche wir auch als Erklärung durch deduktive Subsumption unter eine allgemeine Gesetzeshypothese bezeichnen können (Hempel 1977: 74). Zumeist sind jedoch wissenschaftliche Erklärungen komplexer, d.h. es sollen mehrere Eigenschaften des Ereignisses erklärt werden. In einem solchen Fall sind dann auch verschiedene allgemeine Gesetzeshypothesen notwendig, welche im Falle einer Nicht-Identität ihrer Wenn-Komponenten auch mehrere Antezedensbedingungen erfordern. Folglich besteht das Explanans einer wissenschaftlichen Erklärung oft aus der Konjunktion mehrerer allgemeiner Gesetzeshypothesen und Antecedensbedingungen.

Soll ein Ereignis mittels einer D-N-Erklärung 'erklärt' werden, muß diese bestimmten Kriterien genügen. Hempel und Oppenheim (1965: 247) formulierten vier Bedingungen für eine adäquate wissenschaftliche Erklärung:[6]

B (1): Das Explanandum muß eine logische Folge des Explanans sein.

B (2): Das Explanans muß allgemeine Gesetze enthalten und diese müssen für die Herleitung des Explanandums erforderlich sein.

B (3): Das Explanans muß einen empirischen Gehalt haben.

B (4): Die Sätze, die das Explanans bilden, müssen wahr sein.

---

[6] Auf die an diesen vier Bedingungen geübte Kritik soll hier nicht eingegangen werden. Für die Kritik selbst und den daraus resultierenden Schlußfolgerungen für das DN-Modell in Form seiner gänzlichen Verwerfung oder in Form der Ergänzung durch weitere Bedingungen vgl. für eine erste Orientierung die zusammenfassenden Darstellungen und weiterer Literaturhinweise in Wenturis, Van hove, Dreier (1992: 374ff) und Dreier (1997: Kap. 8).

Die Bedingungen B(1) bis B(3) stellen die logischen Voraussetzungen dar, während die Bedingung B(4) die empirische Bedingung für eine adäquate D-N-Erklärung erfüllt.

Auf der Grundlage dieser Explikation von wissenschaftlicher Erklärung ist eine kausale Erklärung dann "eine deduktiv-nomologische Erklärung, für die mindestens ein deterministisches, quantitatives Ablaufgesetz [Gesetzeshypothese] benötigt wird und deren Antecedensereignis nicht später ist als das Explanandumereignis" (Stegmüller 1983: 537).

2.3. Zum Begriff der der Ursache

So wie wir den Begriff 'Ursache' in bezug auf Ereignisse in unserem täglichen Leben, aber auch in der sozialwissenschaftlichen Forschungspraxis gebrauchen ist er oftmals mehrdeutig und extrem vage. Zumindest kann er in einem ersten Schritt dahingehend präzisiert werden, daß als Ursachen eines Ereignisses sämliche relevanten Bedingungen eben dieses Ereignisses angesehen werden müssen. Dennoch ist darauf hinzuweisen, daß die Ursache eines Ereignisses nicht eine eindeutig bestimmte Entität darstellt, sondern von dem Ziel abhängt das man sich gesetzt hat.

Auf der Grundlage der explizierten Entitäten 'Kausalgesetz' und 'kausale Erklärung' können wir unter dem Ausdruck 'Ursache eines Ereignisses' die Gesamtheit der Antecedensbedingungen einer adäquaten kausalen Erklärung dieses Ereignisses verstehen (Stegmüller 1983: 535). Da wir jedoch in der Forschungspraxis meistens nie alle Antecedensbedingungen einer bestimmten Ereigniserklärung angeben können, ist es zweifelhaft bei einer Ereigniserklärung die ermittelten Antecedensbedingungen als *die* Ursache des Ereignisses zu bezeichnen. Realistischer ist es eher, von den Antecedensbedingungen als Teilursachen des Ereignisses auszugehen.

2.4. Zum Prinzip der Kausalität

In der metaphysisch ontologischen Auffassung von Kausalität besagt das Kausalprinzip, daß jedes Ereignis eine Ursache besitzt bzw. anders ausgedrückt: Auf ein Ereignis der Art **A** folgt stets ein Ereignis der Art **B** und dies ist notwendig so. Seit den Untersuchungen von Hume (1982: 82-105) wissen wir aber, daß mit dem Merkmal der 'Notwendigkeit' eine Behauptung aufgestellt wurde, die unserer Sinneserfahrung nicht zugänglich, d.h. nicht entscheidbar ist. Popper (1982: 31ff) konzipierte deshalb in Abschwächung dieses ontologischen Kausalprinzips eine methodologische Interpretation des Kausalprinzips, indem er fordert, zu jedem Ereignis, das erklärt werden soll, eine

Ursache zu suchen. Demgemäß heißt bei Popper eine kausale Erklärung auch, einen Satz, der eine erklärendes Ereignis beschreibt, aus Gesetzen und Randbedingungen deduktiv abzuleiten.

Nach unserer oben angeführten Explikation von kausaler Erklärung können wir aber auch auf den Begriff der Ursache verzichten und stattdessen ein Kausalprinzip folgender Form formulieren: "Zu jedem Ereignis existiert eine adäquate kausale Erklärung". Stegmüller (1983: 539) bezeichnet dieses Prinzip als Determinismusprinzip und votiert für einen gänzlichen Verzicht des Ausdrucks 'Kausalprinzip'.

3. Kausalitätsprobleme in der Klärung von Handlungen

Wenn wir innerhalb von Handlungstheorien den Begriff 'Kausalität' verwenden, so ist damit eine Bestimmung der Relationen Intention-Handlung und Handlung(p')-Handlung(p) verbunden. In bezug auf unsere eingeführte Intentions-, Realisierungs- und Verusachungsrelation lautet das Klärungsproblem von Handlungen dann verkürzt wie folgt:

$$INTEND(i,p,t) \land GLAUBT(i[KAUS(p',p)]) \rightarrow REAL(i,p',t')$$
$$=$$
kausal oder intentional?

Bevor wir diese Relationen im Kontext eines Für-und-Wider diskutieren, müssen wir jedoch folgende Grundcharakterisierung einer Handlung, möglicherweise als Axiom aufzufassen, vorausschicken: Wir setzen die Existenz von innerpsychischen Prozessen für Handlungen voraus, deren handlungskonstitutive Elemente aus Zielen, Absichten, Willensakten und Bewertungen von Handlungen bestehen (vgl. dazu auch Kamlah 1972: 72 und Dreier 1996). Dabei wollen wir mit Lumer (1990: 500) Absichten und Bewertungen als notwendig für Handlungen ansehen. Eine Handlung ist durch das Element der Absicht dann wie folgt definiert:

Eine Handlung ist immer an die Auswahl einer der möglichen Handlungsalternativen gebunden. Eine Wahl besteht so darin, über eine Menge von einem zur Verfügung stehenden Handlungsalternativen ein Urteil zu fällen in bezug darauf, welche dieser Alternativen ausgeführt werden soll. Ein derart angestellter intellektueller Prozeß (der zu einer bestimmten Wahl führt) kann als abgeschlossene Handlungsüberlegung bestimmt werden. Urteil, Annahmen über die Handlungsalternativen und die Begründung(en) dieser Urteil bilden die Absicht.

Auf der Grundlage dieser definitorischen Verbindung von Absicht und Handlung ist jetzt zu untersuchen, ob die Relation Absicht-Handlung eine analytische Behauptung darstellt, d.h. die Handlung logisch aus der Absicht folgt, oder ob wir die Absicht als Ursache für die Handlung ansehen können, d.h. die Handlung kausal erklärt werden kann. Mit anderen Worten können wir diesen Sachverhalt auch in die Frage kleiden: Besitzen intentionale Erklärungen von Handlungen eine kausale Struktur bzw. können Handlungen wie Ereignisse allgemein kausal erklärt werden? Die Diskussion über diese Frage kann innerhalb der Analytischen Handlungstheorie als *der* Streitpunkt angesehen werden (Beckermann 1985: 37). Ohne daß bis heute diese Frage endgültig entschieden werden konnte, überwiegt zumindest in der analytischen Handlungstheorie die Ansicht derer, die eine kausale Relation zwischen Absicht und Handlung einer Person propagieren (vgl. für eine Übersichtsdarstellung dieser Diskussion zwischen Kausalisten und Intentionalisten Beckermann 1985 und Greve 1994: Kap. 4).

3.1.   Zur Erklärung einer Handlung (I): Absicht als Ursache

Welche Bedingung muß nun eine kausale Erklärung einer Handlung durch Absicht des Handelnden und einem empirischen Gesetz erfüllen? Auf jeden Fall, daß das Explanadum, die Handlung, logisch unabhängig vom Explans ist, d.h. von dem empirischen Gesetz und der Antecedensbedingung 'Absicht'. Gehen wir von einer solchen logischen Unabhängigkeit aus, dann lautet die Schlußregel für eine kausale D-N-Erklärung einer Handlung wie folgt (Abb. 3), wobei **A** die Absicht **P** die Handlung repräsentiert:

$$
\begin{array}{lll}
\text{Logische} & \quad|\quad \mathbf{A} & \quad \text{Antecedensbedingung} \\
\text{Ableitung} & \quad|\quad \forall \mathbf{A}\,(\mathbf{A} \to \mathbf{P}) & \quad \text{Kausalgesetz} \\
& \quad|\quad \overline{\phantom{\forall \mathbf{A}\,(\mathbf{A} \to \mathbf{P})}} & \\
& \quad\vdash\!\!\!> \quad \mathbf{P} &
\end{array}
$$

Abbildung 3: Kausale D-N-Erklärung einer Handlung durch die Absicht

Unter Einbindung der individuellen Kausalrelation, derzufolge nach der Überzeugung einer Person **i** eine Handlung **p'** eine Handlung **p** verursacht, könnte die in Abbildung 3 dargestellte Kausalerklärung wie folgt präsentiert werden, wobei **G** die Relation *GLAUBT*, **R** die Relation *REAL* und **i** eine Person aus der Menge **I** von Personen repräsentiert:

Logische	I, A, G	Antecedensbed.
Ableitung	$\forall i \in I\ (A \wedge G \rightarrow R(P,t))$	Kausalgesetz
	$R(P,t')$	

> Abbildung 4: Kausale D-N-Erklärung einer Handlung durch die Absicht
> und die Überzeugung

Die in Abb. 4 dargestellte kausale Erklärung einer Handlung P hat eine gewisse Ähnlichkeit mit der Struktur des praktischen Syllogismus, demzufolge aus den Prämissen Intention und Glauben eine Handlung abgeleitet wird. In unserem Fall haben wir jedoch die kausale Erklärung einer realisierten Handlung gewählt, die sich auf Ursachen stützt und nicht auf Gründe wie im praktischen Syllogismus, der in der Konklusion dadurch ausgezeichnet ist, daß sie die Redewendung 'i schickt sich an, p' zu tun' beinhaltet. Auf den praktischen Syllogismus werden wir in 2.3 kurz näher eingehen.

Doch kehren wir zu der Abb. 3 zurück, derzufolge eine Handlung durch die Absicht kausal erklärt wird. Hier ist festzustellen, daß die Erklärung einer Handlung durch die Absicht, d.h. aus einer Kausalrelation zwischen Absicht und Handlung, sich als zu reduziert erweist. Zumindest ist es erforderlich, für das Kausalgesetz im Explanans ein umfangreicheres anzugeben (wie ansatzweise in Abb. 4 versucht). Ein solches Gesetz könnte ein motivationspsychologisches Handlungsgesetz sein, das zumindest folgende Bedingungen notwendig enthalten müßte (Lumer 1990: 506):

1. Das generelle Handlungsvermögen (personale Eigenschaften wie Körper, Bewußtsein, Glauben, Präferenzen);
2. die Absicht (d.h. daß ein aktueller Handlungsplan als optimal bewertet wird);
3. die zum Handlungsversuch führende Aktivierung; und
4. das physische Handlungsvermögen (d.h. Existenz, Funktionsfähigkeit und Kontrollierbarkeit der fraglichen Körperteile).

Von diesen angeführten Bedingungen konnte nach Lumer erst auf die zweite Bedingung, die Absicht, durch die empirische Entscheidungstheorie eine vorläufig befriedigende Antwort gefunden werden. Die drei anderen Bedingungen sind zwar weiterhin Gegenstand, auch interdisziplinär angelegter Forschungsarbeit, ohne daß bis heute jedoch ein umfaßendes Ergebnis vorgelegt werden konnte. Ein umfassendes motivationspsychologisches Handlungsgesetz steht folglich immer noch aus. Dies sollte uns jedoch nicht darin hindern, ein solches Handlungsgesetz, wenn auch noch nicht vollständig formuliert, theoretisch als existent vorauszusetzen. Unter einer solchen Voraussetzung kann dann auch behauptet werden, daß sich Handlungen aus innerpsychischen Momenten, zumindest theoretisch, kausal erklären lassen.

Für die Möglichkeit einer kausalen Handlungserklärung überhaupt sprechen für Gean (1965/1985) nach Greve (1994: 91) die folgenden Argumente:

1. Kausale Ausdrücke wie 'warum', 'bewirken' etc. werden bei Handlungserklärungen de facto oft verwendet.
2. Wir können Handlungen beeinflussen, verhindern oder bewirken, indem wir die Wünsche und Überzeugungen des Handelnden beeinflussen.
3. Handlungserklärungen implizieren, genau wie kausale Erklärungen, kontrafaktische Konditionalsätze der Art: 'Wenn x diese Absicht nicht gehabt hätte, hätte er - ceteris paribus - nicht (so) gehandelt.

3.2. Zur Erklärung einer Handlung (II): Absicht als Grund

Im Gegensatz zu den Vertretern der kausalistischen Handlungserklärung betonen die Vertreter der nicht-kausalistischen bzw. intentionalen Handlungserklärung (vgl. dazu bspw. Flew 1949, Peters 1958/1985, Melden 1961/1985 und Cohen 1964), daß eine kausale Erklärung von Handlungen durch Absichten nicht möglich ist, da

1. innerpsychische Momente wie bspw. Absichten keine Ereignisse sind und somit nicht Ursachen sein können;
2. da Erklärungen durch Gründe im Gegensatz zu kausalen Erklärungen keine regelmäßigen Verallgemeinerungen enthalten; und
3. Handlungen und Absichten logisch nicht voneinander unabhängig sind.

Wie ist dieser Standpunkt bzw. wie sind diese Standpunkte aus einer kausalistischen Sicht zu beurteilen? Zunächst: Warum können Absichten keine Ereignisse sein und warum können nur Ereignisse Ursachen sein? Es ist zweifelhaft, der Absicht den Ereignischarakter abzusprechen, da das Auftreten einer Absicht zweifellos als ein, wenn auch innerpsychisches Ereignis bestimmt werden kann. Darüber hinaus können Absichten, auch wenn sie keine Ereignisse sein sollten, als Antecedensbedingung(en) einer kausalen Erklärung verwendet werden. Hempel und Oppenheim bspw. weisen ausdrücklich darauf hin, daß die Antecedensbedingung nicht ausschließlich ein Ereignis darstellen muß, sondern auch ein Sachverhalt sein kann - und eine Absicht stellt zweifellos auch einen Sachverhalt dar.

Betrachten wir das zweite intentionalistische Argument, demzufolge Erklärungen durch Gründe im Gegensatz zu kausalen Erklärungen keine regelmäßigen Verallgemeinerungen enthalten, d.h. bei gleichen Bedingungen bzw. unter gleichen Umständen nicht immer die gleiche Handlung ausgeführt wird. Diesem Argument kann zunächst entgegnet werden, daß auch für eine kausale Erklärung oftmals keine Verallgemeinerungen angegeben werden können bzw. die Formulierung eines kausalen Gesetzes, wie unter 2.1 ausgeführt, selbst problematisch ist. Der intentionalistischen Behauptung, daß die Angabe von Verallgemeinerungen in bezug auf Handlungserklärungen schon durch ein Gegenbeispiel falsifiziert werden könne, kann entgegnet werden, daß bei einer Handlungserklärung als gleiche Umstände nicht äußere Situationen gemeint sind, die bei Gleicheit immer die gleichen Handlungen hervorbringen, sondern, daß unter gleichen Umständen gleiche bzw. ähnliche physische Situationen, inklusive Zielen, Meinungen und Absichten zu verstehen sind. Allein für die Feststellung einer solchen Gleichheit bestehen empirische Erfassungs- und Überprüfungsmöglichkeiten.

Doch auch dann, wenn wir unter gleichen Umständen nur äußere Situationen verstehen, ist das intentionalistische Argument fragwürdig. Denn lassen wir für kausale Erklärungen auch deterministische-statistische Kausalgesetze zu bzw. bestimmen wir Kausalität probabilistisch, so können u.a. zwei Illustrationsbeispiele gegen das intentionalistische Argument angeführt werden.

Zum ersten Beispiel, das Aebli (1993: 83ff) entlehnt ist: Innerhalb der Menge von Handlungen, die eine Person realisiert, kommen immer wieder Wiederholungen vor. Die Wiederholung einer Handlung liegt dann vor, wenn diese Handlung mit einer anderen Handlung die gleiche Struktur aufweist. Daß wir strukturgleiche Handlungen in gleichen oder ähnlichen Situationen immer realisieren liegt darin begründet, daß wir in unserer inneren Struktur ein Handlungsschema durch Lernen aufgebaut haben, daß uns in die Lage versetzt, diese Handlungstypen situationsadäquat abzurufen und zu realisieren. Wollen wir bspw. ein Bad im Meer nehmen und uns auch tatsächlich am Meer befinden, so liefert uns unser Handlungsschema den Handlungstyp, den wir zur Realisierung unserer Intention, nämlich zu baden und zu schwimmen, durch Erlernen aufgebaut haben. Ein solches Handlungsschema und die darin enthaltenen Handlungstypen können als Verallgemeinerungen derart aufgefaßt werden, daß bei der Erklärung einer Handlung diese aus dem Handlungsschema bei Vorliegen gleicher äußerer Situationen kausal erfolgt, aber natürlich nicht auch immer in jeder gleichen Situation erfolgen muß, sondern nur mit einer bestimmten Wahrscheinlichkeit $p > 0$.

Zum zweiten Beispiel, das Balzer (1990,1993) entlehnt ist und das Handeln in sozialen Institutionen betrifft: Gemäß der Definition von Handlungstypen als erlernte und in einem aufgebauten Handlungsschema für ein Individuum verfügbare Entitäten, handelt eine Person innerhalb einer sozialen Institution mit einer Wahrscheinlichkeit $p > 0$ in einer gleichen oder ähnlichen Situation immer gleich. Das Vorliegen einer ähnlichen oder gleichen äußeren Situation bewirkt demnach kausal auch immer die Durchführung des für diese Situation erforderlichen Handlungstyps.

Wenden wir uns dem dritten, wohl fundamentalem Argument der Intentionalisten zu, demzufolge die eine Absicht leitende Handlung von der Handlung selbst nicht logisch unabhängig ist. Dieses Argument kann unter zwei Gesichtspunkten betrachtet werden: Zum einen unter dem, daß die Absicht die Handlung logisch impliziert, und zum anderen unter dem, daß die Handlung die Absicht logisch impliziert.

Der Sichtweise, daß die Absicht die Handlung impliziert, kann entgegengehalten werden, daß nicht immer eine Handlung durchgeführt wird, wenn eine Absicht zu handeln vorliegt. D.h. Die Identifizierung einer bestimmten Absicht ist unabhängig vom Vorliegen der intendierten Handlung möglich. Das Vorliegen einer Absicht ist deshalb im Einzelfall nicht ihre Ausführung durch eine Handlung, sondern nur das Wissen um sie desjenigen, der sie hat (Greve 1994: 105). Die Identifikation einer konkreten Absicht ist deshalb möglich, ohne daß dabei auf die Durchführung auf eine konkrete Handlung bezug genommen werden muß.

Der Sichtweise, daß die Handlung die Absicht impliziert, kann entgegengehalten werden, daß wir die Feststellung dessen, was der Handelnde tut, nur dann vornehmen können, wenn wir wissen, was seine Absicht ist, eben diese Handlung durchzuführen.

Nach dieser, wenn auch nicht erschöpfenden Diskussion des Für-und-Wieder für die kausale Erklärung von Handlungen durch Absichten läßt sich festhalten, daß dieser Streit noch keineswegs entschieden ist, die Argumente für eine kausale Erklärung von Handlungen jedoch zum gegenwärtigen Zeitpunkt überwiegen, d.h. im Konkreten, von einer logischen Unabhängigkeit von Absicht und Handlung ausgegangen werden kann.

3.3. Zur individuellen Kausalrelation und zur Position des praktischen Syllogismus

3.3.1. Bemerkungen zur individuellen Kausalrelation

Warum trifft die nach individueller Überzeugung angenommene Kausalrelation zwischen zwei Handlungen bzw. zwischen einer Handlung und der daraus folgenden Handlung, die ein Ereignis oder ein Prozeß sein kann, in Wirklichkeit oftmals nicht oder nur teilweise zu?

Für eine Beantwortung dieser Frage erweist es sich zweckmäßig, zwischen zwei Perspektiven zu unterscheiden: der subjektiven Perspektive des Handelnden und der Perspektive desjenigen, der dieses Handeln erklären will.

Die handelne Person wird zur intendierten Erreichung eines Ziels, das eine Handlung oder ein Ereignis oder ein Prozeß sein kann, die Handlung vornehmen, von der sie überzeugt ist, daß sie das Ziel herbeiführt bzw. dieses kausal verursacht. Sie wird so von den möglichen Handlungsalternativen diejenige ausführen, die unter ihren Gesichtspunkten die optimalste ist. Wenn die gewählte Handlung nun aber nicht oder nur teilweise zum Ziel führt, so kann dies folgende Gründe haben: Erstens, der Handelnde hat sich schlechtweg geirrt; zweitens, die Situation, in der er gehandelt hat, ist der Situation, für den er den Handlungstyp, den er in seinem Handlungschema aufgebaut hat, nicht adäquat; drittens, die Situation ist nach i's Feststellung eine grundsätzlich neue und sein Handlungstyp auf diese nicht anwendbar; oder viertens bei nur teilweiser Zielerreichung, die durchgeführte Handlung verursacht nur teilweise kausal das Ziel.

Von der Perspektive des Außenstehenden läßt sich die eingangsgestellte Frage folgendermaßen ohne Preisgabe des Kausalitätsbegriffs beantworten. Zunächst ist für den angeführten vierten Grund des teilweise Scheiterns die individuelle Kausalrelation dahingehend zu modifizieren, daß p' nach i's Überzeugung p nur teilweise verursacht, also:

(R2-1): $GLAUBT(i[TEILKAUS(p',p)])$.

Im idealisierten Fall hat die individuelle Kausalrelation für eine vollständige kausale Verursachung eines Ziels dann alle die dieses Ziel zusammen verursachenden Handlungen miteinzubeziehen, also:

(R2-2): $WEISS(i[KAUS((p'_1,p'_2,\ldots,p'_n)p)])$.

Mit diesen beiden Relationen kann die individuelle Kausalrelation gestützt werden, wenn wir R2 und R2-1 als Spezialisierungen von R2-2 und probabilistisch auffassen, d.h. R2 mit dem Wahrscheinlichkeitswert $p=1$ versehen (was dann annähernd R2-2 entspricht) oder R2-1 mit einem Wahrscheinlichkeitswert $p \geq 0$.

3.3.2. *Bemerkungen zur Position des praktischen Syllogismus*

Der praktische Syllogismus zur Klärung von Handlungen, wie er bspw. von v.Wright (1984) eingeführte wurde, bezieht sich auf die die sozialwissenschaftliche Forschung immer noch perennierende scheinbare Dichotomie und Unvereinbarkeit von Verstehen und Erklären als zwei entgegengesetzten Methoden der Kultur- und Naturwissenschaften. Demnach lassen sich Ereignisse des Naturgeschehens kausal erklären, Handlungen jedoch nur verstehen; für Naturgeschehen ist der Begriff der 'Ursache' reserviert, für menschliche Handlungen der des 'Grundes'. Ohne auf diese Dichotomie hier näher einzugehen (vgl. für eine Übersicht bspw. Dreier 1986: Kap.III)., soll abschließend untersucht werden, ob der praktische Syllogismus zur Handlungsklärung vollständig ist und ob er eine kausale Struktur besitzt.

Der praktische Syllogismus geht auf Aristoteles zurück und wird zur Erklärung einer menschlichen Handlung unter Rekurs auf die mit dieser Handlung verbundenen Ziele und Mittel zur Zielerreichung verwendet. In einem Schlußschema kann dieser praktische Syllogismus wie folgt dargestellt werden (Abb. 5, nach Stegmüller 1983: 486ff in bezug auf v.Wright 1984):

(1)	i intendiert, **p** zu verwirklichen
(2)	**p'** ist nach Überzeugung von i die 'Ursache' für **p**

(3)	i schickt sich an, **p'** zu verwirklichen

Abbildung 5: Schlußschema des praktischen Syllogismus

In Kontrast kann dem praktischen Syllogismus ein kausalistisches Schlußschema gegenübergestellt werden (Abb. 6):

(I)	i intendiert, **p** zu verwirklichen
(II)	**p'** ist nach Überzeugung von i die 'Ursache' für **p**
(III)	$(\forall\, t \in T \wedge (I) \wedge ($**p'** ist nach Überzeugung von i kausal notwendig für **p**$)) \rightarrow ($i schickt sich an, **p'** zu verwirklichen$)$

(IV)	i schickt sich an, **p'** zu verwirklichen

Abbildung 6: Kausalistisches Schlußschema

Welches dieser beiden Schemata kann nun eine Erklärung menschlichen Handelns adäquat rekonstruieren? Nach v.Wright ist das kausalisitische Schema zu

verwerfen, da es nicht angemessen sei, menschliches Handeln *stets* aus Gesetzesaussagen über den Zusammenhang von Überzeugungen und Intentionen
abzuleiten. Vorzuziehen ist nach v.Wright der praktische Syllogismus zur
Erklärung menschlichen Handelns, doch muß dieser in seiner Grundstruktur
dafür noch verbessert werden. Das Ergebnis dieser Verbesserung ist dann das
intentionalistische Erklärungsschema, das den praktischen Syllogismus in
folgenden Punkten ergänzt bzw. verbessert (v.Wright 1984: 99ff, Stegmüller
1983: 489f):

1. Die Intentionsrelation muß um das Element 'Wissen' ergänzt werden, d.h. i
   muß wissen, daß es p herbeiführen kann.
2. Einführung eines Zeitindex t und Erweiterung von (5-1) zu 'i intendiert zur
   Zeit t p zu verwirklichen'.
3. Da das Ziel einer Handlung p in p' besteht und ersteres zeitlich auf p' folgt
   ist dieses mit einem Zeitindex t' zu versehen, wobei zumindest gelten muß:
   $t' \geq t$.
4. i darf weder seine Intention noch den Zeitpunkt t' vergessen.
5. Es muß vorausgesetzt werden, daß i in der Zwischenzeit nicht von seiner
   Intention abgehalten wird.

Aus diesen fünf Ergänzungs- bzw. Verbesserungsvorschlägen läßt sich das
folgende intentionalistische Erklärungschema angeben (Abb. 7):

(i)   i intendiert zum Zeitpunkt t, p zu verwirklichen

(ii)   i ist von jetzt an der Überzeugung, daß er p nur dann zu t
        verwirklichen kann, wenn er p' nicht später als t' realisiert.

(iii)   i vergißt weder seine Intention noch t' und wird nicht davon
        abgehalten p' zu tun.

(iv)   i schickt sich nicht später als zu der Zeit, da er t' als
        gekommen ansieht, an, p' zu realisieren.

Abbildung 7: Intentionalistisches Schlußschema

An diesen ergänzten und verbesserten praktischen Syllogismus zum intentionalistischen Erklärungsschema ist nun die Frage zu stellen, ob aus diesem korrekte logische Schlüsse hervorgehen. Wie v.Wright (1984: 109f) selbst an einem
Gegenbeispiel zeigt, ist die Notwendigkeit des intentionalistischen Schlußschemas in Extremfällen nur eine ex post actu zu begreifende Notwendigkeit
(v.Wright 1984: 110). Diese Feststellung führt jedoch dazu, daß es Fälle gibt, in

denen nicht logisch aus den Prämissen die Konklusion folgt. Darauf zu insistieren, ist nach v.Wright eine Form des Dogmatismus, doch, so ist zu fragen, wenn schon ein logisches Schlußverfahren angegeben wird, so muß jede Deutung, die die Prämissen wahr macht, auch die Konklusion in eine wahre Aussage verwandeln - und diese logische Folgerung duldet keine Ausnahmen bzw. Verletzungen des Bestehens einer Folgebeziehung (Stegmüller 1983: 490).

Tuomela (1977: Kap. 7) kritisiert am intentionalistischen Schlußschema darüber hinaus, daß dieses nur gültig sein kann, wenn in die Prämissen eine allgemeine Aussage mit aufgenommen wird, was dann folgendes Schlußschema (leicht abgewandelt) impliziert (Abb. 8):

$\forall$ i $\in$ **I** $\wedge$ $\forall$ Intentionen$_{(p)i}$ $\wedge$ $\forall$ **p'(i)** $\wedge$ $\forall$ **(t,t')** $\in$ **T** gilt:

(a)   Wenn i von jetzt an intendiert, p zur Zeit t zu realisieren und glaubt, daß es dafür notwendig ist, p' nicht später als t' zu tun, und

(b)   wenn zwischen jetzt und t' "normale Bedingungen" rrschen,

---

(c)   dann wird sich i nicht später als zu der Zeit, da er t' als gekommen betrachtet, anschicken, p' herbeizuführen.

Abbildung 8: Intentionalistisches Schlußschema nach Toumela

Will man mit diesem Schema das tatsächliche Handeln von wirklichen Personen erklären und nicht von idealisierten rationalen Wesen, so stellen die Prämissen des Schlußschemas empirisch-hypothetische Gesetzesaussagen dar. In diesem Fall wäre dann auch die Dichotomie intentionalistische (ergänzter und verbesserter praktischer Syllogismus) vs. kausalistische Erklärung menschlichen Handelns hinfällig, da sich das intentionalistische Erklärungsschema (Abb. 8) als eine Variante des Subsumptionsmodells der Erklärung nach Hempel und Oppenheim auffassen läßt.

4.   Schlußbemerkung

Stellen wir zum Schluß noch einmal die Frage, ob sich Handlungen kausal erklären lassen, so ist die Antwort darauf keinesfalls eine eindeutige. Grundsätzlich stehen uns zwei Möglichkeiten offen: wir können Handlungen kausal erklären und wir können Handlungen intentionalistisch erklären, ohne auf eine Kausalstruktur der Erklärung zurückzugreifen. Wie denn nun eine Handlung endgültig erklärt werden kann, stellt auch nach dem Dargelegten weiterhin ein noch zu lösendes Rätsel im Kuhn'schen Sinne dar bzw., unter weitergehenden Gesichtspunkten und extremer formuliert, eine Anomalie innerhalb der Handlungs- und Entscheidungstheorien. Müssen wir auf ein neues Paradigma der Handlungserklärung hoffen, um diese Anomalie beseitigen zu können?

Literaturverzeichnis

Aebli, H., 1993: Denken: Das Ordnen des Tuns. Bd.I: Kognitive Aspekte der Handlungstheorie. 2.Aufl., Stuttgart

Balz er, W., 1990: A Basic Model for Social Institutions. In: Journal of Mathematical Sociology 16, 1-29

Balzer, W., 1992: A Theory of Power in Small Groups. In: Westmeyer (Hg.), 1992, 191-210

Balzer, W., 1993: Soziale Institutionen. Berlin, New York

Beckermann, A., 1985: Handeln und Handlungserklärungen. In: Beckermann (Hg.), 1985, 7-84

Beckermann, A. (Hg.), 1985: Analytische Handlungstheorie, Bd. 2: Handlungserklärungen. Frankfurt

Bunge, M., 1983: Epistemologie. Aktuelle Fragen der Wissenschaftstheorie. Mannheim, Wien, Zürich

Bunge, M., 1984: Das Leib-Seele Problem. Tübingen

Bunge, M., 1987: Kausalität, Geschichte und Probleme. Tübingen

Cohen, M. F., 1964: Motives, Causal Necessity, and Moral Accountability. In: Australasian Journal of Philosophy 42, 322-334

Dreier, V., 1986: Zur Problematik von 'theoretischen' Begriffen in den empirisch orientierten Sozialwissenschaften (unveröf. Magisterarbeit). Tübingen

Dreier, V., 1996: Metatheoretische Reflexionen über Handlungs- und Entscheidungstheorien. Eine Übersicht über Hauptprobleme. In: Druwe/ Kunz (Hg.), 1996, 56-82

Dreier, V., 1997: Empirische Politikforschung. München

Druwe, U./ Kunz, V. (Hg.) 1996: Handlungs- und Entscheidungstheorie in der Politikwissenschaft. Opladen

Esser, H./ Klenovits, K./ Zehnpfennig, H., 1977: Wissenschaftstheorie, Bd.1: Grundlagen und analytische Wissenschaftstheorie. Stuttgart

Essler, W.K., 1979: Wissenschaftstheorie IV. Erklärung und Kausalität. Freiburg i.B., München

Flew, A., 1949: Psycho-Analytic Explanation. In: Analysis, 10, 8-15

Gean, W.D., 1956/ 1985: Gründe und Ursachen. In: Beckermann (Hg.), 1985, 195-220

Goodman, N., 1975: Tatsache, Fiktion, Voraussage. Frankfurt am Main

Greve, W., 1994: Handlungsklärung. Die psychologische Erklärung menschlicher Handlungen. Bern u.a.

Hart, H. L. A., 1973: Der Begriff des Rechts. Frankfurt

Hempel, C. G., 1965: Aspects of Scientific Explanations and other Essays in the Philosophy of Science. London

Hempel, C. G./ Oppenheim, P., 1965: Studies in the Logic of Explanation. In: Hempel, 1965, 245-290

Hempel, C. G., 1977: Aspekte wissenschaftlicher Erklärung. Berlin, New York

Hume, D., 1982: Eine Untersuchung über den menschlichen Verstand. Stuttgart

Jeffrey, R. C., 1967: Logik der Entscheidungen. Wien, München

Kamlah, W., 1972: Philosophische Anthropologie. Sprachkritische Grundlegung und Ethik. Mannheim, Wien, Zürich

Kutschera, F.v., 1972: Wissenschaftstheorie, 2 Bde. München

Lumer, Ch., 1990: Artikel: 'Handlung'. In: Sandkühler (Hg.), 1990, 499-511

Mackie, J. L., 1974: The Cement of the Universe. A Study of Causation. Oxford

Melden, A. I., 1961/ 1985: Freie Handlungen. In: Beckermann (Hg.), 1985, 120-167

Peters, R. S., 1958/ 1985: Typen der Erklärung in psychologischen Theorien. In: Beckermann (Hg.), 1985, 106-119

Popper, K. R., 1982: Logik der Forschung, 7.Aufl., Tübingen

Posch, G., (Hg.) 1981: Kausalität. Neue Texte. Stuttgart

Pothast, U., (Hg.) 1978: Seminar: Freies Handeln und Determinismus. Frankfurt

Sandkühler, H. J. (Hg.), 1990: Europäische Enzyklopädie zu Philosophie und Wissenschaften, Bd. 2. Hamburg

Stegmüller, W., 1960: Das Problem der Kausalität. In: Topitsch (Hg.), 1960, 171-190

Stegmüller, W., 1983: Probleme und Resultate der Wissenschaftstheorie und Analytischen Philosophie. Bd. I: Erklärung, Begründung, Kausalität, 2. verb. u. erw. Aufl., Berlin, Heidelberg, New York

Suppes, P., 1970: A Probabilistic Theory of Causality, Acta Philosophica Fennica. Amsterdam

Topitsch, E. (Hg.), 1960: Probleme der Wissenschaftstheorie. Wien

Tuomela, R., 1977: Human Action and its Explanation. A Study on the Philosophical Foundations of Psychology. Dordrecht

Watson, G., 1982: Free Will. Oxford

Westmeyer, H. (Hg.), 1992: The Structuralist Program in Psychology: Foundations and Applications. Bern u.a.

Wenturis, N./ Van hove, W./ Dreier, V., 1992: Methodologie der Sozialwissenschaften. Tübingen

Wright, G. H. v., 1984: Erklären und Verstehen, 2.Aufl. Königstein/Ts.

2. Die Wissenschaftlichkeit des Rational-Choice-Ansatzes in der Politikwissenschaft

Kirsten Mensch

Zusammenfassung

Immer wieder ist zu lesen, daß der Rational-Choice-Ansatz den Ansprüchen, die die Naturwissenschaften an sich stellen, gewachsen sei. Bei einer Überprüfung von Rational-Choice-Modellen nach den Kriterien des in den Naturwissenschaften vorherrschenden Falsifikationismus stellt sich jedoch heraus, daß sie diesen Kriterien nicht gerecht werden. Das gilt sowohl für den sogenannten naiven Falsifikationismus als auch für eine raffiniertere Variante. Allerdings wird auch immer wieder der Falsifikationismus als Wissenschaftstheorie in Frage gestellt. Ich schlage eine Beurteilung nach den schwächeren Kriterien der Wissenschaftstheorie von Imre Lakatos vor und werde an einer Anomalie das Vorgehen beispielhaft vorführen. Die hier vorgenommene Beurteilung zeigt - wenn auch hinsichtlich nur einer Anomalie - daß zumindest der Wissenschaftscharakter für den Rational-Choice-Ansatz beansprucht werden kann, da sich einzelne theoretisch progressive Fortentwicklungen zeigen. Allerdings muß auch erkannt werden, daß es mit der empirischen Progressivität schlecht bestellt ist. Eine Superiorität des Rational-Choice-Ansatzes im Vergleich zu anderen Ansätzen zu behaupten, entbehrt nach den hier gewählten Kriterien der wissenschaftstheoretischen Grundlage.

1. Wissenschaftstheoretische Ansprüche an den Rational-Choice-Ansatz

"Perhaps the most popular methodological position in political science is one that might broadly be called the 'naturalist' or 'scientific' model, for it seeks to structure political science in terms of the methodological principles of the natural sciences. (...) Adherents of this model deny the existence of any fundamental methodological differences between the natural and social sciences." (Moon 1975: 132)

Moon stellt in diesem kurzen Zitat jene methodologische Ansicht dar, der auch manche Anhänger des Rational-Choice-Ansatzes entsprechen wollen. Sie folgen dem alten Traum einer Sozialwissenschaft, die den Naturwissenschaften qualitativ gleicht: Sie lassen sich leiten von einer "szientistischen" Auffassung[1], versuchen also Sozialforschung nach dem naturwissenschaftlichen Erkenntnismodell zu betreiben. Die damit verbundene Hoffnung zeigt sich besonders deutlich an den Beiträgen, die William H. Riker der Debatte beigesteuert hat (vgl. Riker 1977, 1995 und insbesondere 1990). So sieht Riker eine der Ursachen, warum die Sozialwissenschaften in den letzten zwei Jahrhunderten langsamer fortgeschritten sind als die Naturwissenschaften, in der mangelnden Anwendung von Rational-Choice-Modellen begründet (Riker 1990: 177). Würden die Sozialwissenschaften sich die Instrumente der Ökonomie verstärkt zunutze machen - eine Entwicklung, die Riker sieht und stark befürwortet - so wäre hier ein ebensolcher wissenschaftlicher Fortschritt möglich wie bei den Naturwissenschaften. Rikers Hoffnungen beziehen sich hierbei vor allem auf den Rational-Choice-Ansatz. Der Vorteil des Rational-Choice-Modells gegenüber anderen sozialwissenschaftlichen Ansätzen liegt laut Riker in den Parallelitäten zu dem naturwissenschaftlichen Erkenntnismodell: "Explanations are, in my opinion, the whole point of science and microeconomists have explained phenomena by deduction in a Rational-Choice model of theorems that parallel empirical laws." (Riker 1990: 177)

Auch Terry M. Moe sieht Parallelitäten zwischen naturwissenschaftlichen Theorien und dem Rational-Choice-Ansatz: Die ökonomischen Theorien "are based on comparatively simple axioms, they are extensively mathematized,

---

[1] Der Ausdruck "Szientismus" leidet, da er zumeist nur von den Gegnern einer nach dem naturwissenschaftlichen Erkenntnismodell vorgehenden Sozialwissenschaft verwendet wird, unter dem Mitschwingen eines negativen Vorverständnisses. Falter (1982: 121) bedauert dieses Umstand, da der Begriff "Szientismus", falls neutral verstanden, inhaltlich sehr treffend sei.

they have great deductive power and scope, and, in general, they resemble accepted theories from the natural sciences in important respects." (Moe 1979: 215)

Bevor ich auf eine Diskussion dieser Aussagen eingehen kann, muß zuerst feststehen, was genau wir unter dem "naturwissenschaftlichen Erkenntnismodell" verstehen. Ein einführendes Werk für Studierende der Physik beschreibt, nachdem es auf die Untersuchungsmethoden der Beobachtung und des Versuches eingegangen ist, die Art der Erkenntnissuche in folgenden Worten:

> "Wissenschaftler leiten auch auf theoretischem Weg neue Erkenntnisse aus bekannten Tatsachen ab. Unter theoretisch verstehen wir hier, daß der Physiker ein Modell für die von ihm untersuchte physikalische Situation vorschlägt. Unter Verwendung bereits früher abgeleiteter Beziehungen stellt er logische, deduktive Überlegungen am Modell an. (...) Die Erkenntnisse, die ein Physiker auf theoretischem Weg erlangt, werden von anderen zur Durchführung neuer Versuche verwendet, die das Modell überprüfen sollen oder die Grenzen seiner Gültigkeit oder sein Versagen bestimmen. Der Theoretiker revidiert daraufhin sein Modell und ändert es so ab, daß es mit der neuen Information im Einklang steht. Diese Vernetzung zwischen Versuchsdurchführung und Theorie gestattet einen stetigen, wohl fundierten Fortschritt." (Marcelo, Finn 1988:4)

Das Erkenntnismodell, das die Naturwissenschaftler nutzen, stützt sich auf ein deduktives Vorgehen, das im deutschen Sprachraum als Hempel-Oppenheim-Schema bekannt ist: Ausgehend von einem allgemeinen Satz, wenn möglich einem Gesetz, und einem besonderen Satz, der die im konkreten Fall vorliegenden Randbedingungen benennt, läßt sich eine Prognose oder Konklusion erschließen (Hempel, Oppenheim 1965: 247ff.; vgl. auch Popper 1971: 32 sowie den Beitrag von Dreier in diesem Band). Dieses Vorgehen ermöglicht (potentielle) Erklärungen, die intersubjektiv nachvollziehbar sind und zu Prognosen befähigen. Zugleich läßt sich aufgrund des deduktiven Aufbaus eine Theorie empirisch überprüfen: Wenn die Konklusion falsch ist, der Schluß von den Prämissen (also von dem allgemeinen und dem besonderen Satz) zur Konklusion jedoch logisch korrekt war, muß mindestens eine der Prämissen falsch sein. (Ausgehend von der Wahrheit der Konklusion ist hingegen nicht die Wahrheit der Prämissen implizierbar.) Das Schließen von der Falschheit der Konklusion auf die Falschheit einer Prämisse ermöglicht die Falsifikation einer Hypothese.

Die Idee des Falsifikationismus beruht auf der Erkenntnis, daß es unmöglich ist, die Wahrheit einer These mit empirischen Mitteln zu beweisen. Um Theorien bewerten zu können, bleibt nur übrig, sie mit möglichst harten

36

Tests zu konfrontieren. Die Theorien, die all diese Tests bisher überstanden haben, werden als "bewährte" Theorien (nicht als wahre) bezeichnet. Eine Falsifizierung jedoch wird zum Schicksal einer Theorie:

"Spekulative Theorien müssen, wenn sie einmal vorgeschlagen wurden, rigoros und nach strengen Kriterien durch Beobachtung und Experiment überprüft werden. Theorien, die der Überprüfung durch Experiment nicht standhalten, müssen eliminiert werden und durch neue spekulative Vermutungen ersetzt werden. (...) Nur die besten Theorien überleben." (Chalmers 1989: 41)

Diese Art der Überprüfung stellt eine entscheidende Bedingung an Theorien, die als "wissenschaftlich" gelten sollen: Sie müssen grundsätzlich falsifizierbar sein. Das schließt tautologische Aussagen und Aussagen, die keine empirische Basis besitzen, aus. Die Güte einer Theorie bemißt sich nicht alleine daran, daß sie bisher noch nicht falsifiziert wurde, sondern auch an dem Ausmaß der Falsifizierungsmöglichkeiten, das sie bietet. Chalmers (1989: 45) weist darauf hin, daß für einen Falsifikationisten

"eine Theorie mit zunehmender Falsifizierbarkeit auch im weitesten Sinne besser wird. Je umfassender die Ansprüche einer Theorie sind, umso größer ist die Zahl möglicher Gelegenheiten, um nachzuweisen, daß sich die Welt in Wirklichkeit nicht so verhält, wie es die Theorie besagt. Eine sehr gute Theorie ist eine Theorie, die sehr umfassende Aussagen über die Welt macht, die folglich in hohem Maße falsifizierbar ist und die stets einer Falsifizierung standhält."

Wenn der Rational-Choice-Ansatz methodologisch den Naturwissenschaften gleichen will, muß er sich diesen strengen Kriterien stellen. Das nächste Kapitel befaßt sich mit der Frage, wie der Rational-Choice-Ansatz mit diesen Ansprüchen zurechtkommt. Dabei werde ich den bisher dargestellten "naiven Falsifikationismus" als Ausgangsbasis nehmen, da sich an diesem die grundlegenden Probleme besonders gut zeigen lassen.[2] Anschließend werde ich mich dem "raffinierten Falsifikationismus" zuwenden und prüfen, ob der Rational-Choice-Ansatz dessen Kriterien eher gerecht werden kann.

---

[2] Ein weiterer Grund für meine Auseinandersetzung mit einer eigentlich als überholt geltenden Wissenschaftstheorie ist seine nach wie vor festzustellende Verbreitung unter den Wissenschaftstreibenden.

2. Der Rational-Choice-Ansatz im Lichte des Falsifikationismus

Bevor ich den Rational-Choice-Ansatz[3] an den Kriterien des Falsifikationismus messen kann, muß zuerst geklärt sein, welche Aussagen als Prämissen des Rational-Choice-Ansatzes dienen. Aufgrund der Vielzahl unterschiedlicher Ausarbeitungen von Theorievorschlägen, die alle unter dem Label "Rational-Choice" laufen, aber in unterschiedlichem Maße und unterschiedlicher Art mit Prämissen angereichert sind, ist eine Festlegung *der* Rational-Choice-Prämissen nicht so einfach. Unter Stützung auf den Vorschlag von Green und Shapiro (1994: 14-17) läßt sich jedoch ein gemeinsamer Ausgangspunkt finden, nämlich jene Prämissen, die allgemeine Akzeptanz unter Rational-Choice-Anhängern finden. Dazu gehören:
- Die relevanten Akteure sind Individuen: Es gilt das Prinzip des methodologischen Individualismus.
- Individuen handeln, um ihren Nutzen zu maximieren. Dabei ist die Art des Nutzens nicht von vornherein festgelegt.
- Individuen verfügen über eine Präferenzordnung, die durch innere Verbundenheit und Transitivität der Präferenzen gekennzeichnet ist. Eine Konstruktion von zwei oder mehreren unabhängigen Präferenzordnungen eines Individuums ist damit nicht vereinbar.
- Die Akteure handeln unter Risiko; sie maximieren ihren erwarteten Nutzen, nicht unbedingt den reellen. Die mit dieser Prämisse meist verbundene Annahme eines kardinalen Nutzens ist jedoch nicht für alle Rational-Choice-Anwendungen nötig.
- Das Modell gilt für alle Individuen gleich und deren Präferenzen sind über die Zeit stabil. Es unterliegt somit einer Homogenitätsannahme. Damit sollen "Pseudo-Erklärungen" von Phänomenen derart, daß Individuum A egoistisch und Individuum B eben altruistisch handelte bzw. daß sich die Präferenzordnung eines Individuums zwischen zwei Handlungszeitpunkten geändert habe, vermieden werden.

---

[3] Unter dem Rational Choice-*Ansatz* verstehe ich die grundlegenden Prämissen bzw. den später als "harten Kern" bezeichneten Bereich des Forschungsprogramms. Als *Modell* bezeichne ich hingegen Rational Choice-Konstrukte, die auf ein bestimmtes Gebiet zugeschnitten sind und zumeist zusätzliche Annahmen zufügen.

Die konkrete Ausgestaltung des Rational-Choice-Ansatzes in einzelne Modelle ist unterschiedlich. Teilweise basieren Rational-Choice-Modelle allein auf den eben dargestellten Prämissen; teilweise passen sie sich durch Hinzufügen weiterer Annahmen an ihr Anwendungsgebiet (oder auch an den Gusto ihres Erbauers) an. Die verschiedenen Ansätze lassen sich in einer Hierarchie der Sparsamkeit - nebenbei bemerkt einer der immer genannten Vorzüge der Theorie[4] - auflisten, die ich hier mit einigen Stichworten skizzieren möchte (vgl. dazu auch Green, Shapiro 1994: 29-30):

1. Am sparsamsten ist das Belassen des Modells als sog. "dünnen" Rational-Choice-Ansatz. Es bleibt bei den oben genannten Prämissen, auf genaue Angaben zu den Zielen der Akteure wird verzichtet. Die Prämisse der Nutzenmaximierung ist nach wie vor unspezifiziert. Auf einem solchen Weg gelangte z.b. Arrow (1951) zu seinem überraschenden Wahlparadoxon.

2. Etwas aufwendiger im Umgang mit Prämissen sind die "dichten" Modelle: Sie konkretisieren die Annahme der Nutzenmaximierung durch Angabe von eigennützigen Zielen (im engen Sinne) der Individuen. Ein Beispiel dieser Kategorie ist Olsons Studie über kollektives Handeln (1965). Ebenso gehört hierher die konventionelle neoklassische Ökonomie.

3. In einer weiteren, noch weniger sparsamen Variante liegt neben der Bestimmung eigennütziger Ziele die Annahme der unvollständigen Information vor. Dieses Modell führt Downs in seiner Ökonomischen Theorie der Demokratie (1957) aus.

4. Ein noch stärker ausgedehntes Modell nutzt eine weite Interpretation des Begriffs Eigennutz. Es zieht sowohl im engen Sinne eigennützige als auch andere Ziele zur Erklärung von Verhalten heran. Die Schwierigkeiten, die mit einer solchen Modellkonstruktion einhergehen, werde ich weiter unten diskutieren.

Die interessantesten Erklärungen sind die sparsamsten. Die Zielsetzung, soziale Phänomene mit möglichst einfachen, sparsamen Modellen zu erklären, entspricht den Qualitätsmaßstäben des Falsifikationismus. Je sparsamer ein Modell gestaltet ist, desto höher ist sein Grad der Falsifizierbarkeit. Je aufwendiger die Modelle werden, desto schwammiger werden unsere Prognosen, d.h. desto mehr denkbare Beobachtungen stimmen mit dem Modell überein. Eine in höherem Maße falsifizierbare Theorie ist aber selbstverständlich nur dann besser als eine andere, wenn sie in der Lage ist, eine Er-

---

[4]   Kritik an dem Prinzip der Sparsamkeit übt hingegen Hirschman (1985).

klärung zu liefern, die Falsifizierungsversuchen standhält. Das dementsprechend gebotene wissenschaftliche Vorgehen lautet: Erst wenn die sparsamere
Variante das vorliegende Phänomen nicht zu erklären vermag, wird auf eine
weniger sparsame zurückgegriffen oder knapp gefaßt: So einfach wie möglich und so komplex wie nötig.

Auch wenn die hier aufgeführte Hierarchie von Rational-Choice-Modellen
nicht nur eine abnehmende Sparsamkeit der Modelle, sondern auch zuneh-
mende Realitätsnähe zeigt, kommt Terry M. Moe (1979: 216) zu dem eher
niederschmetternden Schluß:

> "While some Rational-Choice models are premised on more realistic assumptions
> than others, all Rational-Choice models are grounded on assumptions that are not
> empirically valid and in most cases are not even close to descriptive accuracy."

Will man empirische Fakten, die gegen den Rational-Choice-Ansatz sprechen, aufzählen, fällt einem das tatsächlich nicht allzu schwer. Viele wissenschaftliche Untersuchungen haben sich der Herausforderung von Rational-
Choice-Modellen gestellt, sie mit empirischen Methoden überprüft und oftmals Evidenzen gegen die Modelle gefunden.[5] Im folgenden werde ich ohne
Anspruch auf Vollständigkeit ein paar dieser Ergebnisse aufführen.

So sprechen gegen den Eigennutz-Ansatz z.B. Interviews, die Monroe et al.
(1991) mit Menschen führten, die verfolgten Juden halfen. In einer Zusam-
menschau amerikanischer empirischer Studien zu politischen Einstellungen
zeigen Sears und Funk (1990) gleichermaßen, daß Eigennutz zumeist gar
keine oder nur eine sehr untergeordnete Rolle bei der Bildung von Einstellungen spielt. Auch die Untersuchung von Adrian Vatter (1994) bei Schwei-
zer Abstimmungen ergibt, daß Eigennutz bei der Entscheidung der Abstim-
menden nur bei einer ganz bestimmten Teilmenge der Abstimmungen relevant war. Grundsätzlich in Frage gestellt wird die Idee des rationalen Handelns von Experimenten, auf die Quattrone und Tversky (1988) hinweisen.
Zum einen verweisen sie auf die wichtige Rolle der Risikoabneigung, die der
von Rational-Choice unterstellten Nutzenfunktion widerspricht. Zum anderen
schreiben sie, daß "people often fail to distinguish between causal contingencies (acts that produce an outcome) and diagnostic contingencies (acts

---

5 Natürlich finden sich auch empirische Ergebnisse, die für die Rational Choice-
   Theorie sprechen, doch oftmals trifft die Kritik von Green und Shapiro (1994: 9)
   zu: "Tests that are properly conducted tend either to disprove these hypotheses or
   to lend support to propositions that are banal."

that are merely correlated with an outcome)" (Quattrone, Tversky 1988: 733; vgl. hierzu auch den Beitrag von Haug in diesem Band).

Nicht nur die Prämissen selbst unterliegen Falsifizierungen, sondern auch die aus ihnen gewonnenen Implikationen. Gegen Olsons "Logik des kollektiven Handelns" sprechen zahlreiche größere Gruppierungen, deren kollektives Handeln nicht über selektive Anreize oder Zwang erklärbar ist (z.b. Amnesty International, Dritte-Welt-Gruppen etc.). Das Downssche Modell der Wahlberechtigten, die die Partei präferieren und wählen, die ihnen auf einer Rechts-links-Skala (oder auch auf mehreren Dimensionen) am nächsten steht, hat Schwierigkeiten solche Fälle zu erklären, bei denen vormalige SPD-Wähler direkt zu den Republikanern wechseln. Zudem kämpft der Downssche Ansatz bekannterweise mit dem Wahlbeteiligungsparadoxon, das auch immer wieder als Argument gegen jegliches Rational-Choice-Modell vorgebracht wird. So schreibt z.B. Stephen Knack (1992: 133): "An embarrassing limitation of the economic approach to politics, however, is its failure to account for the individual decision to vote in large elections."

Diese kurze, stichwortartige Auflistung empirischer Ergebnisse gegen den Rational-Choice-Ansatz soll und kann genügen, da sie erstens hier nur illustrativen Zwecken dient und da zweitens gemäß dem Falsifikationismus eine weitere Aufzählung von Falsifizierungen gar nicht nötig ist: Die Theorie muß nach den strengen Kriterien des Falsifikationismus schon bei *einer* Falsifikation durch Beobachtung oder Experiment eliminiert oder modifiziert werden. Entsprechend diesen Richtlinien ist der Rational-Choice-Ansatz in seiner jetzigen Form von der Bühne der Wissenschaft herunter zu holen und entweder erst nach einer intensiven Schulung, soll heißen verbessernder Modifikation, wieder zuzulassen oder ganz in den Zuschauerraum abzudrängen.

Diese Konsequenz wollen jedoch viele, die ihre Hoffnungen auf den Rational-Choice-Ansatz setzen, nicht ziehen. Statt dessen suchen sie nach Antworten auf die Falsifikationen, die ihnen eine tiefgreifende Modifikation oder den Abtritt "ihrer" Theorie ersparen.

3. Verteidigungsstrategien für den Rational-Choice-Ansatz

Es gibt verschiedene Möglichkeiten, die Falsifiziertheit des Rational-Choice-Ansatzes zu bestreiten und/oder seinen Abschied von der Bühne der Wissenschaft zu verneinen (vgl. hierzu u. a. Moe 1979).

1. Wir verweisen auf den "als-ob"-Charakter des Rational-Choice-Ansatzes. Der Ansatz hat gar nicht die Aufgabe, mentale Prozesse von Individuen darzulegen; ob Individuen tatsächlich derartige Denk- und Entscheidungsprozeduren ausführen, ist nicht Gegenstand sozialwissenschaftlicher Forschung. Folglich erschüttern uns gegenteilig lautende Ergebnisse aus psychologischen Studien nicht. In einem solchen Ansatz lautet die Annahme: Die Individuen handeln so, *als ob* sie die entsprechenden Entscheidungskalkulationen durchgeführt hätten. Beliebt ist es in diesem Zusammenhang, auf Ähnlichkeiten bei evolutionstheoretischen Überlegungen zu verweisen: Die Organismen handeln auch nicht intentional, trotzdem kann ihr Verhalten so interpretiert werden, als ob ihr Ziel sei, ihre Nachkommenschaft zu maximieren. Doch auch diese Argumentation hilft nicht, wenn wir uns damit gegen eine Falsifizierung wehren wollen. Denn die empirischen Ergebnisse zeigen ja nicht nur, daß die Menschen nicht so denken, sondern eben auch, daß sie nicht so handeln, wie es der Rational-Choice-Ansatz prognostiziert.

2. Ähnlich ist die Friedmansche Strategie. Friedman (1959) erkennt den Annahmen einer Theorie einen speziellen Status zu. Nicht die Annahmen müssen richtig sein, sondern nur die aus ihnen abgeleiteten Implikationen. Wichtig allein ist die Vorhersagekraft einer Theorie. Abgesehen von der Problematik, zwischen Annahmen und Implikationen unterscheiden zu müssen, steht Friedman mit diesem Vorschlag zudem vor der Konsequenz, eventuell nur Vorhersagen über soziale Phänomene treffen, aber diese nicht erklären zu können.[6] Desweiteren ist hier das gleiche Argument wie bei der zweiten Strategie trifftig: Die empirischen Ergebnisse sprechen nicht nur gegen die Prämissen, sondern auch gegen die Implikationen (so spricht die hohe Wahlbeteiligung gegen die aus Downs' Annahmen gewonnene Implikation einer niedrigen Wahlbeteiligung).[7]

---

[6] Vgl. zur Nichthaltbarkeit der These der Strukturidentität zwischen Erklärung und Prognose Lenk (1972).

[7] Gegen diesen Einwand würde auch nicht die von Boland vertretene These, Friedman sei als Instrumentalist zu verstehen, helfen. Denn: "instrumentalism is

3. Auf den ersten Blick vielversprechender ist die Nutzung einer "ceteris paribus"-Klausel. Soll heißen: das Modell ist an sich richtig, bloß funken in der Realität so viele störende Einflüsse dazwischen, daß das Ergebnis leider verfälscht wird. Auf den zweiten Blick wird deutlich, daß mit einer solchen Strategie überhaupt keine empirische Theorie zu machen ist, schon gar keine, die sich dem Kriterium der Falsifizierbarkeit stellt. Eine gute wissenschaftliche Theorie muß dauernd "dazwischenfunkende" Einflüsse integrieren.

4. Eine andere Möglichkeit ist, die empirischen Daten, die den Ansatz in Frage zu stellen scheinen, selbst in Frage zu stellen. De facto ist es ja nicht so, daß eine Theorie mit "reiner Empirie" getestet werden kann. Auch unsere Beobachtungen und Erfahrungen sind letztlich von Theorien abhängig. Ein Beispiel dieser Strategie ist William Rikers Reaktion auf die Experimente, deren Resultate gegen die Existenz eines kardinalen Nutzens sprechen. Riker (1995) stellt mit guten Argumenten die Angemessenheit der Experimente in Frage.

Diese letztgenannte Möglichkeit führt zu der Grundproblematik des "naiven Falsifikationismus". "Naiv" ist der Falsifikationismus deshalb, weil die von ihm implizit angenommene strikte Trennbarkeit von Theorie und Empirie bzw. Beobachtung nicht haltbar ist. Die Annahme, empirische Fakten könnten die Falschheit von empirischen Aussagen beweisen, ist zu einfach: Beobachtungen können falsch sein, weil dahinterstehende theoretische oder methodische Grundlagen falsch sind. Augenfällig ist das bei den modernen "Meßinstrumenten" der Sozialwissenschaften: Experimente und Befragungen. Aber auch bei viel "natürlicheren" Beobachtungen können Fehler auftauchen. So erscheint der Mond für uns am frühen Abend deutlich größer als ein paar Stunden später, woraus wir schließen müßten, daß der Mond uns am frühen Abend näher ist als später. Doch das widerspricht den Theorien zur Laufbahn des Mondes. Aufgrund dieser Beobachtungen, die wir immer wieder machen können, wird die Theorie zur Bahn des Mondes jedoch nicht aufgegeben. Statt dessen wird unsere Wahrnehmung des Mondes als optisch verzerrt bewertet.[8]

---

solely concerned with (immediate) practical success" (Boland 1979: 521) - und dieser praktische Erfolg bleibt hier ja gerade aus.

[8] Eine frühe Erklärung des Phänomens (schon von Aristoteles vertreten) besagt, daß die Erdatmosphäre die Ursache der verzerrten Wahrnehmung sei. Die heutige Erklärung stellt jedoch die 'Objektivität' bzw. Glaubwürdigkeit unserer Wahr-

Sehr einprägsam für die Möglichkeit, eine Theorie oder Hypothese gegen Falsifizierungen zu immunisieren, ist die fiktive Geschichte eines Physikers, die Lakatos erzählt (Lakatos 1970: 100f.). Der Physiker berechnet mit Hilfe von Newtons Gravitationsgesetz die Bahn eines soeben entdeckten kleinen Planeten. Beobachtungen zeigen jedoch, daß der Planet nicht der berechneten Bahn folgt. Trotzdem gibt der Physiker seine Basisthese nicht auf, sondern ergänzt sie durch eine Zusatzannahme, der zufolge es einen weiteren kleinen Planeten gibt, der die Bahn des ersten Planeten beeinflußt. Von diesem zweiten Planeten berechnet er Masse und Bahn. Leider ist jedoch der Planet nach den Berechnungen des Physikers so klein, daß der beauftragte Experimentalastronom ihn nicht mit Hilfe der existierenden Teleskope entdecken kann. So wird mit viel Zeit- und Geldaufwand ein größeres, leistungsfähigeres Teleskop gebaut. Doch auch mit diesem wird der kleine Planet nicht entdeckt. Aber auch jetzt gibt der Physiker nicht auf! Seine neue Vermutung lautet: Der Planet wird durch eine kosmische Staubwolke verdeckt, so daß wir ihn auch mit dem besseren Teleskop unmöglich sehen können. Nun berechnet er Ort und Ausmaße dieser Wolke, beantragt die Bereitstellung eines Satelliten zur Überprüfung seiner Berechnungen. Aber leider entdeckt der ausgesandte Satellit keine Wolke an der prognostizierten Stelle. Unser Physiker gibt aber immer noch nicht auf. Nun geht er davon aus, daß ein magnetisches Feld in diesem Bereich des Alls die Instrumente des Satelliten gestört hat. Und so kann die Geschichte mit entsprechender Phantasie immer weiter geführt werden.

Die Konsequenz heißt daher: Mit den wissenschaftstheoretischen Mitteln des "naiven Falsifikationismus" kann keine Theorie ausgelöscht werden, da sich immer Gegenargumente gegen eine Falsifizierung finden lassen. Damit schwindet aber auch die Möglichkeit, gute von schlechten Theorien unterscheiden zu können. (Es bliebe nur die Möglichkeit, mehr oder weniger phantasiebegabte Forschende zu unterscheiden.) Um eine Strategie der Bereitstellung immer neuer Zusatzbedingungen oder neuer Argumente gegen durchgeführte empirische Untersuchungen zu unterbinden, könnten wir schlicht dieses Vorgehen verbieten. Ein solches Verbot wäre aber wissen-

---

nehmung noch mehr in Frage: Es liegt nicht an der Erdatmosphäre, sondern stellt ein Phänomen der Wahrnehmungspsychologie dar. Wir "zoomen" in der Horizontale mehr als in der Vertikalen, d.h. unser visuelles Wahrnehmungssystem täuscht uns einen größeren Mond vor. Vgl. hierzu den Beitrag in DIE ZEIT vom 31. 5. 1996, S. 30 sowie die sich anschließende Diskussion in den Leserbriefen (DIE ZEIT vom 28. 6. 1996).

schaftstheoretisch nicht vertretbar. Es hätte sich ja auch bestätigen können, daß eine kosmische Wolke den kleinen Planeten vor unseren Augen verborgen hält. Hätten wir diese Zusatzannahme ausgeschlossen, wäre die Entdekkung eines neuen Planeten und die Bestätigung der Berechnungen des Physikers (und damit die Beibehaltung von Newtons Gravitationsgesetz) unmöglich gewesen.

Sowohl das Einsetzen einer solchen Strategie zur Immunisierung als auch ein Verbot dieser Strategie sind aus wissenschaftstheoretischer und forschungspragmatischer Sicht unerwünscht. Die Immunsierung verhindert die Bewertung von Theorien; das Verbot der Einführung von Zusatzannahmen verhindert potentiellen wissenschaftlichen Fortschritt. Wie können wir ein Kriterium entwickeln, nach dem wir gute von schlechten Theorien unterscheiden können? Eine mögliche Antwort darauf hat Karl R. Popper angeboten.

Popper, der in den Mittelpunkt seines später als "raffiniert" bezeichneten Falsifikationismus ebenfalls die Falsifizierbarkeit gestellt hat[9], hat das Problem der Immunisierung von Theorien gegen ihre Falsifizierung klar erkannt: Die Einführung von ad-hoc-Hypothesen, die Änderung von operationalen Definitionen sowie die Anzweifelung empirischer Untersuchungsergebnisse können eine Theorie unfalsifizierbar machen. Nach Popper sind methodologische Regeln nötig, die eine Immunisierung verhindern. Aus Mangel an anderen sinnvollen Kriterien beruhen die Regeln auf Konventionen der Forschenden. So schlägt Popper vor, daß Hilfshypothesen den Falsifizierbarkeitsgrad einer Theorie nicht senken dürfen (Popper 1971: 51). Weiterhin schreibt er:

"Wir nennen eine Theorie nur dann falsifiziert, wenn wir Basissätze anerkannt haben, die ihr widersprechen. Diese Bedingung ist notwendig, aber nicht hinreichend, denn nicht reproduzierbare Einzelergebnisse sind (...) für die Wissenschaft bedeutungslos; widersprechen also der Theorie nur einzelne Basissätze, so werden wir sie deshalb noch nicht als falsifiziert betrachten. Das tun wir vielmehr erst dann, wenn ein die Theorie widerlegender Effekt aufgefunden wird".[10] (Popper 1971: 54)

---

[9] Später wich Popper von diesem Prinzip gerade für den Bereich der Sozialwissenschaften insoweit ab, als er das Rationalitätsprinzip von der Bedrohung durch die Falsifikation ausschloß (vgl. Popper 1967 sowie dazu den Aufsatz von Hands 1985).

[10] "Basissätze" beschreiben beobachtbare Vorgänge in der logischen Form von singulären Es-gibt-Sätzen: "Basissätze sind also (...) Sätze, die behaupten, daß

Daraus folgt, daß eine Theorie nach dem Popperschen Verständnis nur dann als falsifiziert gilt, wenn

1. ein unabhängig von Raum und Zeit reproduzierbarer Effekt und nicht nur eine einzelne raum-zeitlich beschränkte empirische Aussage gegen sie steht, und
2. die Forschergemeinschaft die dabei verwendeten Beobachtungsaussagen als Basissätze anerkennt.

Aufgrund der Unerreichbarkeit eines Wahrheitsbeweises ist eine Anerkennung von Basissätzen durch die Forschergemeinschaft notwendig. Dieses Element der Konvention wird im Zweifelsfall entscheidend für das Schicksal einer Theorie. Auf der anderen Seite bedeutet das aber auch, daß Falsifizierungen immer nur vorläufig sein können. Letztlich kann, wenn man diese Ausführungen zu Ende denkt, weder die Wahrheit einer Theorie noch ihre Falschheit tatsächlich bewiesen werden.

Die Ausweitung des Erkenntnismodells auf Poppers "Logik der Forschung" hat uns sicherlich bei der Beurteilung der Theorien zur Laufbahn des Mondes weitergebracht: Die Aussage, daß uns der Mond zu frühen Abendstunden näher ist als später, gehört eben nicht zu den anerkannten Basissätzen und kann folglich auch nicht zur Falsifikation der Theorien zur Laufbahn des Mondes beitragen. Allerdings scheint es mir zweifelhaft, ob damit auch der Rational-Choice-Ansatz in seiner jetzigen Form gerettet werden könnte. Wir müßten eine Vielzahl von Basissätzen in die Ecke der Nichtanerkennung abschieben; doch das ginge nur, wenn die gesamte Gemeinschaft der Forschenden, also auch Nicht-Anhänger des Rational-Choice-Ansatzes, dem zustimmten. Selbst wenn es zu einer Übereinkunft käme (was zu bezweifeln ist), daß sozialwissenschaftliche Experimente nicht zu wissenschaftlichen Ergebnisse führten, blieben immer noch die evidenten Widersprüche wie die hohe Wahlbeteiligung und die Mitgliedschaften in großen Gruppen, die Kollektivgüter erzeugen.

Das Fazit, das bis hier gezogen werden muß, lautet demnach: der Rational-Choice-Ansatz konnte sich in den hier diskutierten Bereichen weder nach den Kriterien des naiven noch nach denen des raffinierten Falsifikationismus

---

sich in einem individuellen Raum-Zeit-Gebiet ein beobachtbarer Vorgang abspielt." (vgl. Popper 1971: 69) Ein "Effekt" hingegen ist dadurch definiert, daß "er sich regelmäßig und von jedem reproduzieren läßt, der die Versuchsanordnung nach Vorschrift aufbaut" (Popper 1971: 19).

einer Falsifikation erwehren. Demnach bleiben nun zwei Möglichkeiten. Entweder wir geben den Ansatz auf bzw. ändern ihn grundlegend oder wir verweisen darauf, daß der wissenschaftstheoretische Maßstab nicht der Richtige ist. Die letztere Option könnte nicht nur für sozialwissenschaftliche Theorien, sondern auch für naturwissenschaftliche gelten. Denn möglicherweise wäre für die Naturwissenschaften ebenso die Zugrundelegung einer anderen wissenschaftstheoretischen Herangehensweise sinnvoller und zudem realitätsnäher, also eher in Übereinstimmung mit dem tatsächlichen Forschungsablauf. Eine solche Diskussion wird in den Naturwissenschaften selbst meines Wissens nicht an herausragender Stelle geführt. Da das Auftauchen von wissenschaftstheoretischen Fragestellungen in einer Forschungsgemeinschaft zumeist eng mit der Existenz von Krisenerscheinungen verbunden ist (vgl. Kuhn 1973), ist dieser Umstand nicht weiter erstaunlich.

Für eine Änderung der erkenntnistheoretischen Basis sprechen allgemeine Kritikpunkte am wissenschaftstheoretischen Modell des Falsifikationismus. So verweist Chalmers ebenso wie Lakatos auf die mangelnde Übereinstimmung des Falsifikationismus mit seiner empirischen Basis, der Wissenschaftsgeschichte:

"Eine für den Falsifikationisten etwas peinliche historische Tatsache ist die, daß gerade jene Theorien, die allgemein zu den besten wissenschaftlichen Theorien gezählt werden, niemals entwickelt worden wären, wenn sich Wissenschaftler strikt an die falsifikationistische Methodologie gehalten hätten. Sie wären bereits in ihren Anfängen widerlegt worden." (Chalmers 1989: 69)

Lakatos kritisiert zudem die herausragende Rolle, die Entscheidungen der Forschenden für das Schicksal einer Theorie spielen können.

In der Annahme, daß der bisher angesetzte Maßstab des Falsifikationismus für die Überprüfung der Wissenschaftlichkeit des Rational-Choice-Ansatzes zu hoch greift, überprüfe ich die Wissenschaftlichkeit des Rational-Choice-Ansatzes im folgenden unter Zugrundelegung des von Imre Lakatos entwickelten und m. E. angemesseneren wissenschaftstheoretischen Modells.

4. Die Forschungsprogramme von Lakatos

Wie oben gezeigt, ist es nicht möglich, Theorien aufgrund ihrer Unvereinbarkeit mit Beobachtungen zu verwerfen. Lakatos betont, daß ein solches Verwerfen auch nicht sinnvoll ist, da in einem bestimmten wissenschaftlichen Stadium alle Theorien mit "einem Ozean von Anomalien" konfrontiert sind. Es stellt sich die Frage, nach welchen Kriterien wir theoretische Ansätze als nicht-wissenschaftlich oder als falsch ablehnen und sie dann aufgeben können bzw. müssen. Eine Antwort darauf bietet Lakatos mit seiner Konzeption der Forschungsprogramme. Ich werde die Grundideen der Lakatosschen Wissenschaftstheorie (basierend auf Lakatos 1970[11]) kurz darstellen und anschließend untersuchen, wie die Stellung des Rational-Choice-Ansatzes aus dieser Sicht zu bewerten ist.

Wissenschaftlicher Fortschritt entsteht nicht durch das Ringen zwischen nur einer Theorie und empirischen Beobachtungen, sondern es handelt sich, wie Lakatos betont, um einen "three-cornered fight". Es gibt drei miteinander ringende Komponenten, nämlich zwei rivalisierende Theorien und empirische Beobachtungen. Auch wenn ich eine Theorie mit Hilfe von empirischen Beobachtungen widerlege, kann ich sie nicht verwerfen, solange es keine bessere Theorie gibt: "There is no falsification before the emergence of a better theory." (Lakatos 1970: 119)

Wie beurteilen wir nun, ob eine Theorie "besser" ist als eine andere? Der Lakatossche Beurteilungsmaßstab bezieht sich nicht auf einzelne Theorien, sondern auf Serien von Theorien, also auf die zeitliche Entwicklung eines theoretischen Konzepts. Theorieserien können einen progressiven oder degenerativen Verlauf aufweisen. Progressiv ist die Fortentwicklung einer Theorie dann, wenn sie zur Vorhersage neuer Fakten (theoretische Progressivität) *und* zur tatsächlichen Entdeckung dieser (empirische Progressivität) führt. Ist beides nicht der Fall, so ist die Entwicklung der Theorie degenerativ. Den Status "wissenschaftlich" erkennt Lakatos solchen Theoriefolgen zu, die zumindest theoretisch progressiv verlaufen.[12] In Lakatos' Worten lauten die Anforderungen an Forschungsprogramme folgendermaßen:

"We may then say that we must require that each step of a research programme be consistently content-increasing: that each step constitute a consistently progressive theoretical problemshift. All we need in addition to this is that at least every now and then the increase in content should be seen retrospectively corroborated: the programme as a whole should also display an intermittently progressive empirical shift." (Lakatos 1970: 134)

---

[11] Für weiterführende Informationen zu seiner Wissenschaftstheorie vgl. die Aufsatzsammlung Lakatos (1982).

[12] Lakatos (1970: 119) betont, daß "to apply the term 'scientific' to one single theory" ein "category mistake" sei.

Damit eine Theorie besser ist als eine andere, muß sie alle Phänomene erklären können, die die andere zu erklären vermag, und sie muß zusätzlich mindestens ein neues Faktum vorhersagen. In der Folge liegt die entscheidende Rolle im Spiel um den wissenschaftlichen Fortschritt nicht mehr in der Falsifikation, sondern in der Bestätigung der zusätzlichen Vorhersage: "... the few crucial excess-verifying instances are decisive" (Lakatos 1970: 121).

Bliebe es bei dieser Konzeption, wären beliebige theoretische Erweiterungen akzeptabel, solange sie zur Vorhersage neuer Fakten führen. Eine eifrige Forscherin könnte demnach einfach irgendwelche, an sich unzusammenhängenden Hypothesen produzieren und diese Hypothesenmenge als wissenschaftliche Theorie bezeichnen. Jeglicher Anspruch an Kohärenz einer Theorie wäre damit aufgegeben. Um ein solches Unterfangen zu verhindern, führt Lakatos ein exakteres Bild von Theorieserien ein, nämlich das Konzept des Forschungsprogramms, das die Kohärenz und Kontinuität innerhalb einer Theorieserie sichern soll: "This continuity evolves from a genuine research programme adumbrated at the start. The programme consists of methodological rules: some tell us what paths of research to avoid (negative heuristics), and others what paths to pursue (positive heuristic)." (Lakatos 1970: 132) Forschungsprogramme sind charakterisiert durch einen harten Kern von Annahmen, der vor Veränderungen geschützt ist. Wer innerhalb des Programms bleiben möchte, darf nicht die Annahmen des harten Kerns angreifen. Dies ist die von Lakatos als negative Heuristik bezeichnete methodologische Regel. Um den harten Kern herum liegt ein Schutzgürtel aus weiterer Annahmen, die aufgrund der Regel der positiven Heuristik für Änderungsversuche freigegeben sind. Nur diese Hilfsannahmen sind es, die modifiziert werden dürfen, um bestehende Anomalien zu erklären. Die Änderungen müssen im Einklang mit dem harten Kern stehen und folgen einem bestimmten Ablaufplan oder - wie Musgrave (1976) vorschlägt - zumindest einer allgemeinen Linie. Mit dieser Spezifizierung von Forschungsprogrammen fällt es nun leicht zu klären, welche Änderungen von theoretischen Annahmen in der Wissenschaft akzeptabel sind, nämlich solche, die entweder in Übereinstimmung mit dem harten Kern des zugrundeliegenden Forschungsprogramm stehen oder ein neues Forschungsprogramm erstellen. Alle anderen Modifikationen sind abzulehnen.

Der Weg der Wissenschaft nach Lakatos verläuft also nach folgendem Prinzip: Solange ein Forschungsprogramm progressiv arbeitet, versuchen seine Angehörigen, bestehende Anomalien über Modifikationen der Hilfsannahmen des Schutzgürtels auszuräumen und so das Forschungsprogramm weiterzuentwickeln. Wenn ein Programm jedoch keine progressiven Züge mehr aufweist, wird der harte Kern angegriffen, somit ein neues, progressi-

ves Forschungsprogramm gesucht. Erst wenn ein neues Forschungsprogramm existiert, das hinsichtlich der genannten Kriterien besser ist als das
alte, kann und soll das alte Forschungsprogramm aufgegeben werden. Wobei
hier sofort einschränkend auf den Zeitaspekt verwiesen werden muß. Lakatos
selbst weist darauf hin, daß sowohl Falsifizierungen als auch die Bestätigung
der Entdeckung neuer Fakten historischen Charakter besitzen, beide somit
möglicherweise erst im nachhinein erkannt werden können. Entsprechend
urteilt er auch: "Only an extremely difficult and - indefinitely - long process
can establish a research programme as superseding its rival" (Lakatos 1970:
163). Daraus ist zu schließen, daß die Aufgabe eines momentan degenerativ
scheinenden Forschungsprogramms nicht unbedingt die richtige Option ist.
Ein Festhalten an ihm, gekoppelt mit dem Versuch, das Forschungsprogramm wieder auf einen progressiven Weg zu bringen, ist für eine Forscherin
kein unangebrachtes Verhalten.

Zusammenfassend läßt sich sagen: Eine Theorieserie muß, um den Status
der Wissenschaftlichkeit zu erhalten, zwei Bedingungen erfüllen. Sie muß
erstens Konsistenz aufweisen und zweitens mit jedem erweiterenden Schritt
neue theoretische Progressivität zeigen, die "zumindest gelegentlich"
(Chalmers 1989: 85) zur tatsächlichen Entdeckung neuer Fakten führt, d. h.
gegenüber ihrer Vorgängerin oder Rivalin eine Fortschritt aufweist. Dabei
kommt jedoch der Konsistenz eine herausragende Rolle zu: "(C)onsistency -
in *a strong sense of the term* - must remain an important regulative principle
(over and above the requirement of progressive problemshift)" (Lakatos
1970: 143; Hervorhebung zugefügt).

5. Der Rational-Choice-Ansatz als Lakatossches Forschungsprogramm

Ich möchte am Beispiel der Anomalie des Wahlbeteiligungsparadoxons die
Güte des Rational-Choice-Ansatzes aus der Sicht der Lakatosschen Wissenschaftstheorie beleuchten. Selbstverständlich kann ein solches Vorgehen,
nämlich das Überprüfen der Progressivität einer Theorieserie anhand einer
einzelnen ausgewählten Anomalie, nicht zur Beurteilung eines ganzen Forschungsprogramms ausreichen. Die striktesten Verfechter des Rational-
Choice-Ansatzes zielen ja nicht nur auf die Erklärung der Wahlbeteiligung
oder des Wahlverhaltens ab, sondern beanspruchen, fast alle politischen
Phänomene kollektiven Charakters erklären zu können. Selbst wenn ich
nachwiese, daß der Rational-Choice-Ansatz hinsichtlich der Anomalie des
Wahlbeteiligungsparadoxons ausschließlich degenerativ sei, wären immer

noch progressive Entwicklungen bei der Erklärung anderer Phänomene möglich. Somit kann ich hier nur beispielhaft zeigen, wie eine Überprüfung der Wissenschaftlichkeit der Theorieserie "Rational-Choice" aussehen kann.[13]

Bevor ich die Vorschläge zur Auflösung des Wahlbeteiligungsparadoxons auf ihre Akzeptanz und Nützlichkeit hinsichtlich des Forschungsprogramms "Rational-Choice" untersuche, muß bestimmt sein, was als harter Kern des Programms gelten soll. Eine Möglichkeit ist, alle Annahmen, die bis dato allgemeine Akzeptanz fanden, in den harten Kern aufzunehmen. Doch das hieße, mögliche zukünftige Modifikationen dieser Annahmen auszuschließen, bloß weil alle Mitglieder des Forschungsprogramms sie heute (noch) akzeptieren. So ist die Homogenitätsannahme eher als vereinfachendes Instrument zu werten, nicht als zentrale inhaltliche Annahme. "This homogeneity assumption is usually justified on grounds of theoretical parsimony." (Green, Shapiro 1994: 17) Allerdings kann sie nicht bedingungslos abtreten, denn das würde der willkürlichen Ausgestaltung von Modellen (und damit den oben genannten Pseudo-Erklärungen) Tür und Tor öffnen. Zugleich würde damit die gewünschte Kohärenz des Forschungsprogrammes verloren gehen. Das heißt, das Modell muß zwar nicht für alle Individuen oder Situationen dieselben Nutzenarten annehmen, muß aber die gewählten gut begründen, um kohärent zu sein und dem Tautologieverdacht zu entkommen.

Eine bessere Möglichkeit, die sich eher zugunsten der Beurteilung des Rational-Choice-Ansatzes als Forschungsprogramm auswirkt, ist, den harten Kern so klein wie möglich zu halten. Als harten Kern schlage ich dementsprechend (in Übereinstimmung mit Moon 1975: 196 sowie Mueller 1989: 2) vor:

Individuen handeln so, daß sie ihren erwarteten Nutzen maximieren. Soziale Phänomene sind über solche individuellen Nutzenmaximierungen zu erklären.

---

[13] Entgegen dieser Ansicht betont Moon die Ernsthaftigkeit der Bedrohung durch das Wahlbeteiligungsparadoxon: "If it were merely that an empirical finding contradicted the theory, we could ignore it while continuing to articulate the paradigm in the expectation that this apparently disconfirming evidence would be explicable on the basis of a more refined theory. The difficulty this problem poses, however, is not merely 'empirical', for it questions the central tenets of the paradigm itself." (Moon 1975: 199)

Diese Aussagen fallen unter die Regel der negativen Heuristik. Die Mitglieder des Forschungsprogramms dürfen sie also nicht verändern oder gar verwerfen. Alle anderen Annahmen in Rational-Choice-Projekten haben den Status von Hilfsannahmen des Schutzgürtels. Das heißt, sie sind zur Modifikation freigegeben, müssen aber jederzeit in Übereinstimmung mit dem harten Kern stehen.

Basierend auf den Annahmen des harten Kerns modellierte Downs in den 50er Jahren seine "Ökonomische Theorie der Demokratie" unter Hinzunahme der Hilfsannahme, Wahlberechtigte maximieren den Nutzen, den sie von der Regierungsleistung in der zukünftigen Legislaturperiode erwarten. Das Downssche Modell führt zu dem allgemein bekannten Wahlbeteiligungsparadoxon: Rationale Wahlberechtigte gehen nicht zur Wahl, da der zu erwartende Nutzen der Stimmabgabe deutlich geringer ist als die Kosten der Wahlentscheidung und des Wahlgangs. Die daraus resultierende Vorhersage, so gut wie niemand gehe zur Wahl, stößt sich jedoch an zahlreichen empirischen Beobachtungen, die das Gegenteil belegen. Somit haben wir eine Anomalie im Lakatosschen Sinne.

Im folgenden werde ich einige Auflösungsversuche des Wahlbeteiligungsparadoxons vorstellen (für eine ausführlichere Darstellung s. Mensch 1996) und sie nach Lakatosschen Kriterien beurteilen. Dafür müssen folgende Fragen beantwortet werden:
- Sind die Auflösungsversuche theoretisch progressiv, d. h., führen sie zur Vorhersage neuer Fakten?
- Stehen die Vorschläge in Einklang mit dem oben spezifizierten harten Kern des Forschungsprogramms; ist also die Konsistenz gewahrt?
- Falls sie nicht in Übereinstimmung stehen: Führen die Vorschläge zu einem neuen Forschungsprogramm?

Downs (1957) selbst hat vorgeschlagen, die Wahlbeteiligung mit Hilfe eines sogenannten "long-run participation value" zu erklären. Hiernach ist den Wahlberechtigten bewußt, daß der Bestand der Demokratie von einer ausreichenden Wahlbeteiligung abhängig ist; zudem erkennen sie die Erhaltung der Demokratie als ein sehr wichtiges Gut (d. h.: es weist hohen Nutzen für die Individuen auf). Die soziale Verantwortlichkeit der Individuen läßt sie in der Folge gegen den eigentlich eher unwahrscheinlichen Zusammenbruch der Demokratie eine Art Versicherungsakt begehen: nämlich den Wahlgang.

Dieser Vorschlag führt durchaus zur Vorhersage neuer Fakten: Sozial verantwortliche Wahlberechtigte gehen wählen. Jedoch stimmt er nicht überein mit dem harten Kern des Rational-Choice-Ansatzes. Solange die Demokratie nicht tatsächlich in Gefahr ist und solange noch derart viele andere wählen gehen, ist es nicht nutzenmaximierend, selbst zu wählen. Es stellt sich wieder genau dasselbe Trittbrettfahrer-Problem wie bei dem eigentlichen Wahlbeteiligungsparadoxon. Plausibel könnte der Vorschlag, wenn überhaupt, nur bei einer tatsächlichen Gefährdung der Demokratie sein - und diese müßte dann auch durch mangelnde Wahlbeteiligung ausgelöst sein. Doch dann stellt sich die Frage, ob das Konstrukt der sozialen Verantwortlichkeit tatsächlich in Einklang steht mit dem harten Rational-Choice-Kern oder doch nur zu einer tautologischen Pseudo-Erklärung führt. Einer entsprechenden Frage muß sich auch der folgende Auflösungsversuch unterziehen.

Riker und Ordeshook (1968 bzw. 1973) führen eine ganze Reihe von Hilfsannahmen zur Spezifikation von zusätzlichen Nutzenarten an: von der Erfüllung der Wahlbeteiligungsnorm, über die Befriedigung von Loyalitätsgefühlen (gegenüber einer Partei, dem politischen System o. ä.) bis hin zum Spaß am Wählen. Die Einführung einer Norm, der Genüge getan werden soll, entspricht sicherlich nicht dem Gedanken des methodologischen Individualismus. Es ist dann die Norm und nicht mehr die Nutzenmaximierung, die als Anreizstruktur dient (vgl. hierzu Moon 1975: 202). Die Einführung von Loyalitätsgefühlen leidet unter demselben Tautologiecharakter wie die Variable "Spaß am Wählen": Wer wählt, hat halt Spaß daran! Mit der Einführung von Tautologien erreichen wir keine theoretische Progressivität: Ein tautologisches Modell ist nicht imstande, *neue* Fakten vorherzusagen. So weist auch Hollis (1995: 84) daraufhin, daß sich beim Eigeninteresse des Individuums "in derart weitem Sinne aufgefaßt nicht um eine Hypothese handelt, die von der Erfahrung regelrecht widerlegt werden könnte. Es ist nämlich möglich, jedes beliebige Verhalten damit in Einklang zu bringen, indem man den Akteuren geeignete Präferenzen zuschreibt, ihre Zielsetzungen entsprechend langfristig deutet oder die Eventualität einräumt, daß ihre Ansichten über das beste Verfahren zur Durchsetzung dieser Ziele ein subjektives Element enthalten."

Ein dritter Auflösungsversuch ist der von *Ferejohn und Fiorina* (1974). Sie plädieren für eine andere Entscheidungsregel: nicht Nutzenmaximierung ist für den Wahlgang der richtige Ansatz sondern ein "minimax-regret"-Ansatz. Demnach versuchen Individuen eine Situation zu vermeiden, die sie später bedauern würden. Im konkreten Fall heißt das: Verlöre der präferierte Kandidat einer Nichtwählerin aufgrund *einer* fehlenden Stimme, würde sie das sehr bedauern. Um eine solche Situation von vornherein zu verhindern, beschließt sie daher, doch wählen zu gehen. Dieser Vorschlag ist sicherlich theoretisch progressiv, aber er verstößt ganz offensichtlich, und bewußt, gegen den harten Kern des Forschungsprogramms, nämlich gegen das Prinzip der Nutzenmaximierung: Statt dessen soll ein potentielles Bedauern mi-

nimiert werden. Der Ansatz von Ferejohn und Fiorina könnte u. U. der Start-
punkt eines neuen Forschungsprogramms sein, das neben der Nutzenmaximierung andere Entscheidungsprinzipien zuläßt.

Ein weiterer Vorschlag wurde von verschiedenen Personen vorgestellt
(unter anderem *Uhlaner* (1989) sowie *Morton* (1991)). Politisch aktive, gesellschaftliche Gruppen beeinflussen das Verhalten ihrer Mitglieder dadurch,
daß sie sie zum Wahlgang aufrufen und ihnen die Wahl einer bestimmten
Partei nahelegen. Um glaubhaft zu machen, daß eine solche Beeinflussung
erfolgreich ist, bedarf dieses Modell bestimmter Anreizoptionen seitens der
Gruppenführung für ihre Mitglieder. Faktisch können dies nur intrinsische
Anreize sein, was impliziert, daß dieses Modell nur unter der Annahme von
normorientiertem Verhalten oder von altruistischen Beziehungen zwischen
den Gruppenmitgliedern plausibel ist. Eine Normorientierung verstößt wie
oben schon erläutert gegen das Prinzip des methodologischen Individualismus. Die Unterteilung in altruistische Motivation innerhalb der Gruppe und
egoistische Motivation außerhalb der Gruppe erscheint nicht derart willkür-
lich wie die Einführung der Befriedigungsfaktoren durch Riker und Ordeshook. Schwierig wird die Sache dadurch, daß Uhlaner die Gruppen möglichst
weit definieren möchte: "By 'group' we mean loose collections of individuals who identify with each other when they relate themselves to political
life and who retain this identity over some extended period of time (...); formal structure is not necessary." (Uhlaner 1989: 396) Ob sich in einer solch
losen Gruppenstruktur eine altruistische Grundhaltung finden läßt, erscheint
fraglich. Es müßte empirisch untersucht werden. Der Hinweis auf die nötige
empirische Untersuchung zeigt jedoch zumindest, daß dieser Vorschlag theoretische Progressivität besitzt: Er zeigt neue Fakten auf, die noch empirisch
bestätigt werden müssen.

Schwartz unterbreitet einen weiteren Vorschlag. Die bisherige Kalkulation,
die dem Wahlbeteiligungsparadoxon unterliegt, bezieht sich auf das gesamte
nationale Elektorat. Ausgehend von dieser Basis berechnet sich die Einflußwahrscheinlichkeit einer einzelnen Stimme. Bilden jedoch einzelne Wahlbe-
zirke und ihre viel kleineren Populationen die Basis, ist die individuelle Einflußwahrscheinlichkeit höher zu veranschlagen. Zudem können auf Wahlbe-
zirksebene auch noch zusätzliche Nutzenarten eine Rolle spielen, z.B. die
Leistungen, die eine gewählte Abgeordnete für "ihren" Wahlbezirk erzielen
könnte. Schwartz führt mit diesem Vorschlag zum einen eine neue Nutzenart
in die Debatte ein, nämlich Nutzen durch Güter, die einem kleinen Kollektiv
zur Verfügung gestellt werden könnten (z.B. Subventionen für ein
Schwimmbad in der Gemeinde), und zum anderen ändert er mit dem Argument, das Wahlbezirksergebnis sei die "Ziellinie", die die Wählenden anvi-

sieren, die Berechnungsbasis. Dieser Vorschlag ist als theoretisch progressive, akzeptable Modifikation zu werten. Er verbleibt im Rahmen des Forschungsprogramms und führt zu neuen Vorhersagen.

Ich breche hier die Vorstellung von Auflösungsversuchen ab, da sie für die hier verfolgten Zwecke ausreichend ist.[14] Was ich mit dieser kurzen Analyse zeigen konnte, war zum ersten, wie Lakatos' Wissenschaftstheorie angewendet werden kann, um ein Forschungsprogramm zu beurteilen. Zum zweiten konnte ich nach diesen Kriterien die Wissenschaftlichkeit des Rational-Choice-Ansatzes unter Beweis stellen. Von den hier vorgestellten Modifikationen konnte ich zwei (Uhlaner bzw. Morton und Schwartz) als theoretisch progressiv werten: Sie sagen neue, überprüfbare Fakten voraus.

Wie sieht es aber nun mit der empirischen Progressivität aus? Nach Lakatos ist ein Forschungsprogramm nur dann erfolgreich (progressiv), wenn es neben der theoretischen Progressivität, die für den Status der Wissenschaftlichkeit hinreichend ist, zumindest hin und wieder eine empirische Bestätigung aufzuweisen vermag. Hier zeigt sich das große Manko des Rational-Choice-Ansatzes. Auch wenn seine Verfechter den Ansatz als empirisch überprüfbare Theorie feiern, sind die Anstrengungen in Richtung tatsächlicher empirischer Überprüfung sehr gering und wenn sie erfolgen, so ist das Ergebnis, wie Green und Shapiro (1994: 9) verdeutlichen, zumeist auch negativ.

Auch die beiden hier genannten theoretisch progressiven Ansätze zeigen keine deutlichen empirischen Erfolge. Hinsichtlich Schwartz' Änderung der Berechnungsbasis kommt die Untersuchung von Kirchgässner und Schimmelpfennig (1992) zu einem abschlägigen Ergebnis: "(A)t least for the Federal Republic there is no indication at all that closeness counts on any level below electoral districts, e.g. on the level of precints." (S. 297) Zu dem Vorschlag von Uhlaner sind mir keine relevanten empirischen Untersuchungen bekannt. Ein erstes Indiz kann u. U. die Studie von Bernhard Weßels liefern, der ausgehend von einer anderen These den Einfluß von Parteien und Verbänden untersucht und letzteren einen deutlich geringeren Einfluß zuerkennt: "Hinsichtlich der Wahlbeteiligung kann man die Rolle der Orientierung an Verbänden wohl eher im Sinne sozialer Integration und Verfestigung oder Abstützung der eigenen Interessenposition interpretieren." (Weßels 1994: 133) Eine Untersuchung, die die altruistische Binnenhaltung überprüft und nicht von einem normativen Einfluß ausgeht, steht noch aus.

---

[14] Für eine exaktere und mehr Auflösungsversuche umfassende Darstellung vgl. Mensch (1996).

Die unverkennbare Nützlichkeit des Rational-Choice-Ansatzes liegt im Aufwerfen von neuen Forschungsfragen. Solange diese neuen Forschungsfragen jedoch nicht auch zu empirischem Erfolg führen, kann nicht die Rede sein von einem insgesamt progressiven Forschungsprogramm "Rational-Choice". Aus diesem Fazit läßt sich leicht eine wichtige Aufgabe der Rational-Choice-Vertreter herauskristallisieren: Wer Erklärungen und Vorhersagen von sozialen Phänomenen erarbeiten will, darf über die Annehmlichkeiten und Faszinationen von Gedankenexperimenten die Wichtigkeit von empirischen Studien nicht vergessen.

Eine weitere Schlußfolgerung bezieht sich auf die positive Heuristik. Gemäß Lakatos sollte die Arbeit an dem Schutzgürtel nach einem Plan oder einem Prinzip erfolgen. Im Forschungsprogramm "Rational-Choice" erscheint mir ein solches Prinzip nicht erkennbar zu sein. Bei einer ausführlicheren Darstellung der Auflösungsversuche des Wahlbeteiligungsparadoxon (vgl. Mensch 1996) zeigt sich, daß sie an den verschiedensten Stellen ansetzen: Sie ändern die Art des Nutzens, der maximiert werden soll; sie ändern die Interpretation der Einflußwahrscheinlichkeit, variieren die Kosten des Wählens oder fügen diverse zusätzliche Nutzentypen dem ursprünglichen Modell an. Ein einheitliches Vorgehen ist nicht in Sicht. Statt dieses eklektische Vorgehen weiter zu verfolgen, wäre es sinnvoller, sich zuerst darüber klar zu werden, wo denn sinnvollerweise eine Modifikation ansetzen sollte. Eine erfolgversprechende Möglichkeit sehe ich in der Analyse der Anwendungsbedingungen des (engen) Rational-Choice-Ansatzes. Unter welchen Bedingungen können wir davon ausgehen, daß Individuen sich annähernd so verhalten, wie es der Rational-Choice-Ansatz impliziert - und unter welchen Bedingungen können wir das nicht. Ausgehend von dieser Analyse kann dann hinterfragt werden, ob der Ansatz so modifizierbar ist, daß er einen weiteren Anwendungsbereich erhalten kann (oder ob wir erkennen müssen, daß es unüberwindbare Grenzen für den Ansatz gibt). Der Vorteil des vorgeschlagenen Vorgehens ist das Abgehen von konkreten Beispielen (wie die Wahlbeteiligung) zugunsten eines allgemeineren Aussagebereichs. Das verhindert die Erfindung von ad-hoc-Annahmen, die vielleicht im konkreten Fall plausibel erscheinen, aber für das Gesamtproblem keine Lösung bieten.

Literaturverzeichnis

Alt, J. E./ Shepsle, K. A. (Hg.), 1990: Perspectives on Positive Political Economy. Cambridge

Arrow, K. J., 1951: Social Choice and Individual Values. New York

Boland, L. A., 1979: A Critique of Friedman's Critics. In: Journal of Economic Literature, 17, 503 - 522

Brennan, G./ Lomasky, L., 1993: Democracy and Decision. The Pure Theory of Electoral Preferences. Cambridge

Chalmers, A. F., 1989: Wege der Wissenschaft. Einführung in die Wissenschaftstheorie. Berlin u. a.

Claassen, E. M. (Hg.), 1967: Les Fondements philosophiques des systèmes économique. Paris

Cohen, R. S./ Feyerabend, P. K./ Wartofsky, M. M. (Hg.), 1976: Essays in Memory of Imre Lakatos, Dordrecht

Downs, A., 1957: An Economic Theory of Democracy. New York

Falter, J. W., 1982: Der "Positivismusstreit" in der amerikanischen Politikwissenschaft. Opladen

Ferejohn, J. A./ Fiorina, M. P., 1974: The Paradox of Not Voting: A Decision Theoretic Analysis. In: American Political Science Review, 68, 525 - 536

Friedman, M., 1959: The Methodology of Positive Economics. In: ders., Essays in Political Economics. Chicago, 3 - 43

Gabriel, O./ Jagodzinski, W./ Rattinger, H. (Hg.), 1994: Die Bundestagswahl 1990, Bern

Green, D. P./ Shapiro, I., 1994: Pathologies of Rational Choice Theory. A Critique of Applications in Political Science. New Haven, London

Hands, D.W., 1985: Karl Popper and Economic Methodology. In: Economics and Philosophy, 1, 83-99

Hempel, C. G., 1965: Aspects of Scientific Explanation. And other Essays in the Philosophy of Science. New York, London

Hempel, C. G./ Oppenheim, P., 1965: Studies in the Logic of Explanation. In: Hempel, 1965, 245- 290 (zuerst veröffentlicht in: Philosophy of Science, 15/ 1948, 135 - 175)

Hirschman, A. O., 1985: Against Parsimony. Three Easy Ways of Complicating some Categories of Economic Discourse. In: Economics and Philosophy, 1, 7 - 21

Hollis, M., 1995: Soziales Handeln. Eine Einführung in die Philosophie der Sozialwissenschaft. Berlin

Kirchgässner, G./ Schimmelpfennig, J., 1992: Closeness counts if it matters for electoral victory: Some empirical results for the United Kingdom and the Federal Republic of Germany. In: Public Choice, 73, 283 - 299

Knack, S., 1990: Civic Norms, Social Sanctions, and Voter Turnout. In: Rationality and Society, 4, 133 - 156

Kuhn, Th. S., 1973: Die Struktur wissenschaftlicher Revolutionen, Frankfurt

Lakatos, I., 1970: Falsification and the Methodology of Scientific Research Programmes. In: Lakatos/ Musgrave (Hg.), 1970

Lakatos, I., 1982: Die Methodologie der wissenschaftlichen Forschungsprogramme, hrsg. von J. Worrall/ G. Currie. Braunschweig, Wiesbaden

Lakatos, I./ Musgrave, A. (Hg.), 1970: Criticism and the Growth of Knowledge. Cambridge

Lenk, H., 1972: Erklärung, Prognose, Planung. Freiburg

Mansbridge, J. J. (Hg.), 1990: Beyond Self-Interest. Chicago, London

Marcelo, A./ Finn, E. J., 1988: Physik. Bonn

Mensch, K., 1996: Internalistische versus externalistische Erklärungsprinzipien in Rational Choice-Ansätzen. In: Politische Vierteljahresschrift, 37, 80 - 99

Moe, T. M., 1979: On the Scientific Status of Rational Choice Theory. In: American Journal of Political Science, 23, 215 - 243

Monroe, K. R. (Hg.), 1991: The Economic Approach to Politics, New York

Monroe, K. R./ Barton, M. C./ Klingemann, U., 1991: Altruism and the Theory of Rational Action: An Analysis of Rescuers of Jews in Nazi Europe. In: Monroe (Hg.), 1991, 317 - 352

Moon, J. D., 1975: The Logic of Polital Inquiry. In: Greenstein/ Polsby (Hg.), Handbook of Political Science, Vol. 1. Reading

Morton, R. B., 1991: Groups in Rational Turnout Models. In: American Journal of Political Science, 35, 758 - 776

Mueller, D. C., 1989: Public Choice II, Cambridge

Musgrave, A., 1976: Methods or Madness? In: Cohen et al. (Hg.), 1976, 457 - 491

Olson, M., 1965: The Logic of Collective Action, Cambridge

Popper, K. R., 1967: La Rationalité et le statut du principe de rationalité. In: Claassen (Hg.), 1967, 142 - 150

Quattrone, G. A./ Tversky, A., 1988: Contrasting Rational and Psychological Analyses of Political Choice. In: American Political Science Review, 82, 719 - 736

Riker, W. H., 1977: The Future of a Science of Politics. In: American Behavioral Scientist, 21, 11-38

Riker, W. H., 1990: Political Science and Rational Choice in: Alt/ Shepsle (Hg.), 1990

Riker, W. H., 1995: The Political Psychology of Rational Choice Theory. In: Political Psychology, 16, 23 - 44

Riker, W. H./ Ordeshook, P. C., 1968: A Theory of the Calculus of Voting. In: American Political Science Review 62, 25 - 42

Riker, W. H./ Ordeshook, P. C., 1973: An Introduction to Positive Political Theory, Englewood Cliffs N. J

Schwartz, T., 1987: Your Vote Counts on Account of the Way it is Counted: An Institutional Solution to the Paradox of Not Voting. In: Public Choice, 54, 101 - 121

Sears, D. O./ Funk, C. L., 1990: Self-Interest in Americans' Political Opinions. In: Mansbridge (Hg.), 1990, 239 - 253

Uhlaner, C., 1989: Rational Turnout: The Neglected Role of Groups. In: American Journal of Political Science, 33, 390 - 422

Vatter, A., 1994: Eigennutz als Grundmaxime in der Politik? Bern u.a.

Weßels, B., 1994: Mobilisieren Interessengegnerschaften?. In: Gabriel/ Jagodzinski/ Rattinger (Hg.), 1994, 113 - 152

3. Anomalien, theoretische Vorentscheidungen und das Selbstverständnis von Rational-Choice

Matthias Gsänger

Zusammenfassung

Empirische Erklärungen nach dem Hempel-Oppenheim-Schema sind niemals total oder abgeschlossen. Daher sind Anomalien unvermeidbar. Die Minimierung des Auftretens von Anomalien erscheint als eine Frage von methodischem Aufwand und Ertrag, die ein entsprechendes rationales Vorgehen erfordert. Diesbezüglich wird ein präskriptives Modell rationalen Handelns aus der Betriebswirtschaft vorgestellt und auf wissenschaftliches Handeln übertragen. Im Lichte dieser Konzeption erscheint wissenschaftliches Handeln als der Versuch, vor dem Hintergrund bestimmter theoretischer Vorentscheidungen bestimmte Modelle und Methoden auf eine konkrete Fragestellung anzuwenden. Anomalien zeigen das Scheitern eines solchen Versuches an. Die angewendeten Modelle sind damit jedoch nicht falsifiziert im klassischen Sinn. Vielmehr verweisen systematisch auftretende Anomalien auf die Grenzen der Anwendbarkeit dieser Modelle. Dies verlangt eine Entscheidung, wie in bezug auf diese Grenzen zu verfahren sei. Zwei Handlungsalternativen sind hierbei denkbar. Entweder man beschränkt sich bei der Anwendung der Modelle auf Fragestellungen, die auf alle Fälle innerhalb dieser Grenzen liegen, oder man versucht die Modelle sukzessive zu modifizieren, um die Grenzen der Anwendbarkeit zu erweitern. Für die letzte Option wird in diesem Beitrag plädiert.

1. Empirische Wissenschaft ist rationale Praxis

Erklärungen von Tatsachen mittels Ansätzen des Rational-Choice (RC), schon diese Formulierung drückt es aus, stehen in der wissenschaftlichen Tradition deduktiv-nomologischen Erklärens gemäß des Hempel-Oppenheim-Schemas (HO-Schema). Erklärung von Tatsachen in diesem Sinne sind logisch korrekte Ableitungen von Sätzen (Protokollsätze), die das zu erklärende Phänomen (Explanandum) repräsentieren, aus Sätzen, die die Wirkung bestimmter Mechanismen behaupten (Gesetze), in Verbindung mit Sätzen, die den Ausschnitt der Wirklichkeit beschreiben, in dem die behauptete Wirkung besagter Mechanismen auftreten soll (Antecedensbedingungen). Gesetze und Antencedensbedingungen bilden zusammen das Explanans. Anomalien im Hinblick auf empirische Fragestellungen sind logische Widersprüche zwischen Sätzen, die aus dem Explanans logisch abgeleitet wurden, und Protokollsätzen, die mittels Messungen gewonnen worden sind. Messungen sind durch eine Methodologie kontrollierte Beobachtungen des in Frage stehenden Wirklichkeitsausschnittes.

Das HO-Schema stellt in seiner strengen Form ein anzustrebendes Ideal dar, das im wissenschaftlichen Alltag, zumindest der empirischen Wissenschaft, nie erreicht wird. Immer stellen Erklärungsvorschläge mehr oder weniger weitreichende Abweichungen von diesem Ideal dar, die eine Entscheidung darüber verlangen, welcher Grad an Abweichung noch als „wissenschaftlich" akzeptiert werden soll (Lane 1996).

Keine Erklärung erklärt ein Phänomen oder Ereignis in all seinen Einzelheiten (totale Erklärung), und keine Erklärung erreicht es, nichts unerklärt zu lassen (abgeschlossene Erklärung). Wolfgang Stegmüller stellt in diesem Zusammenhang die These auf, der auch hier gefolgt wird: „Es gibt weder totale noch abgeschlossene Erklärungen" (Stegmüller 1974: 112).

Totale Erklärungen seien schon deshalb ausgeschlossen, weil vollständige Beschreibungen unmöglich seien. „Man kann ein einzelnes Ereignis e nicht in allen Details beschreiben, weil dies praktisch eine Beschreibung des ganzen Universums einschließen würde. Zu den Merkmalen von e gehören ja auch seine räumlichen, zeitlichen und sonstigen Relationen zu sämtlichen übrigen Einzelheiten im All. Ist aber eine vollständige Beschreibung unmöglich, *so ist a fortifori eine totale Erklärung ausgeschlossen*; (...)" (Stegmüller 1974: 112, Hervorhebungen im Original).

Die Forderung nach abgeschlossenen Erklärungen ist nach Stegmüller aus folgenden Gründen unerfüllbar: „In jeder Erklärung müssen gewisse Antecedensdaten sowie Gesetzmäßigkeiten unerklärt bleiben. Die Forderungen nach vollständiger Erklärung aller Antecedensdaten würde in einen unendlichen Regreß hineinführen. Und selbst wenn es gelänge, eine so umfassende Theorie aufzustellen, daß darin alle speziellen Gesetzmäßigkeiten aus einem einzigen fundamentalen Gesetz abgeleitet werden könnten, so wäre doch dieses eine oberste Gesetz nicht mehr erklärbar. Diese seine Unerklärbarkeit würde natürlich nicht bedeuten, daß seine Annahme *unbegründet* wäre. Das Gesetz könnte aufgrund des verfügbaren Erfahrungsmaterials bestens bestätigt sein. Auch die beste empirische Bestätigung einer Theorie (eines Gesetzes) nimmt dieser (diesem) aber nicht den hypothetischen Charakter" (Stegmüller 1974: 113, Hervorhebung im Original).

Die Gründe für den drohenden unendlichen Regreß beim Versuch alle Antecedensdaten zu erklären, sind vergleichbar zum Versuch ein zu erklärendes Ereignis *e* vollständig zu beschreiben. Auch hier müßten alle Relationen der Antecedensdaten mit allen anderen Ereignissen des Universums mit einbezogen werden, was unmöglich ist.

Von Bedeutung sind ferner die in dem vorhergehenden Zitat den Gesetzen zugeschriebenen Eigenschaften: Gesetze sind auf Erfahrungsdaten beruhende Hypothesen, die zum Zeitpunkt ihrer Anwendung in einer Erklärung den jeweiligen Stand des Forschungsprozesses widerspiegeln. Sie verlieren nie ihren Status als Hypothese, egal wie gut sie auch bestätigt sein mögen. Des weiteren können und müssen Gesetze selbst erklärt werden, was nichts anderes heißt, als daß auch die Geltung eines Gesetzes - und sei es auch noch so gut bestätigt und auch noch so robust - abhängig vom Vorliegen entsprechender Antecedensdaten ist.

Des weiteren wird deutlich, daß aufgrund der prinzipiellen Unvollkommenheit aller Erklärungsvorschläge immer mit negativen Überraschungen, sprich Anomalien, zu rechnen ist, gerade wenn Gesetze und Antecendensbedingungen genutzt werden, um das Eintreten zukünftiger Ereignisse vorauszusagen, was ja gemeinhin als notwendiger Test einer Erklärung angesehen wird. Anders formuliert: Anomalien sind etwas vollkommen normales und letztendlich unvermeidbares.

Dennoch besteht der berechtigte Anspruch, möglichst ohne logische Widersprüche zu erklären und mit möglichst hoher Trefferquote vorauszusagen, also Anomalien weitestgehend zu vermeiden. Dabei entsteht das folgende Optimierungsproblem: Um dem unendlichen Regreß bei der Beschreibung des Explanandum zu entgehen, bedarf es der genauen Angabe der zu erklärenden Tatsachen, d.h. einer Entscheidung darüber, was in welchem Umfang erklärt werden soll. Es bedarf einer klar formulierten Fragestellung. Hiervon ausgehend, so kann man vermuten, wird die Gefahr von Anomalien desto kleiner, je umfangreichere Antecedensdaten berücksichtigt werden und je höherer Aufwand betrieben wird, um eine möglichst hohe Isomorphie der Gesetzeshypothesen mit dem interessierenden Wirklichkeitsausschnitt herzustellen.

Aber auch diese Prozesse sind prinzipiell bis ins Unendliche zu treiben, und erzwingen eine Entscheidung, bis wohin sie geführt werden sollen. D.h. anomalienarme Erkenntnisse, vor dem Hintergrund einer konkreten Fragestellung, sind zuvorderst eine Frage von Aufwand und Ertrag, von Kosten und Nutzen. Aufwand meint hier etwa den Aufwand an Personal, Geld, Rechnerkapazitäten oder Zeit.

Die normativen Randbedingungen unter denen dieses Optimierungsproblem zu bearbeiten ist, sind die allgemein akzeptierten Normen und Werte der Scientific Community, wie z.B.:

1. Beachte die Regeln der Logik, d.h. vor allem, die zur Anwendung kommenden Theorien und Modelle müssen logisch konsistent sein.
2. Selbsterklärungen sind verboten. Werden Hypothesen aus der Beobachtung nur eines einzigen Falles gewonnen, so ist es unzulässig diese Hypothese zur Erklärung dieses Einzelfalles heranzuziehen.
3. Die angewandten Theorien müssen testbar sein. Insbesondere müssen sie so formuliert sein, daß sie an Protokollsätzen über die Wirklichkeit scheitern können. Falsifizierbarkeit setzt logische Konsistenz der Theorien voraus. „A theory which is internally inconsistent is not only falsifiable - It is false" (King, Keohane, Verba 1994: 105).
4. Theorien und Hypothesen sollen möglichst einfach sein. Zum einen, weil mit zunehmender Komplexität der Theorien der Bedarf an erhobenen Daten für ihren Test zunimmt und die Meßmöglichkeiten in den Sozialwissenschaften verglichen mit den Naturwissenschaften eher bescheiden sind. Zum anderen sagt eine Hypothese bei der festgestellt werden kann, warum sie im Falle ihres Scheiterns gescheitert ist, mehr über die Welt als ein hoch plausibles, aber sehr komplexes Gebilde, bei dem unterschiedliche Teilsätze für das Scheitern verantwortlich sein können.

Die hier benutzte Begrifflichkeit weist in die Richtung, die die nun folgende Argumentation einschlagen soll. „Entscheidungen unter dem Nutzen-Kosten-Aspekt", „Lösung eines Optimierungsproblems unter Berücksichtigung bestimmter Randbedingungen" sind Begriffe aus den Theorien der rationalen Wahl. Der Plural hier ist mit Bedacht gewählt, denn die diversen Ansätze dieser Theorierichtung sind nicht leicht auf einen Nenner zu bringen und stehen teilweise in direkter Konkurrenz zueinander. Die Entscheidung für oder gegen einen bestimmten Erklärungsansatz innerhalb des RC-Programms läßt sich ebenso als Problem einer rationalen Wahl darstellen wie die generelle Entscheidung für die Richtung des RC-Programms in Abgrenzung zu anderen Theoriekonzepten (Abell 1992).

Wenn wissenschaftliche Tätigkeit, das Entwickeln und Testen von Theorien, Handeln darstellt, und wer wollte das bezweifeln, dann sollte eine Handlungstheorie, die mit einem deutlichen Anspruch auf Allgemeinheit auftritt, auch auf wissenschaftliches Tun anwendbar sein. Rational-Choice wird so zu seiner eigenen Metatheorie, und zwar in dem Sinne, daß Aussagen darüber getroffen werden, wie empirische Wissenschaft als rationale Praxis abläuft soll. Dies gilt insbesondere, wenn, wie es häufig geschieht, der heuristische Wert von RC-Modellen betont wird (Homann 1992; Zimmerling 1994).

Heurismen, dies muß klargestellt werden, um dem Vorwurf zu begegnen, hier werde eine Immunisierungsstrategie gefahren (Landfried 1996: 257), stellen nicht etwa lediglich vage formulierte und damit unvollständige Theorien dar. Vielmehr handelt es sich bei Heurismen um Suchstrategien für Theorien und gerade auch für „bessere" Theorien, als jene, die zu Beginn eines Forschungsprozesses vorgefunden werden können.

2. Ein präskriptives Handlungsmodell für wissenschaftliches Handeln

„The theory of rational choice is, before it is anything else, a normative theory. It tells us what we ought to do in order to achieve our aims as well as possible" (Elster 1986: 1). Ähnlich leiten Franz Eisenführ und Martin Weber die Argumentation ihres Lehrbuches über „Rationales Entscheiden" ein: „Die *präskriptive* Entscheidungstheorie will Entscheidern helfen, möglichst rationale Entscheidungen zu treffen" (Eisenführ, Weber 1993: 4). Es sei dabei jedoch nicht möglich von rational bzw. irrational zu sprechen, sondern nur relativierend von „mehr oder weniger rational". Der Grad an Rationalität hänge davon ab, welche Postulate man aufstelle bzw. welche Kriterien man verwende. Die Autoren nennen zwei Kriterien für rationale Entscheidungsprozesse: „Das erste ist die prozedurale Rationalität, das zweite ist die Konsistenz, d.h. Übereinstimmung mit bestimmten Regeln" (Eisenführ, Weber 1993: 5). Die Konsistenzregeln sind die in RC-Theorien üblichen Forderungen nach:
1. Zukunftsorientierung, d.h. die Wahl zwischen Alternativen sollte nur von ihren jeweiligen Konsequenzen abhängen,
2. Dominanz,
3. Transitivität und

4. Invarianz, d.h. die Präferenzen sollten nicht davon abhängen, wie das Entscheidungsproblem dargestellt wird.

Zu den Anforderungen prozeduraler Rationalität gehört nach Eisenführ und Weber zunächst die Überlegung, ob man auch das *richtige Problem* löst. Jede Entscheidung betreffe nur einen Ausschnitt aus der Gesamtmenge der Probleme, die ein Entscheider im Laufe seines Lebens zu treffen habe. Unreflektiertes „muddling through" führe nur zu Verfestigungen des status quo. Es könne angebracht sein, ein anstehendes Problem als ein Teilproblem einer übergeordneten Frage anzusehen oder umgekehrt ein Problem in Teilprobleme aufzuspalten, von denen das eine sofort zu lösen sei und andere, deren Lösung auf später verschoben werden kann. Das bedeutet, in Fragen prozeduraler Rationalität kann und muß unterschieden werden zwischen der Wichtigkeit einer Problemlösung[1] und ihrer Dringlichkeit. Dies impliziert, daß nur soviel *Aufwand* in die Informationsbeschaffung und -verarbeitung investiert werden soll, „wie der Bedeutung der Entscheidung angemessen ist. Rationalität verlangt eine angemessen sorgfältige und systematische aber nicht *maximale* Entscheidungsvorbereitung - sonst würde nie ein Problem gelöst werden. Vereinfachung ist unverzichtbar" (Eisenführ, Weber 1993: 5).[2] Bei der Bildung von *Erwartungen* über die Zukunft sollten relevante objektive Daten in Betracht gezogen werden. Die Rationalität einer Entscheidung bemißt sich also auch nach ihrem Bezug zur Wirklichkeit. Und schließlich sollte der Entscheider sich über seine *Ziele und Präferenzen* bewußt sein und die Gefahren, die aus Selbsttäuschung oder *mangelndem Vorstellungsvermögen* rühren, zu vermeiden suchen.

Um diesen Forderungen gerecht zu werden, erscheint eine angemessene Strukturierung des Entscheidungsproblems wichtig. Hierzu gehört, daß ein komplexes Problem in Module zerlegt wird, um einzelne Teilprobleme besser bearbeiten zu können. Eisenführ und Weber nennen drei solcher Module, die in bestimmter Weise zu konstruieren sind: Zunächst ist ein Zielsystem zu generieren. Ziele sind in ihrer Terminologie Eigenschaften von Variablen (Zielvariablen) in Verbindung mit einer Angabe über die Präferenz des Entscheiders bezüglich dieser Eigenschaft. Das kann bedeuten, in einer aktuellen Entscheidungssituation bereits bekannte Ziele entsprechend den Konsistenzbedingungen (Vollständigkeit, Redundanzfreiheit, Meßbarkeit,

---

[1]   Hier bestehen Bezüge zum Prinzip der Dominanz.

[2]   Die Bezüge zu den Stegmüllerschen Zitaten sind offensichtlich.

Unabhängigkeit, Einfachheit) zu ordnen. Es kann aber auch bedeuten, neue bislang unbekannte oder unbewußte Ziele zu finden. „Statt nur auf Entscheidungs*probleme* zu reagieren, sucht der seiner Ziele bewußte Mensch Entscheidungs*chancen*" (Eisenführ, Weber 1993: 54). Die Ziele sind in eine hierarchische Ordnung zu bringen. Insbesondere ist zwischen Fundamentalzielen und Instrumentalzielen zu unterscheiden, wobei festzuhalten ist, daß auch Fundamentalziele kontextabhängig sind. Was in einer Entscheidungssituation als Fundamentalziel angesehen werden kann, mag in einer komplexeren Situation nur noch ein Instrumentalziel sein. Das Verhältnis von Fundamental- zu Instrumentalzielen stellt keine Ziel-Mittel-Relation dar. Ziel-Mittel-Relationen enthalten empirische Behauptungen. In Zielhierarchien finden sich hingegen Normen und Werturteile.

In einem nächsten Schritt ist der Wirklichkeitsauschnitt zu beschreiben, in dem diese Ziele verfolgt werden sollen. In diesem Modul finden sich empirische Sätze über Wirkungszusammenhänge, Umwelteinflüsse, die bei der Entscheidung zu beachten sind, sowie Wahrscheinlichkeitseinschätzungen über das Eintreten dieser Umwelteinflüsse.

Als drittes sind die Handlungsalternativen zu generieren, die es ermöglichen sollen, bei gegebenen Umwelteinflüssen und nutzbaren Wirkungszusammenhängen die angestrebten Ziele zu verwirklichen. Im System der Handlungsalternativen finden sich demnach technologische Sätze. Die einzelnen Handlungsalternativen sind ihrerseits hierarchisch in Ziel-Mittel-Relationen zerlegbar. Die Alternativen werden anhand des erwarteten Nutzens, den sie im Hinblick auf das Zielsystem und das Weltmodell stiften, nach den Kriterien der Konsistenz geordnet. Die am meisten nutzenstiftende Alternative wird nach dem Dominanzprinzip ausgewählt.

Auch bei den Modulen „Umweltmodell" und „Handlungsalternativen" kann sowohl auf bekannte Alternativen zurückgegriffen, als auch nach neuen, bislang unbekannten gesucht werden. Die drei Module sind nicht unabhängig voneinander, wenngleich sie aufgrund der unterschiedlichen Klassen von Sätzen, die sie enthalten, logisch nicht aufeinander reduziert werden können. Bei der Generierung jedes Moduls sind Wahlentscheidungen bezüglich der einzusetzenden Alternativen zu treffen. Die Rationalität der einzelnen Wahlentscheidungen bemißt sich nach der logischen Konsistenz des Gesamtmodells. Im Sinne von Rawls könnte man davon sprechen, daß die drei Module in ein Überlegungsgleichgewicht gebracht werden müssen. Solche Überlegungsgleichgewichte sind immer von vorläufiger Natur. Mit dem Bekanntwerden neuer Alternativen in einem der drei Bereiche wird es notwendig, auch die beiden anderen zu modifizieren. Die Komponenten beeinflussen sich also gegenseitig. So kann die Entwicklung einer neuen

Technologie die Verfolgung ganz neuer Ziele ermöglichen, zusätzliches Wissen über Umwelteinflüsse die Suche nach neuen Handlungsalternativen „erzwingen" oder eben auch die Überprüfung des Zielsystems implizieren.[3]

Handeln erscheint vor diesem Hintergrund als ein offener, rekursiver und im Prinzip unabschließbarer Suchprozeß unter der Bedingung von Unsicherheit, der durch eine konkrete Handlung und die ihr vorausgehenden Entscheidungen jeweils nur angehalten wird, aber jederzeit wieder aufgenommen werden kann (Eisenführ, Weber 1994: 32ff).

Dieses präskriptive Modell, diese Suchstrategie, läßt sich auf wissenschaftliches Handeln anwenden. Hans Albert bemerkt hierzu: „Wenn wir den aktiven Charakter der Erkenntnis zugestehen, dann können wir die Erkenntnispraxis als besondere Art jener Bemühungen um die Lösung von Problemen auffassen, als die menschliche Praxis überhaupt angesehen werden kann. Wir dürfen ihr damit auch jene Merkmale zuschreiben, die für diese Aktivität allgemein charakteristisch sind, vor allem diejenigen, die ihren Entscheidungsaspekt ausmachen" (Albert 1978: 10).

Überträgt man diese Strategie auf wissenschaftliches Handeln, so müssen entsprechende Spezifikationen vorgenommen werden. Die Ziele und Präferenzen des Zielsystems werden zu Erkenntnisinteressen oder Fragestellungen. Weil sich in solchen Zielsystemen Normen und Werturteile wiederfinden, kann auch empirische Wissenschaft nicht wertfrei betrieben werden.

Handlungsalternativen sind die verschiedenen Methoden der Datengewinnung und -verarbeitung aber auch im Falle von Vorhersagen die angewandten Gesetzeshypothesen.

Wie verhält es sich aber mit dem dritten Teilbereich, dem Weltmodell? Sollte wissenschaftliche Tätigkeit dieses nicht erst erzeugen? Die Frage löst sich auf, wenn man das Verhältnis von Methode zum Erkenntnisinteresse in Rechnung stellt. Den *Methoden* entsprechen *Techniken* im allgemeinen Modell. Die notwendige Vorauswahl relevanter Techniken (die Generierung der Handlungsalternativen) muß dort angeleitet werden durch eine allgemeine Lehre der Auswahl von Techniken, einer *Technologie*. Dem entspricht bei

---

[3] Somit könnte hier auch der Konflikt um die Begriffe des „maximizing" bzw. „satisficing" aufgelöst werden. Maximizing als Konsistenzkriterium der Rationalität ist das anzuwendende Prinzip zur Auswahl von Handlungsalternativen bei festliegendem Zielsystem und Weltmodell. Hingegen ist Satisficing in prozeduraler Hinsicht das Kriterium dafür, ob der Suchprozeß an einer bestimmten Stelle über die Auswahl einer Handlungsalternative angehalten oder von neuem angestoßen werden soll.

wissenschaftlichem Tun die Vorauswahl von Methoden angeleitet durch eine Methodologie.

Hierzu führt Hans Albert aus: „Wir können nämlich die Methodologie (...) weder einfach als eine normative Disziplin üblicher Art auffassen, noch als eine deskriptive Disziplin, die das Verhalten bestimmter Experten (...) beschreibt, sondern eher als eine Technologie, die sich auf bestimmte Ziele der kognitiven Problemlösungstätigkeiten beziehen läßt" (Albert 1978: 20). Auch im Bereich wissenschaftlicher Tätigkeit müsse die Technologie eine theoretische Basis haben. „Ein konsequent kritischer Realismus eröffnet also die Möglichkeit, methodologische Vorschläge aufgrund der Auffassungen über die Struktur der Realität - nennen wir sie kurz 'kosmologische' Auffassungen' - zu konstruieren und sie auf dieser Grundlage zu kritisieren" (Albert 1978: 20).

Wissenschaftliches Handeln ist demnach theoriegeleitetes Handeln. Die Ergebnisse dieses Handelns sind ebenfalls „Überlegungsgleichgewichte". Anomalien verweisen auf Inkonsistenzen innerhalb solcher Überlegungsgleichgewichte bzw. auf die aktuelle Unmöglichkeit ein solches Gleichgewicht herzustellen. Gegenstand der kritischen Prüfung ist demnach nicht allein ein spezifischer Erklärungsvorschlag bzw. die ihm zugrundeliegende Gesetzeshypothese, sondern das gesamte Unternehmen, spezifische Hypothesen und Methoden vor dem Hintergrund theoretischer Vorentscheidungen auf bestimmte Fragestellungen anzuwenden. Ziel der Kritik ist die Erzeugung von umfassenderen Überlegungsgleichgewichten, innerhalb derer sukzessive mehr Phänomene genauer abgebildet werden können. Anomalien verweisen in diesem Sinne weniger auf die Richtigkeit bzw. Falschheit von Hypothesen als vielmehr auf die Grenzen ihrer Anwendbarkeit, und es ist zu fragen, wie in Bezug auf diese Grenzen gehandelt werden sollte. Eine Antwort setzt die Klärung des Verhältnisses von theoretischen Vorentscheidungen und konkreten Hypothesen voraus.

3. Zum Verhältnis von theoretischen Vorentscheidungen, Modellen und Hypothesen

Grundsätzlich sind zwei Modi der Konstruktion von Theorien möglich. Eine Möglichkeit besteht in der Formulierung von Axiomen, aus denen streng formal Theoreme abgeleitet und getestet werden. Zum anderen lassen sich auch Theorien analog zu den Ziel-Mittel-Hierarchien der Handlungsoptionen und der Hierarchien von Fundamental- und Instrumentalzielen des Zielsystems als hierarchisches System von Sätzen („meaning hierarchy") mit unterschiedlich hohem Abstraktionsgrad auffassen. Hierbei wird nicht von einer streng deduktiven Ableitung der konkreteren Sätze aus denen der höheren Ebene ausgegangen.

Beide Sichtweisen schließen sich nicht aus. Axiomatisch konstruierte Theorieteile können sehr wohl modular in eine solche „meaning hierarchy" integriert werden. Diesen Weg beschreitet z.B. Thomas Fararo. Er selbst bezeichnet seinen Modus der Theoriekonstruktion als „meaning control hierarchy with embedded optional axiomatics". Er schlägt vor, vier Ebenen für die Konstruktion von Theorien zu benutzen. Konkret unterscheidet er:

1. general presupposition level
2. framework level (representation principle)
3. theoretical model level
4. invariants level (laws, constants)

Eine solche Konstruktion könnte folgendermaßen aussehen: Die „presuppositions" (wörtlich: Voraussetzungen) basieren auf der grundlegenden Weltsicht („worldview", Alberts kosmologische Auffassungen) daß Menschen rationale Wesen sind, deren wechselseitiges soziales Verhalten unter der Annahme untersucht werden muß, sie strebten nach bestmöglichen Handlungsergebnissen gegenüber ihren ebenfalls intelligenten Opponenten. Auf der darunter folgenden Ebene wird nun ein menschliches Interaktionssystem als „Spiel" spezifiziert. Dieses „representation principle", ein durch die Axiomatik von Neumann und Morgenstern wohldefiniertes Prädikat für eine ganz bestimmte Klasse von Phänomenen, erzeugt den theoretischen Rahmen (daher: „framework level") für die Modelle der dritten Ebene, in Fararos Beispiel das Modell eines iterierten 2-Personen-Gefangenendilemmas. Auf der vierten Ebene schließlich findet sich etwa die Hypothesen Axelrods über die erfolgreiche Anwendung der Strategie tit-for-tat in solchen Spielen. „It may be still problematic, but in a series of simulation experiments, the invariant element of the optimality of tit-for-tat was observed. The discovered invariance presupposes the model. The model presupposes the framework. The framework is understandable within and constructed because of the ultimate level of presuppositions guiding and giving meaning to the whole enterprise" (Fararo 1992: 28).

Das Beispiel deutet an, wie zum einen Axiomatiken und formale Modelle in eine „meaning hierarchy" integriert werden können, und zum anderen in welcher Beziehung die Ebenen der Theorie zueinander stehen. Die jeweils höhere Ebene ermöglicht die Formulierung der Sätze der nächst unteren und strukturiert sie, ohne sie jedoch streng zu determinieren. Das Vorgehen entspricht weitgehend dem Prinzip der abnehmenden Abstraktion, wie es von

Siegwart Lindenberg propagiert wird (Lindenberg 1992; Gillessen, Mühlau 1994).

Der Begriff des „control" verweist in diesem Konzept auf die Möglichkeiten kritischer Überprüfungen der Theorien. „The meaning hierarchy is associated with a 'cybernetic' hierarchy of control involved in framework construction and model building. It is meaning control hierarchy" (Fararo 1992: 30). Die Steuerung der Theoriekonstruktion läuft jedoch nicht allein von oben nach unten in der angedeuteten Weise, vielmehr impliziert sie auch „feedback loops" von den unteren Ebenen zurück zu den höheren. Zwar werden etwa die Modelle aus den Frameworks nicht streng formal abgeleitet, jedoch dürfen sie ihnen auch nicht widersprechen. Lassen sich bei einem konkreten empirischen Problem keine adäquaten Modelle finden (adäquat heißt, daß sie die Bildung entsprechender Hypothesen ermöglichen), die mit dem aktuellen Framework vereinbar sind, so ist die Suche nach neuen „representation principles" angezeigt, die ihrerseits mit dem aktuellen „general presuppositions" verträglich sein müssen. „The seemingly one-way control, from the relatively nonempirical toward the empirical, is coupled with a reverse control, (...)" (Fararo 1992:30).

Zu beachten ist hierbei, daß die Sätze der tieferen Ebene entstehen, indem den Sätzen der höheren Ebene *etwas neues* hinzugefügt wird. Dies gilt insbesondere wenn Prädikaten in formalen Modellen konkrete empirische Bedeutung gegeben wird, um zu testbaren empirischen Hypothesen zu gelangen. Wenn etwa Siegwart Lindenberg den leeren Sack „Rational-Choice" mittels der Konstruktion von Brückenhypothesen füllt, so kann immer nur diese Brückenhypothese getestet werden, nie jedoch das formale zugrundeliegende Modell. Im Prinzip müßten alle konstruierbaren Brückenhypothesen scheitern, damit das formale Modell scheitert. Da die Menge dieser Hypothesen im Prinzip unendlich groß ist, ist diese Forderung unmöglich zu erfüllen.

Auch hier erweist sich, daß das Auftreten von Anomalien (eben das Scheitern einer Brückenhypothese) vorwiegend ein Problem der Grenzen der Anwendbarkeit von Theorien darstellt. Werden solche Grenzen deutlich, etwa weil in bezug auf ein bestimmtes Phänomen bis zu einem bestimmten Zeitpunkt im Forschungsprozeß keine zufriedenstellenden Hypothesen, Modelle oder Frameworks entdeckt werden konnten, so verlangt dies von den beteiligten Wissenschaftlern eine Entscheidung darüber, wie weiterhin zu verfahren sei. Dies läßt sich verdeutlichen an Beiträgen zur Diskussion um das in der Politikwissenschaft berühmt gewordene Wahlparadoxon.

4.   Wahlparadoxon und Niedrigkostenhypothese

„Gemäß rationalen Entscheidungskriterien gehen Personen, die bei Wahlen mit vielen anderen wahlberechtigt sind nicht zur Wahl. Diese Schlußfolgerung aus der Theorie des rationalen Wählens widerspricht jedoch (wenn nicht die Mehrheit der Wahlberechtigten als irrational abgestempelt werden soll) der internationalen Erfahrung" (Mensch 1996: 86). Seit der Veröffentlichung der das Wahlparadoxon begründenden Theorie des rationalen Wählens von Antony Downs wurden zahlreiche Vorschläge gemacht, wie dieses Paradoxon aufzulösen sei. Kirsten Mensch untersucht in ihrem Beitrag (in diesem Band) unterschiedliche Re-Interpretationen des Downschen Modells, die aber nach Darstellung der Autorin alle nicht zu befriedigenden Lösungen führen, worin ihr auch weitgehend zugestimmt werden kann.

Das Scheitern all dieser Versuche führt sie zurück auf methodische Probleme internalistischer bzw. externalistischer Erklärungsprinzipien in den RC-Ansätzen (Mensch 1996). Sie folgt hier der Argumentation Reinhardt Zintls zur Anwendbarkeit von RC-Erklärungen (Zintl 1989). Danach sind internalistische Ansätze bzw. Mikroerklärungen nur in sogenannten Hochkostensituationen anwendbar. D.h. in Situationen, in denen die Auswahl einer Alternative durch die ansonsten anfallenden Kosten erzwungen wird. In Low-Cost-Situationen würden Mikroerklärungen die Kenntnis vielfältiger individueller Merkmale erfordern, was bei einer großen Zahl zu untersuchenden Menschen unlösbare Meßprobleme erzeugt. Diese Probleme bestehen bei externalistischen Ansätzen nicht. Hierbei wird ein Modell für eine Mikrofundierung des zu untersuchenden Phänomens genutzt. Hier tritt jedoch genau das Problem auf, daß oben beschrieben wurde. Ein für die Mikrofundierung genutztes Modell kann mit beliebigen Mikroannahmen gefüllt werden. (Erzeugung von Brückenhypothesen), die zwar je für sich getestet werden können, ein tatsächlicher Test des Modells findet jedoch nicht mehr statt. Die Autorin zieht das Fazit: „Es ist entsprechend den in der Rational-Choice-Theorie selbst aufgestellten Kriterien nicht möglich, eine empirisch bestätigbare Erklärung der individuellen Wahlteilnahme oder auch für die Änderung der Höhe der Wahlbeteiligungsquote aufzustellen. (...) Damit ist nicht gesagt, daß der Rational-Choice-Ansatz generell unbrauchbar ist. Rational-Choice kann zu guten Erklärungen führen, wenn eine marktähnliche Situation mit klar erkennbaren Kosten und Nutzen vorliegt" (Mensch 1996: 98; siehe auch den Beitrag Mensch in diesem Band).

Ähnlich schlägt Reinhard Zintl in einer zusammen mit Johannes Schmidt verfaßten Sammelbesprechung aktueller RC-Literatur vor, sich bei der Anwendung von RC auf Phänomene zu beschränken, bei denen sich die involvierten Akteure in klar beschreibbaren strategischen Situationen befänden. Zintl nennt Beiträge, die zeigten, „wie man die individuelle Entscheidung, zur Wahl zu gehen, in eine Rational-Choice-Theorie integrieren kann, obwohl es sich um eine weitgehend expressive Angelegenheit handelt" (Schmidt, Zintl 1996: 586). Der Kunstgriff bestünde darin, nicht die Entscheidung des Wählers zum Gegenstand der Modellierung zu machen, sondern die Entscheidung derjenigen, die ein Interesse daran haben könnten, Wähler zu mobilisieren, also Wahlkampfmanager oder Parteien. Die Wähler als Objekte der Bemühungen strategisch handelnder Akteure seien bestimmt nicht passiv oder irrational, sie handelten aber nicht strategisch. Es führe zu nichts, sie so zu fingieren (wie es die bislang existierenden Modelle versuchen, die dem Wahlparadoxon beikommen wollen, M.G.) sondern es genüge vollkommen, sie gerade so zu modellieren, wie die strategisch Agierenden es täten (Schmidt, Zintl 1996: 586f).

In beiden Fallen läßt sich die Entscheidung, wie in bezug auf die Grenzen des zugrundeliegenden Ansatzes zu verfahren sei, in der Weise beschreiben, daß zu bildende Hypothesen klar innerhalb der gesicherten Grenzen der Anwendbarkeit bislang vorliegender Modelle zu Hochkostensituationen liegen sollten. Dieser Schluß, wie in bezug auf Anomalien mit den jeweiligen Ansätzen umzugehen sei, ist nachvollziehbar und akzeptabel, aber nicht zwingend.

Zum einen: „To predict that it will rain in Seattle during November is not risky" (Caporaso 1995: 458). Der Erkenntnisgewinn hält sich damit ebenso in Grenzen. Zum anderen kann man fragen: Warum sollte man Anomalien oder Paradoxien „nur als weitere Probleme wahrnehmen, die in irgendeiner Weise neutralisiert werden müssen? Es könnte ja sein, daß gerade sie eine Chance zu theoretischer Neubesinnung bieten oder daß man gar 'Problem mit Problem' bekämpfen kann" (Kliemt, Zimmerling 1993: 38).

Diese Frage stellt sich insbesondere mit Blick auf den genannten Beitrag von Zintl. Er läuft nämlich Gefahr, das Problem nur zu verschieben. Zwar befinden sich Parteien bei der Aufstellung ihrer Wahlkampfplattformen und der Durchführung des Wahlkampfes tatsächlich in einer strategischen Situation mit konkurrierenden Parteien. Doch zielt die gewählte Strategie darauf ab, den Wahlausgang zu beeinflussen. Ein Wahlausgang ist jedoch eine *Aggregation von Low-Cost-Entscheidungen.* Um eine Strategie zu entwickeln, benötigen die Parteien ihrerseits mindestens eine Mikrofundierung eben dieser Entscheidungen seitens des Wahlvolkes.

Der Schluß den man aus den bekannten Problemen zu ziehen hat könnte also auch lauten: „Suche eine Theorie der Low-Cost-Entscheidung!" bzw.

„Suche nach Modellen und Frameworks, die die Formulierung entsprechender Hypothesen erlauben!"

Diese Forderung ist bereits von Gebhard Kirchgässner erhoben worden (Kirchgässner 1992). Low-Cost-Situationen sind seiner Ansicht nach nicht nur auf Wahlen und Abstimmungen beschränkt. Kirchgässner zählt zu den Low-Cost-Entscheidungen auch Entscheide von Verfassungsgerichten. Die Begründung lautet: Der einzelne auf Lebenszeit gewählte Richter hat keinerlei Konsequenzen für seine Entscheidung zu fürchten oder zu hoffen, egal wie sie auch ausfallen mag (Kirchgässner 1922: 313-317). Wird der Begriff des „Low-Cost" derart gefaßt, so sind auch die meisten Entscheidungen von Verwaltungsstellen oder Parlamentariern, die durch die Prinzipien der Immunität und Indemnität geschützt werden, Niedrigkostenentscheide.

Die Suche nach Modellen für Low-Cost-Entscheidungen hat bereits eingesetzt. Vielversprechende Untersuchungsergebnisse hierzu sind u.a. in der Umweltsoziologie zu finden: Auch im Bereich umweltrelevanten Alltagshandelns (Energienutzung, Verkehrsmittelwahl, Abfalltrennung etc.) finden sich Formen umweltgerechten Handelns, die durch die Anwendung des klassischen Homo Oeconomicus nicht erklärbar sind. Eine zentrale Frage hierbei ist, inwieweit Umweltbewußtsein die Handlungsweise bestimmt. Dabei zeigt sich, daß in Niedrigkostensituationen Umweltbewußtsein die Wahl der Alternativen tatsächlich bestimmen kann. „Auch das auf Freiwilligkeit angelegte 'Duale System Deutschland' demonstriert immerhin, daß unter Low-Cost-Bedingungen auf der Basis eines ausgeprägten Umweltbewußtseins in der Bevölkerung in Millionen Haushalten Umweltleistungen erbracht werden, ohne daß damit für einzelne Akteure irgendwelche finanziellen Anreize verbunden wären" (Diekmann 1996: 110). Niedrigkostensituationen liegen bezüglich des Umweltverhaltens dann vor, und moralische Überzeugungen werden dann handlungsbestimmend, wenn näherungsweise Indifferenz zwischen den Alternativen besteht bezüglich ihrer harten, kostenintensiven (vom Homo Oeconomicus Modell allein berücksichtigten) Attribute. „Die Hypothese des stärkeren Einflusses moralischer Überzeugungen in Niedrigkostensituationen ist keineswegs neu. Sie gehört zu jener Kategorie alter Weisheiten, die aber alles andere als trivial sind. Gemäß der Niedrigkostenhypothese wird auch nicht einfach ein additiver Effekt moralischer 'Kosten', sondern (...) ein Interaktionseffekt zwischen Moral und Verhaltenskosten auf die Wahrscheinlichkeit der Entscheidung für die moralisch verpflichtende Alternative erwartet" (Diekmann 1996: 107). Das bedeutet die zur Bewertung einer Alternative herangezogenen Attribute (ihr Einzelnutzen und ihre jeweilige Auftretenswahrscheinlichkeit) werden gemäß dieser Hypothese nicht einfach linear additiv miteinander verbunden, sondern von den Entscheidern nach ihrer Wichtigkeit geordnet und sukzessive zur Unterscheidung der Alternativen herangezogen. Für die Verkehrsmittelwahl ist dieses Phänomen inzwischen empirisch gut bestätigt. Die Attribute Zeitgewinn, Fahrtkosten, und Fahrkomfort rangieren deutlich vor dem Umweltbewußtsein, der Zeitgewinn deutlich vor allen anderen.

Man könnte in diesem Zusammenhang untersuchen, inwieweit im Bereich des Politischen die *Institutionalisiertheit* der diversen Prozesse dazu führt, die Entscheidungssituation in Low-Cost-Situationen zu transformieren, und es so ermöglicht, daß Verfassungsrichter und Verwaltungsbeamte vorwiegend nach Kriterien ihrer professionellen Standards entscheiden können, oder Abgeordnete „allein ihrem Gewissen verpflichtet sind".

Er erscheint wichtig, nochmals zu betonen, daß der linear additive Algorithmus des klassischen Homo Oeconomicus-Modells nicht hinreicht, diese Zusammenhänge adäquat zu beschreiben. Hierbei hilft auch nicht der Rückzug auf die „als-ob"-Hypothese, weil ja nur eine Mikrofundierung angestrebt würde. Jede wissenschaftliche Äußerung über die Wirklichkeit ist „als ob". Jeder Erklärungsvorschlag macht „jumbo the elephant sliding down a grassy hill at Gasworks Park" zu „a certain mass moving down a inclined plane with a given coefficient of friction" (Caporaso 1995: 457). Es gibt aber bessere und schlechtere Erklärungsvorschläge aufgrund der höheren bzw. niedrigeren Isomorphie der benutzten Modelle mit dem zu beschreibenden und zu erklärenden Phänomen. Dies wird relevant, wenn Erklärungen von Verhaltensweisen genutzt werden sollen, um etwa Anreizmechanismen bei Problemen der politischen Steuerung zu konstruieren.

Hierzu kann wieder das Beispiel Verkehrsmittelwahl herangezogen werden. Nach einem einfachen am Homo Oeconomicus orientierten Modal-Split-Modell könnte der Umstieg vieler Verkehrsteilnehmer vom PKW auf den öffentlichen Nahverkehr nur dann bewerkstelligt werden, wenn die ÖV-Nutzung wesentlich verbilligt und die PKW-Nutzung etwa über Road Pricing entsprechend verteuert würde. Bei konkreten Steuerungsversuchen in einzelnen Städten zeigten aber solche Maßnahmen nur sehr bedingte Wirkung. Sie erreichten in der Regel nur solche Verkehrsteilnehmer, für die das dominante Attribut 'Zeitgewinn' nur geringe Unterschiede zwischen den Alternativen aufwies. Dementsprechend erzeugten jedoch Beschleunigungsmaßnahmen für den ÖV ganz erhebliche Umstiegseffekte zugunsten von Bussen und Bahnen.

„Die Niedrigkostenhypothese hat allerdings noch nicht den Status einer präzise ausgearbeiteten Theorie. Positiv gewendet ist damit zugleich ein Forschungsprogramm angedeutet: Die Konstruktion von Modellen für Niedrigkostensituationen, die Ableitung von prüfbaren Hypothesen und die empirische Untersuchung der Einflußgewichte von moralischen und sozialen Anreizen auf das Umwelthandeln bei variierenden Verhaltenskosten. Erklärende Modelle des Umwelthandelns sollten soziale Anreize *und intrinsische Motivationen* zum umweltbewußten Handeln neben ökonomischen Anreizen integrieren" (Diekmann 1996: 115, Hervorhebung von mir, M.G.).

Ansätze für entsprechende formale Modelle, die es ermöglichen, Entscheidungen abzubilden, bei denen die Attribute nach ihrer Wichtigkeit für den Entscheider geordnet werden, gibt es bereits. Ein Beispiel hierfür ist die sogenannte rangplatzabhängige Nutzentheorie: Hierbei wird angenommen, die Attribute einer Alternative *a* seien gemäß der Präferenz des Entscheiders in aufsteigender Reihenfolge indiziert. Der Nutzen einer Alternative *a* kann dann durch eine rangplatzabhängige Nutzenfunktion RDEU(*a*) dargestellt werden:

$$RDEU(a) = \sum_{i=1}^{n} u(a_i) \cdot w\left(p_1, ..., p_i\right), mit$$

$$w\left(p_1, ..., p_i\right) = g\left(\sum_{j=1}^{i} p_j\right) - g\left(\sum_{j=1}^{i-1} p_j\right)$$

Es wird hierbei angenommen, daß $g(1) = 1$ und $g(0) = g(p_0) = 0$. Für $w(p_1, ..., p_i) = p_i$, d.h. $g(p_j) = p_j$, ist RDEU gleich EU. „Diese Erweiterung der Nutzentheorie wird als rangplatzabhängige Theorie bezeichnet, da die Stärke der Transformation der Wahrscheinlichkeit einer Konsequenz (in Entscheidungsgewichte bei der Anwendung als Mikrofundierung, M.G.) von dem Rangplatz der Konsequenz abhängt. (...) Ist die Funktion g konkav, werden die weniger präferierten Konsequenzen überproportional gewichtet, für konvexe g entsprechend die am stärksten präferierten Konsequenzen" (Eisenführ, Weber 1994: 340). Man könnte mit diesem Modell z.B. versuchen, die vermuteten Zusammenhänge im Bereich der Verkehrsmittelwahl darzustellen. Die Konsequenzen der Attribute ideeller Nutzen aus umweltgerechtem Handeln, Preis, Bequemlichkeit, Zeitfaktoren müßten dabei in dieser Reihenfolge indiziert werden. Die entsprechende g-Funktion sollte im Falle der Anwendbarkeit des Modells einen konvexen Verlauf aufweisen.

Es dürfte klar sein, daß der Anwendungsversuch solcher Modelle nicht nur neuen Erkenntnisgewinn verspricht, sondern neben erhöhtem Rechenaufwand auch eine Verschärfung des Problems der Auswahl der relevanten Attribute mit sich bringt, weil zusätzlich noch die Frage nach der korrekten lexikalischen Ordnung zu beantworten ist. Die Frage nach den „richtigen" Mikrovariablen, die Kerstin Mensch zu Recht so stark betont, ist jedoch kein

Problem, das speziell für RC-Modelle von Bedeutung ist, sondern für alle Theorien, die in Form inhomogener Hierarchien konstruiert werden (King, Keohane, Verba 1994: 107-109, 168-185). Die eigentliche methodische Herausforderung liegt vielmehr in der Forderung, auch intrinsische Variablen zu integrieren (vgl. hierzu auch den Beitrag von Kunz in diesem Band). Hierzu bedarf es der Anwendung interpretativer Verfahren[4] (Esser 1991; Vowe 1994; Vowe 1997). Auch hier hat die Diskussion vor einigen Jahren erst begonnen. Die vorliegenden Beiträge laufen darauf hinaus, die kognitive Basis der Entscheidung - und dazu gehört auch die von den Akteuren vorgenommene Auswahl und Ordnung der Handlungsalternativen - explizit in das Erklärungsprogramm aufzunehmen. Dabei kann man sich darauf beschränken, die zugrundeliegenden Kognitionen mittels Verfahren wie der qualitativen Inhaltsanalyse zu erheben (Vowe 1993), oder, noch weitreichender, das Zustandekommen dieser Kognitionen selbst als einen Akt der Auswahl und Entscheidung zu betrachten (Esser 1996; Haug und Kunz in diesem Band).

Mit dem Esserschen Ansatz nimmt die Suche nach Handlungstheorien des RC eine neue Richtung auf. Zu den Rationalitätskriterien der Konsistenz treten die Kriterien der prozeduralen Rationalität hinzu, die bislang in den Entscheidungsmodellen keine explizite Berücksichtigung fanden. Dies könnte weiterführend bedeuten, daß das erwähnte präskriptive Handlungsmodell Eisenführs und Webers empirisch interpretiert wird, nach der Prämisse „sollen impliziert können". Dann müßten aber nicht mehr allein die Generierung des Systems der Handlungsalternativen mit der abschließenden Auswahl der am meisten nutzenstiftenden Alternative als Entscheidung nach den Konsistenzkriterien darstellbar und erklärbar werden, sondern auch die Generierung des Zielsystems und der Definition der Situation (was Esser ja bereits unternimmt; zu Kritik und Gegenkritik: Egger, Campo 1997; Esser 1997). Darüber hinaus wird man Hypothesen darüber benötigen, wann und unter welchen Umständen der rekursive Suchprozeß jeweils angehalten bzw. wieder aufgenommen wird. Das ein entsprechendes Theoriegebäude zur Zeit nicht mehr als eine Vision darstellt, dürfte klar sein. Ob die Suche danach je der Mühen wert sein wird, ist ihrerseits ein Problem des Handelns unter den Bedingungen von Unsicherheit.

---

[4] Allerdings nicht erst hier. Auch bei der Anwendung von RC-Modellen auf eine erkennbare Situationslogik sind solche Verfahren notwendig, damit sichergestellt wird, daß diese Situationslogik nicht nur vom beobachtenden Wissenschaftler, sondern auch von den beobachteten Akteuren auf die beschriebene Art und Weise gesehen wird.

5. Schlußbemerkung

Es stellt sich die Frage, was eine solcherart skizzierte Vorgehensweise noch mit Rational-Choice zu tun hat. Bezieht man sich bei dem Begriff Rational-Choice auf die Axiomatik der neoklassischen Ökonomie, so fällt die Antwort leicht: fast nichts mehr. Man kann RC aber viel allgemeiner als Bestandteil der „Ökonomik" betrachten, und diese wiederum kann „als Sozialwissenschaft charakterisiert werden, die sich mit menschlichem Handeln resultierend aus dem Knappheitsproblem befaßt" (Leschke, Wessling 1994: 257). Knapp sind vor allem Güter, Zeit und Wissen. Drei Aspekte stehen dabei im Vordergrund, nämlich die Präferenzen des Akteurs, der Handlungsrahmen aus Handlungsmöglichkeiten und Restriktionen und natürlich der Prozeß des Entscheidens und Handelns. Faßt man diese Grundlegung als „presuppositions" im Fararoschen Sinn auf oder als kosmologische Entscheidung im Sinne Alberts und betrachtet das Unternehmen der Ökonomik als „meaning control hierarchy", so können die zentralen Prämissen der Neoklassik als ein mögliches Framework aufgefaßt werden. Ein anderes Framework, das auf dieser Basis ebenso möglich ist, stellt die Evolutionsökonomie dar. Zu deren Framework gehören nach Leschke und Wessling u.a. die folgenden Punkte:[5]
1. Die Präferenzen der Individuen sind unvollständig ausgeprägt, interdependent und wandelbar.
2. Die Individuen handeln unter unvollkommenen Wissen.
3. Individuen sind lernfähig und bereit, nach neuen Handlungsmöglichkeiten zu suchen.
4. Um die Komplexität der Umwelt zu reduzieren, orientieren sich die Individuen an Regeln (Sitten, Gebräuchen oder sonstigen Institutionen), die selbst wiederum einem Wandel unterliegen (können) (Leschke, Wessling 1994: 278f).

Auf Grundlage dieser Annahmen erscheint es sinnvoll, in Richtung einer Handlungstheorie zu suchen, in der den Akteuren die Eigenschaften zugeschrieben werden, die Voraussetzung dafür sind, daß sie den Forderungen des präskriptiven Modells von Eisenführ und Weber gerecht werden könnten. Diese Suche sollte jedoch nicht so ablaufen, daß die verwendeten Modelle

---

[5] Leschke und Wessling sprechen allerdings hierbei nicht von Frameworks, sondern von Hilfshypothesen im Rahmen des Schutzgürtels eines Forschungsprogramms im Sinne von I. Lakatos.

mittels ad hoc eingeführter Zusatzannahmen diesem Framework vordergründig ähnlich gemacht werden. Vielmehr erscheint es angemessener, vorhandene Modelle und deren zugrundeliegende Annahmen sukzessive und vor allem kontrollierbar in Richtung auf dieses Ziel hin auszuweiten, nicht zuletzt, um überhaupt sehen zu können, ob dieses Ziel auch erreichbar ist. Zintl verweist in diesem Zusammenhang auf den Entwicklungsweg der Spieltheorie. Betrachtet man, wie sich die Spieltheorie noch zu Anfang der siebziger Jahre dem interessierten Sozialwissenschaftler darstellte (Deutsch 1974) und vergleicht sie mit den aktuellen „Frontiers of Game Theory" (Binmore, Kirman, Tani 1993), so muß man ihm zustimmen. Was man bei diesem Vergleich jedoch auch feststellen kann, ist z.B. eine sukzessive Aufgabe der Annahme vollständiger Information seitens der Spieltheorie (ein Vorgehen, das inzwischen auch der Entscheidungstheorie anempfohlen wird: Conlisk 1996). Infolgedessen wird in den entsprechenden Modellwelten auch so manches Gleichgewicht nicht mehr erreicht, und so manche Dynamik zeigt Formen von Nicht-Linearität.

Literaturverzeichnis

Abell, P., 1992: Is Rational Choice Theory a Rational Choice of Theory? In: Colemann, J. S./ Fararo, T. J. (Hg.), 1992: Rational Choice Theory, Newbury Park, London, 183-206
Albert, H., 1978: Traktat über rationale Praxis. Tübingen
Binmore, K./ Kirman, A./ Tani, P. (Hg.), 1993: Frontiers of Game Theory, Cambridge
Caporaso, J. A., 1995: Research Design, Falsification, and the Qualitative-Quantitative Divide. In: American Political Science Review, 89, 457-460
Deutsch, K. W., 1974: Konflikte in der Spieltheorie. In: Bühl, W.L. (Hg.), 1974: Reduktionistische Soziologie, München, 202-230
Conslik, J., 1996: Why bounded rationality? In: Journal of Economic Literature, 34, 669-700
Diekmann, A., 1996: Homo ÖKOnomicus. Anwendungen und Probleme der Theorie rationalen Handelns im Umweltbereich. In: Diekmann, A. (Hg.) 1996: Umweltsoziologie, Wiesbaden, 89-118
Egger, M./ Campo, A. de, 1997: Was sie schon immer über das Verhalten in sinkenden U-Booten wissen wollten. Eine Replik zu Hartmut Essers Aufsatz „Die Definition der Situation". In: Kölner Zeitschrift für Soziologie und Sozialpsychologie, 49, 307-317
Eisenführ, F./ Weber, M., 1994: Rationales Entscheiden, 2. Aufl. Berlin, Heidelberg, New York
Elster, J., 1986: Introduction. In: Elster, J. (Hg.), 1986: Rational Choice, Oxford, 1-33
Esser, H., 1991: Alltagshandeln und Verstehen. Zum Verhältnis von erklärender und verstehender Soziologie. Tübingen
Esser, H., 1996: Die Definition der Situation. In: Kölner Zeitschrift für Soziologie und Sozialpsychologie, 48, 1-34
Esser, H., 1997: Panik an Bord? Eine Antwort auf die Replik „Was Sie schon immer über das Verhalten in sinkenden U-Booten wissen wollten (Egger/Campo 1997)
Fararo, T. J., 1989: The Meaning of General Theoretical Sociology. Tradition & formalization. Cambridge

Gillessen, Ch./ Mühlau, P., 1994: Grundzüge strukturell-individualistischer Theoriebildung. In: Druwe, U./ Kunz, V. (Hg.), 1994: Rational Choice in der Politikwissenschaft, Opladen, 26-52

Homann, K., 1992: Die Ökonomische Dimension von Rationalität. In: Hollis, M./ Vossenkuhl, W. (Hg.), 1992: Moralische Entscheidung und rationale Wahl, München, 11-24

King, G./ Keohane, R. O./ Verba, S., 1994: Designing Social Inquiry. Scientific Inference in Qualitative Research. Princeton

Kirchgässner, G., 1992: Towards a Theory of Low-Cost-Decisions. In: Journal of Political Economy, 8, 305-320

Kliemt, H./ Zimmerling, R., 1993: Quo vadis Homo oeconomicus? Über einige neuere Versuche, das Modell eines Homo oeconomicus fortzuentwickeln. In: Homo Oeconomocus, 10, 1-44 und 167-202

Landfried, C., 1996: Chaostheorie. Die neuen Sichtweisen von Kausalität, Komplexität und Stabilität. In: Beyme, K.v./ Offe, C. (Hg.) 1996: Politische Theorien in der Ära der Transformation, Opladen, 253-266

Lane, R., 1996: Positivism, Scientific Realism and Political Science. Recent Developments in the Philosophy of Science. In: Journal of Theoretical Politics, 8, 361-382

Leschke, M./ Wessling, E., 1994: Evolutorik versus Neoklassik. Eine Analyse auf der Basis der Theorie wissenschaftlicher Forschungsprogramme. In: Homo Oeconomocus, 11, 1-34

Lindenberg, S., 1992: The Method of Decreasing Abstraction. In: In: Colemann, J. S./ Fararo, T. J. (Hg.), 1992: Rational Choice Theory, Newbury Park, London, 3-20

Mensch, K,. 1996: Internalistische versus externalistische Erklärungsprinzipien in Rational-Choice-Ansätzen, oder: Wie erklärt die rational-Choice-Theorie die Höhe der Wahlbeteiligung? In: Politische Vierteljahresschrift, 37, 80-99

Schmidt, J./ Zintl, R. 1996: Rational Choice - Möglichkeiten und Grenzen. In: Politische Vierteljahresschrift, 37, 575-597

Stegmüller, W., 1974: Probleme und Resultate der Wissenschaftstheorie und Analytischen Philosophie, Bd.1. Wissenschaftliche Erklärung und Begründung, Berlin, Heidelberg, New York

Vowe, G., 1993: Qualitative Inhaltsanalyse, Cognitive Mapping, Policy Arguer. Demonstration systematischer Vorgehensweise zur Analyse politischer Kognition. (Forschungsbericht MPI für Gesellschaftsforschung), Köln

Vowe, G., 1994: Politische Kognition. Umrisse eines kognitionsorientierten Ansatzes für die Analyse politischen Handelns. In: Politische Vierteljahresschrift, 35, 423-447

Vowe, G., 1997: Auf der Suche nach dem „Probirstein des Fürwahrhaltens". Methodologische Aspekte der Analyse der Handlungsorientierungen. In: Benz, A./ Seibel, W. (Hg.), 1997: Theorieentwicklung in der Politikwissenschaft - eine Zwischenbilanz, Baden-Baden, 145-164

Zimmerling, R., 1994: „Rational Choice" Theorien. Fluch oder Segen für die Politikwissenschaft? In: Druwe, U./ Kunz, V. (Hg.), 1994: Rational Choice in der Politikwissenschaft, Opladen, 14-25

Zintl, R., 1989: Der Homo Oeconimicus: Ausnahmeerscheinung in jeder Situation oder Jedermann in Ausnahmesituationen? In: Analyse u. Kritik, 11, 52-69

4. Anomalien in der handlungstheoretischen Erklärung sozialer Prozesse

Volker Kunz

Zusammenfassung

Anomalien als Beobachtungen von realen Phänomenen, die nicht mit den theoretischen Annahmen und Erwartungen übereinstimmen, lassen sich in einer handlungstheoretischen Erklärung sozialer Prozesse nach gegebenem Kenntnisstand mehrfach verorten. Erstens können sich Anomalien auf die grundlegenden Annahmen zur Handlungswahl, ihrer Realisation und den direkt vorgelagerten Prozeß der Informationsverarbeitung, das individuelle Entscheidungskalkül, beziehen. Zweitens können Anomalien im Rahmen der Spezifikation handlungsleitender Prädiktoren, insbesondere bei der Verknüpfung situativer Bedingungen mit den subjektiven Repräsentationen, auftreten. Schließlich können bestimmte Anomalien beim Transformationsschritt von der Mikro- zur Makroebene eine Rolle spielen. Der Beitrag konzentriert sich auf die beiden zuerst genannten Aspekte und diskutiert typische Annahmen traditioneller soziologischer und ökonomischer Ansätze. Ihre offensichtliche empirische Inkonsistenz läßt sich auf die situationslogische Anwendung der Theorien zurückführen, die ihren Rückhalt in den Empfehlungen Poppers zur Logik sozialwissenschaftlicher Erklärungen findet. Diese sind allerdings mit einer erfahrungswissenschaftlich begründeten Sozial- und Handlungswissenschaft kaum vereinbar. Soll dennoch dieser Rahmen nicht verlassen werden, ist man auf Ausweichargumentationen angewiesen, über deren Berechtigung zu diskutieren ist. Kritikleitend ist die Vorstellung, daß die Fehler einer Theorie vor allem im Lichte einer Alternative sichtbar werden und auf diese Weise falsifikatorisches Gewicht gewinnen.

1.   Einleitung

Die Verwendung von Individualtheorien in den Sozialwissenschaften, die sich vornehmlich mit der Erklärung kollektiver Tatbestände beschäftigen, gründet sich auf das Postulat des methodologischen Individualismus. Dieses Prinzip impliziert Hypothesen über die sozialen Bedingungen und kollektiven Folgen individuellen Handelns sowie prüfbare Annahmen über seine motivationalen und gedanklichen Grundlagen (vgl. Raub, Voss 1981: 9). Erst im Rekurs auf eine zumindest in wesentlichen Teilen ausformulierte Mikrotheorie treten die impliziten Geltungsbedingungen von Aggregathypothesen hervor, was zugleich Voraussetzung ihrer Kritisierbarkeit ist. Eine Beschäftigung mit individualistischen Propositionen gehört daher zu den zentralen Aufgaben für diejenigen Sozialwissenschaften, die sich auch um die Praxis bemühen, die an der empirischen Erkenntnis der Vorgänge in Politik und Gesellschaft interessiert sind.

Dieses empirische Wissen hängt zu einem großen Teil von den handlungstheoretischen Vorstellungen ab: Die Vorstellungen sind handlungsorientiert, weil Gesellschaft sich aus den Aktionen der Individuen ergibt; sie sind theoretisch, weil sich unabhängig von Theorien kein Zugang zur Realität ergibt. Mit dieser Perspektive verbindet sich zunächst einmal die Grundidee, daß jede soziale Dynamik nur deshalb zu beobachten ist, weil Akteure findig und erfolgsorientiert handeln (vgl. Schmid 1996: 58ff.). Individuen sind die kreativen Träger verursachender Energien zur Entstehung, Stabilisierung und Veränderung sozialer Phänomene. Ihr Handeln begründet den Verlauf der Sozialdynamik; insofern liegt es nahe, sozialtheoretische Konzepte grundsätzlich mit handlungstheoretischen Grundannahmen zu versehen.

Der damit implizierte Begriffsapparat legt zugleich die Möglichkeiten und die Variationsbreite intersubjektiver Erkenntnis fest; über die Wirklichkeit, über die im Rahmen einer Theorie verhandelt wird und mit der die Theorie übereinstimmen sollte, läßt sich nur unter Verwendung der in der Theorie genutzten Begriffe etwas aussagen. Ein Mißverständnis wäre es aber, deshalb Fragen der empirischen Überprüfung zurückzustellen: In dem Maße, in dem die analytische oder normative Ebene verlassen und die theoretischen Annahmen als empirische Gegebenheit mit praktischer Relevanz dargelegt werden, ist die Frage nach dem empirischen Gehalt zu stellen. Dabei lassen sich widersprüchliche Ergebnisse, Beobachtungen, die den theoretischen Erwartungen widersprechen, nicht einfach weginterpretieren. Diese spielen vielmehr eine konstitutive Rolle im Prozeß der Theorieentwicklung. Auch im Rahmen einer (weichen) pragmatischen Orientierung ist es daher kein Widerspruch, die Konsistenz und den empirischen Bezug von theoretischen Annahmen einzufordern: „Wir können zum Beispiel ohne Rückgriff auf 'absolute' Wahrheit prüfen, ob eine Theorie konsistenter ist als eine andere, und zwar sowohl in Hinblick auf Messungen und Beobachtungen, als auch in Hinblick auf interne Stimmigkeit" (Roth 1995: 316). Es bleibt auf jeden Fall die Möglichkeit einer im theoretischen Pluralismus begründeten konstruktiven Erkenntniskritik (vgl. Kunz 1997: 159ff.).

Damit verbindet sich eine eindeutige Präferenz für die gezielte Konfrontation unterschiedlicher Theorien, d.h. für die Anwendung einer konsequent kritizistischen Methode, und eine klare Absage an alle Versuche, die ungefragte Geltung theoretischer Konzepte zu verteidigen und gegen kritische Einwände abzusichern. Der Ergiebigkeit der Wissenschaftsphilosophie Thomas S. Kuhns (1993), nach der unterschiedliche Theorieprogramme durch Unvereinbarkeit gekennzeichnet sind, stehe ich damit genauso kritisch gegenüber, wie Versuche, kritische Theoriekritik durch den Bezug auf einen unprüfbaren „hard core" (Lakatos 1970) zu umgehen oder zu vermeiden. Zumindest besteht hier die Gefahr, jeden theoretischen Erklärungsversuch in den Rang eines unangreifbaren Forschungsprogramms zu erheben und dabei a priori - ohne weitere Prüfung - zu unterstellen, daß eine Konfrontation mit alternativen Ansätzen unmöglich ist. In diesem Rahmen kann die Revision oder Umgestaltung der theoretischen Annahmen aufgrund empirischer Befunde immer nur als eine nebensächliche Aufgabe betrachtet werden. Anomalien falsifizieren hier nicht; soweit sie überhaupt zur Kenntnis genommen werden, sind sie vernachlässigbar, weil jederzeit und ohne weitere Erklärungsanstrengungen als irrelevant zu deuten. Bestenfalls werden sie - wie es die strukturalistische Wissenschaftsphilosophie vorsieht (vgl. Sneed 1979) - aus dem intendierten Anwendungsbereich einer Theorie ausgeschlossen. Dem Ziel der (Re-) Integration der Sozialwissenschaften ist damit sicherlich nicht gedient; in Anbetracht der existenten Theorienfragmente, der großen Zahl an Einzelbefunden und ihrer Erklärung durch objekt- und situationsspezifische Hypothesen allerdings ein aus meiner Sicht wichtiges Anliegen für zukünftige Erkenntnisfortschritte in den Sozialwissenschaften. Selbstverständlich wird mit dieser Position nicht behauptet, Theorien seien schon wegen einer einzigen Abweichung oder Anomalie aufzugeben. Dies ist insbesondere dann nicht angebracht, wenn keine theoretischen Alternativen zur Verfügung stehen: Ohne einen theoretischen Entwurf wüßte man gar nicht, welchen Weg die erkenntnispraktische Arbeit überhaupt nehmen sollte und in welche Richtung nach Verbesserungen zu suchen wäre. Insofern führt die hier skizzierte Position zu einer Präferenz für die Anwendung systematischer Theorienvergleiche, nach der die Korrektur einer Theorie durch eine alternative Theorie die Leitidee jeglicher theoretischer Erkenntnisbemühungen darstellt. Mit Korrektur einer Theorie durch eine andere ist gemeint, daß letztere zeigt, daß und warum erstere im Hinblick auf empirische Messungen und Beobachtungen Inkonsistenzen aufweist (vgl. Krajewski 1977, beispielhaft in der Anwendung auf sozialwissenschaftliche Theorien zuletzt Schmid 1993 und Opp 1996b). Auf diese Weise erhalten Anomalien „falsifikatorisches Gewicht" (Schmid 1996: 236) und führen so zu konstruktiven Theorier-weiterungen oder Theorieumgestaltungen.

Trotz des naheliegenden „handlungs + theoretischen" Primats wird festge-stellt, daß die Sozialwissenschaften noch auf unzulängliche Weise hand-lungstheoretisch fundiert seien (vgl. z.B. Dearlove 1995; Dreier 1996; Gun-nell 1979). Im Hinblick auf dieses Defizit gebe ich in Abschnitt 2 zunächst eine kurze Einführung in die grundlegenden Elemente einer kognitiv-handlungstheoretischen Erklärung im Rahmen der Modellierung sozialer Prozesse. Unter Kognition verstehe ich die Gesamtheit der gedanklichen Vorgänge, die beim Menschen wahrzunehmen oder zu beobachten sind. Kognitive Repräsentationen betreffen in dieser Begrifflichkeit Wahrneh-mungs- und motivationale Prozesse, wobei eine affektspezifische Ausprä-gung ausdrücklich zugestanden wird. Der von mir vertretene Ansatz der (allgemeinen oder generalisierten) Theorie nutzenorientierten Handelns schließt - in der Perspektive der Klassiker sozialwissenschaftlichen Denkens (z.B. Adam Smith oder David Hume) - an diese Notation an und beruht in der konkreten Ausformulierung auf einer Synthese motivations-, nutzen- und lerntheoretischer Überlegungen. Im Vordergrund stehen damit Kategorien, die die Ausrichtung des handlungsleitenden Motivationsgeschehens an bestimmten Anreizen im Rahmen variierender Informationsverarbeitungs-prozesse thematisieren (zu den grundlegenden energetischen Aspekten vgl. Kunz 1997: 213ff.).

Auf dieser Grundlage lassen sich die bekannten disziplinentypischen Handlungskonzepte mit zumeist universell vertretenem Geltungsanspruch charakterisieren. Angesprochen sind die beiden traditionellen handlungs-theoretischen Ansätze in den empirischen Sozialwissenschaften, die nicht selten auch als Ausdruck eines bestimmten „Menschenbildes" betrachtet werden: homo sociologicus- und homo oeconomicus-Konzepte. Nach meiner Interpretation fassen sie die jeweils bedeutsamen handlungstheoretischen Grundannahmen zusammen; mit Bezug auf die Entwicklung im soziologi-schen und ökonomischen Denken spreche ich daher auch von der klassischen soziologischen und neoklassischen ökonomischen Handlungstheorie. Beide Ansätze werden aufgrund der Inkongruenz von Theorie und Beobachtung häufig kritisiert und sind vor dem Hintergrund der (allgemeinen) Theorie nutzenorientierten Handelns als überaus restringiert zu bezeichnen. Welche Gründe sprechen dafür, diese Ansätze im Rahmen der handlungs-theoretischen Erklärung sozialer Prozesse zu verwenden? Und wie sind diese Argumente zu beurteilen? Diese Fragen stehen im Mittelpunkt von Abschnitt 3 (sie setzen damit weitgehend die Gültigkeit der nachfolgend skizzierten

Annahmen voraus. Eine konventionalistische Verteidigung handlungstheoretischer Grundprinzipien steht deshalb aber nicht zur Debatte. Die Annahmen sind als jederzeit verbesserungs- und revisionsfähige Hypothesen formuliert). Den Antworten ist zu entnehmen, daß fast alle wesentlichen Anomalien (verstanden als empirische „Fakten", die den theoretischen Erwartungen widersprechen) der traditionellen Handlungstheorien sich aus der Vernachlässigung eines handlungsbestimmenden Bewußtseins der Akteure *über* ihr Bild der Welt ergeben.

Die Argumentation folgt damit der Überzeugung, daß Handlungserklärungen kognitiv begründet sein sollten und deshalb den Bezug auf psychologische Gesetzesannahmen voraussetzen. Damit unterstelle ich, daß die Suche nach allgemeinen Gesetzmäßigkeiten ein diskussionswürdiges Ziel der wissenschaftlichen Arbeit darstellt. Hierbei geht es selbstverständlich nicht um die Formulierung von Alleinvertretungsansprüchen. Aber unvereinbare Auffassungen sollten als solche benannt und unterschieden werden. Unvermeidlich ist daher, daß die Untersuchung mit umstrittenen, aber in den Sozialwissenschaften ernsthaft diskutierten Argumenten handelt. Sie zeigen auch, daß die Schwierigkeiten einer wirklich interdisziplinären Arbeit im handlungs- und sozialwissenschaftlichen Bereich nicht zu unterschätzen sind. Insofern wirft die vorliegende Abhandlung vielleicht mehr Fragen auf als sie zu beantworten vermag. Ich glaube aber nicht, daß dieser Sachverhalt gegen sie zu verwenden ist.

2. Handlungstheoretische Grundlagen

Als das grundlegende Modell, auf das sich handlungstheoretische Erklärungen in den Sozialwissenschaften stützen, läßt sich das S-O-R-Modell betrachten, mit dem der Mensch als ein auf Stimuli (S) reagierendes (R) offenes System (O) interpretiert wird. Diese Orientierung impliziert unter explanativen Gesichtspunkten, daß die handlungstheoretischen Vorgaben die subjektive Definition der Situation und das damit implizierte „Prinzip der kognitiven Produktion" nicht ausblenden können. Menschen können sich das Objekt in einer Situation selbst innerlich anzeigen und rekonstruieren damit soziale Bedingungen gedächtnisgestützt auf ihre eigene, subjektive, findige und nicht reflexhafte Weise (vgl. Mead 1995); in anderen Worten: Der Mensch ist zur klaren Unterbrechung einfacher S-R-Beziehungen fähig, deshalb nicht nur Objekt, sondern Subjekt und daher über die Wirkung kognitiv-intrinsischer Prinzipien selbst zu den Ursachen des Handelns zu zählen. Handeln setzt als „äußeres Tun" allerdings Handlungsmöglichkeiten, Handlungskontrolle und Handlungswissen voraus (zum Vorsatz der Handlung müssen z.B. immer noch motorische Prozesse hinzutreten) und bedarf in seiner Ableitung einer kontext-, situations-, rezipienten- und/oder adressatenbezogenen Deutung (vgl. z.B. Greve 1994: Kap. 2).

In der Perspektive des S-O-R-Modells lassen sich Menschen so verstehen, daß sie bestimmte Ziele im Rahmen sozialer, psychischer oder natürlicher Umstände verfolgen. Diese Gegebenheiten („Anreizstrukturen" oder „Anregungsbedingungen") implizieren die Einschätzung von Handlungen als geeignete Mittel zur Erreichung der Ziele bzw. die Wahrnehmung vorliegender Verfügungsbeschränkungen, die auch in den Erwartungen des sozialen Umfeldes oder in den kognitiven Restriktionen des mentalen Systems zu suchen sind (vgl. z.B. Inglehart 1997: 52: „Behavior requires both motive *and* opportunity", Hervorhebung VK). Hierbei ist zu berücksichtigen, daß sich die menschlichen Wahrnehmungen als Bedeutungszuweisungen zu an sich bedeutungsfreien neuronalen Prozessen konstituieren, d.h. menschliche Wahrnehmung ist Konstruktion und Interpretation (vgl. Roth 1995: 85ff.). Vergleichbare Reizzustände können daher zu sehr unterschiedlichen Impressionen führen, wenn z.B. variierende funktionale Bereiche des Gehirns betroffen sind. Es ist daher nicht nur die objektive Natur gegebener Ereignisse, die für die Aktivitäten der Menschen von Bedeutung ist, sondern auch die Art und Weise des internen Verarbeitungsmechanismus. Das zentrale Implikat dieser Perspektive liegt in der Anerkennung einer anthropologischen Grundkonstante, die sich als „kognitive Findigkeit" bezeichnen läßt (vgl. hierzu auch Esser 1993: 234f.; Koch 1996: 28f.; Kunz 1997: 19f.). Aufgrund dieser innovativen und oft nach abweichenden Wegen suchenden Kreativität sind die Menschen auch nicht auf bestimmte Normen oder Institutionen festgelegt.

Eine Handlungstheorie, die an diese Vorstellungen anknüpft, hat zwischen Handlungsgrundlagen und mentaler Situation klar zu unterscheiden und deshalb personenorientierte Parameter mit situationalen Komponenten integrativ zu verknüpfen, d.h. es ist eine empirische Behauptung darüber zu formulieren, daß Handeln besondere, mental repräsentierte Ziele, subjektive Mitteleinschätzungen, persönliche und situative Möglichkeiten erfordert. Darüber hinaus bedarf es noch der Formulierung einer grundsätzlichen Handlungsmaxime („Selektionsregel"), um die Handlungen eines Akteurs adäquat erklären zu können. Das hier zumeist verwendete Prinzip, das in manchen konzeptionellen Überlegungen allerdings nur implizit als versteckte Annahme enthalten ist, liegt im psychologischen Gesetz der Nutzenorientierung begründet (auch als Rationalitätsprinzip bezeichnet; dieser Begriff sollte allerdings nicht implizieren, den hier vertretenen Ansatz mit der deskriptiven oder normativen Entscheidungstheorie gleichzusetzen).

84

Damit beruht eine individualistische Erklärung sozialer Prozesse auf mindestens fünf allgemeinen Annahmen, die zugleich den Vorgaben der *klassischen* Ökonomie folgen, die ihren Analysen immer eine integrierte Theorie sozialen Handelns zugrundelegte: Erstens verfolgen Menschen mit ihren Handlungen besondere Ziele, die sie mehr oder weniger präferieren. Ziele sind konkrete angestrebte oder erwünschte Zustände innerhalb oder außerhalb eines Akteurs, die er verwirklicht sehen möchte. Dieser Aspekt wird auch als Motivation bezeichnet (kognitive Repräsentationen 1). Motivationen finden ihre Grundlage in der Verschmelzung von allgemeinen, unspezifischen Motiven als energetische Basis (wie die Wahrung der personalen Identität oder des physischen Wohlbefindens) mit kulturellen Handlungsregulationen (vgl. Hennen 1989; Franz, Herbert 1987: 41; Kunz 1997: 213ff.). Hinsichtlich der sozialen Struktur wird damit der Aspekt der Handlungsanleitung und -ermöglichung herausgestellt, wobei das Moment der sozialstrukturellen Handlungsbegrenzung nicht außer Kraft gesetzt wird: Im Zusammenspiel mit internalen Begrenzungen werden diese Variablen immer dann zu „constraints", wenn ihre Ausprägung Handeln einschränkt, d.h. Handeln unterliegt Restriktionen und erfolgt damit - zweitens - unter den Bedingungen von Interdependenzen, Knappheit und Auswahl. Auch Restriktionen sind im mentalen System repräsentiert (kognitive Repräsentationen 2). Kognitive Repräsentationen (1 + 2) sind drittens das Resultat von psycho-sozialen Kreationsprozessen und insofern Ausdruck der Findigkeit, innovativen Kreativität und Sozialität des Menschen: Kognitionen werden individuell konstruiert, vermittelt über Kommunikationshandlungen in sozialen Beziehungen gestaltet und mit anderen Akteuren geteilt. Für ihre Entstehung und Dynamik sind neben spontanen Tätigkeiten des Gehirns individuelle Lernprozesse verantwortlich, in deren Rahmen die Handlungserwartungen anderer eine wesentliche Rolle spielen. Sie begründen jedoch keinen vorprogrammierten Handlungspfad, weil aus den subjektiv erlebten Umweltbedingungen je nach individueller Situationsinterpretation und individuellem Erlebnispfad unterschiedliche kreative Antworten erfolgen (vgl. Koch 1996: 33). Inwieweit Handelnde hierbei einen tiefen Informationsverarbeitungsprozeß, gekennzeichnet durch verstärkte Reflexionsleistungen, selbsttätig „aufschalten", hängt von den Opportunitätskosten einer falschen Entscheidung, den (zeitlichen) Möglichkeiten einer sachgemäßen Reflexion sowie der Komplexität der Handlungs- und Entscheidungssituation ab (vgl. Esser 1996; Fazio 1990; Kunz 1997: 264ff.). Viertens sind die Menschen bemüht, sich ihrer in einer ständig wandelnden Umwelt zu versichern, d.h. ihre Lage zu stabilisieren, möglichst zu verbessern. Dies läßt sich auch so ausdrücken, daß Handeln unter den Bedingungen wahrgenommener und vorliegender Handlungskontrolle und vorhandenen Handlungswissens nutzenorientiert ist, wobei diese Begrifflichkeit selbstverständlich nicht zwingend ist. Es soll damit lediglich zum Ausdruck gebracht werden, daß Menschen solche Handlungen ausführen, die dazu beitragen, ihre kognitiv repräsentierten Ziele auf einem Mindestanspruchsniveau zu realisieren, und zwar unter Berücksichtigung der Handlungsbeschränkungen und -möglichkeiten, denen sie sich objektiv und gemäß ihrer mentalen Situation gegenübersehen. Ein besonderes Optimierungskalkül mit einer festgelegten Bewertungsfunktion oder einer bestimmten Ordnungstechnik bzw. eine bestimmte Art des kognitiven Prozessierens wird damit nicht unterstellt; wie und auf welche Weise die Subjekte ihr Anliegen planen und verwirklichen, ist grundsätzlich unerheblich, solange nicht die Produktion der Zielerreichung unterbrochen wird (die habitualisierte oder automatische Verwendung erfolgreicher Problemlösungen wird damit ausdrücklich *nicht* ausgeschlossen. Vielmehr handelt es sich hierbei um ein sehr effizientes Prozessieren, und der Wechsel auf ein komplexeres, aufwendigeres und mühevolleres Überlegen ist, wie gesagt, selbst eine Frage von „motivation" und „opportunity"). Und fünftens sind die Individuen regelmäßig mit den unbeabsichtigten Folgen ihres Tuns oder Unterlassens konfrontiert. Sie haben sich daher mit der im Verbund erzeugten Variation von Handlungszielen auseinanderzusetzen.

Der zuletzt genannte Punkt (5) weist auf die Bedeutung der Logik der Aggregation für eine handlungstheoretische Erklärung sozialer Prozesse hin: Die individuellen Effekte sind mit den kollektiven Explananda über sog. Transformationsregeln zu verbinden. Grundsätzlich geben Transformationsregeln an, „wann und wie bestimmte individuelle Handlungen einen bestimmten kollektiven Effekt herstellen" (Lindenberg 1977: 51). Sie erhellen insofern die Emergenz sozialer Prozesse: Kollektive Effekte können üblicherweise nicht einem Individuum zugeschrieben werden, sondern sind das Ergebnis eines Bedingungsgefüges, das, wenn man es übersieht, ein „Eigenleben" sozialer Prozesse indiziert (vgl. Coleman 1995; Kunz 1997: 32ff.). Die berechtigte Frage, inwieweit in diesem Zusammenhang eigenständige theoretische Bemühungen erforderlich sind, soll an dieser Stelle offenbleiben (vgl. hierzu die Überlegungen bei Schmid 1982).

Die für eine Analyse sozialer Prozesse zentralen individuellen Effekte ergeben sich aus den in den Punkten 1, 2, 3 und 4 genannten Aspekten. In der allgemeinsten Form lassen sie sich für die Erklärung eines konkreten Handelns zu dem Erklärungssatz komprimieren „ein Individuum I führt eine Handlung H aus, weil es ein Ziel Z hat" (vgl. Churchland 1977: 305ff.; Schmid 1996: 141f.), d.h. in einer weniger strikt formulierten Variante: Wenn (a) I Z tatsächlich hat, und Z für I in der mental repräsentierten Handlungssituation das erstrebenswerteste Ziel darstellt, und (b) I aufgrund seiner Erfahrung und Findigkeit glaubt, daß H ein Mittel (unter anderen möglichen) ist, Z direkt oder indirekt zu erreichen, und H unter den vorgegebenen und subjektiv erlebten Umständen für I als die verhältnismäßig günstigste (tauglichste und ressourcenschonendste) Alternative erscheint, um Z zu realisieren, und (c) I weiß, wie man H ausführt, und (d) I in der Lage ist, H auszuführen, dann wird (e) I H verstärkt und häufiger tun (als alternative Möglichkeiten). Mit diesem Aussagenzusammenhang ist der vorab skizzierte Gedanke, Handeln als nutzenorientierte Aktivität zu modellieren, als allgemeine sozial-kognitive Handlungstheorie formuliert.

Die Formulierung ist theoretisch, weil die Aussage „wenn (a), (b) ,(c) und (d), dann (e)" als eine allgemeine Handlungshypothese einzuschätzen ist, d.h. das Explanandum H (bzw. die relative Häufigkeit des Auftretens von H) kann mit Hilfe dieser Annahme und den Anfangsbedingungen (a) bis (d) erklärt werden, wobei (b) den Aspekt der (kreativen) Entscheidung, (c) und (d) die persönlichen und situativen Möglichkeiten repräsentieren. Insofern ist die Theorie sozial-kognitiv, weil mentale Zustände zwar als direkte Erklärungsgrößen fungieren, aber auch die u.U. notwendigen externen Ressourcen der Handlungsausführung (über die Aussage in Punkt d) berücksichtigt sind (Kontrollfaktoren nach Ajzen 1991; darüber hinaus werden Lernprozesse z.b. aufgrund kollektiver Handlungsfolgen von vornehmerein anerkannt, s.o.). Schließlich ist die Theorie allgemein, weil erstens auch indirekte Zielerreichungen über den Vollzug nachfolgender Handlungen der Logik der Handlungserklärung nicht widersprechen und zweitens der Zusammenhang zwischen Zielfindung, Mittelauswahl und Erwartungsbildung nicht vorab festlegt ist. Es gibt also insbesondere keine Verpflichtung auf die übliche Ordnungstechnik der logischen Entscheidungstheorie; nach den vorherigen Überlegungen wird die Kompexität der verwendeten Entscheidungsregeln vielmehr in Abhängigkeit motivationaler Bedingungen und vorliegender Gelegenheitsstrukturen betrachtet; d.h. die Akteure folgen solange generellen kognitiven Mustern, die als gut gespeicherte und gut passende Modelle der Situation die Ziel- und Mittelauswahl direkt implizieren, soweit es sich lohnt und die Bedingungen es entsprechend nahelegen. Darüber hinaus ist die Theorie auch deshalb allgemein, weil - drittens - der Wertebereich der handlungsleitenden Variablen nicht vorab bestimmt wird. Dieser Sachverhalt erschließt sich direkt aus dem Hinweis auf die Bedeutung der vorgegebenen und subjektiv erlebten Umstände in Punkt (b). Damit wird nicht nur herausgestellt, daß sich die Einschätzungen darüber, welche Handlungen als Mittel zur Erreichung des angestrebten Ziels möglicherweise geeignet sind, grundsätzlich vor dem Hintergrund der wahrgenommenen Handlungsbeschränkungen bzw. -möglichkeiten ausbilden, sondern sich auch die Beurteilungen darüber prinzipiell ändern können. Insofern findet an dieser Stelle das für die Erklärung gesellschaftlicher Entwicklungsprozesse zentrale Element der kreativen Findigkeit der Menschen ausdrücklich Berücksichtigung. Der kognitive Apparat ermöglicht innovative Situationsdeutungen, indem neue Erkenntnisinhalte auch bei bekannten Reizkonfigurationen konstruiert werden. Folgerichtig wird mit dem Zusatz „in der mental repräsentierten Handlungssituation" in Punkt (a) ausdrücklich die Variabilität individueller Motivationslagen zugestanden, d.h. der Ausdruck zeigt die Tatsache an, daß Personen nicht in allen Lebenslagen dieselben Ziele verfolgen, sondern durchaus sehr unterschiedliche Motivationen ihrem Handeln unterlegen können (zur Theorie der Zielbildung vgl. u.a. Inglehart 1990; Kunz 1996b; McClintock 1972). Damit soll nicht ausgeschlossen werden, daß nur bestimmte Motivationen über einen längeren Zeitraum handlungsbestimmend wirken können, wie z.B. Siegwart Lindenberg (1990a) im Rahmen seiner Framing-Theorie annimmt. Konfligierende Hintergrundziele können aber einen plötzlichen „frame-switch" bewirken (vgl. hierzu auch Kunz 1996a: 160ff.), was in Übereinstimmung mit den bisherigen Überlegungen darauf hinweist, daß eine Erklärung bestimmter Handlungsweisen nur vor dem Hintergrund der situationsspezifischen Handlungsgrundlagen der Akteure (Ziele, Ressourcen, Wissen, Theorien über die Welt, Funktionen der Alternativenordnung) erfolgen kann, die nicht notwendigerweise dem vorab gegebenen Wissensbestand auf der Beobachtungsebene des Erklärenden entsprechen müssen: In alltäglichen Handlungszusammenhängen produzieren bereits empirisch und logisch schwache Gründe des Handlungserfolges Bindung an Handlungsprogramme (eine detailliertere Darstellung der hier präferierten Handlungstheorie ist an dieser Stelle nicht möglich und für das weitere Vorgehen auch nicht zwingend erforderlich. Zur grundsätzlichen Problematik kausaler Handlungserklärungen, die hier ebenfalls nicht diskutiert werden kann, vgl. Abel 1983; Greve 1994; Groeben 1986; Hempel 1977: 191ff. sowie Dreier in diesem Band).

In dieser Form verkörpert eine mikrotheoretische Grundlegung sozialer Prozesse lediglich ein allgemeines Rahmenkonzept, das zum Zwecke konkreter Erklärungen zumindest einer Spezifizierung der Variablen Ziele, Mittel und Erwartungen bedarf. Für die inhaltliche Belegung sind in strukturell-individualistischer Perspektive „Brückenhypothesen" zu formulieren: Sie verknüpfen die Variablen der Handlungsebene mit der sozialen Realität. Unter modelltechnischen Gesichtspunkten handelt es sich um die Bestimmung des empirischen Relativs, wobei das Modell den Zugang zur Realität strukturiert. Dieser Zugang kann natürlich auch anders ausfallen (z.B. könnte man, um eine extreme Alternative zu erwähnen, von einer genetischen Fixierung menschlichen Handlens ausgehen und damit das S-O-R-Modell aufgeben).

Die empirische Übersetzung der handlungstheoretischen Konstrukte führt zu einer Modellierung der sozialen Situation. Die Situation läßt sich also erst in den Begriffen der Individual- oder Handlungstheorie einsehen. Dabei geht es um mehr, als einfache empirische Rechtfertigungen, Situationen in einer bestimmten Art und Weise zu beschreiben: Die Beschreibungen müssen mit einer motivations- und handlungstheoretischen Hypothese verknüpft werden, um so aus der Deskription eine Erklärung im Sinne der Analytischen Wissenschaftstheorie zu entwickeln. Und „only few sociologists will dispute the fact that the main objective of their discipline is explanation" (Opp 1990a: 87). Dieses Ziel dürfte insbesondere dann erreicht werden, wenn möglichst allgemeine Annahmen formuliert und empirisch überpüft werden. Dabei geht es weder um Black-Box-Erklärungen noch um die einfache statistische Generierung von Erklärungen, wie Peter Hedström und Richard Swedberg (1996) das Covering-Law-Modell und die empirische (Kausal-) Analyse kritisch kommentieren: Allgemeine Hypothesen sollen gerade den Mechanismus offenlegen, der die korrelativen Zusammenhänge in der Natur begründet, und die statistischen (Kausal-) Analysen dienen dazu, solche Vermutungen zu überprüfen. Einen entscheidenden Unterschied zwischen Akteurs- und Kausalanalysen zu postulieren, wie dies z.B. auch Siegwart Lindenberg unternimmt (1996: 126f.), halte ich daher nicht für gerechtfertigt (zumindest sollte man hier deutlich zwischen Anspruch und evt. kritikbedürftiger Praxis unterscheiden). Die Aufgabe der notwendigen „Empirisierung" der sozialkognitiven Nutzentheorie, ihre empirische Ausfüllung, wird man deshalb nicht als besonders bedenklich einschätzen, gehört doch die Erhebung der Randbedingungen zu den üblichen Voraussetzungen, um eine allgemeine Hypothese anzuwenden.

Im Hinblick auf die Diskussion über die Verwendung geeigneter handlungstheoretischer Ansätze zur Erklärung sozialer Prozesse und die korrespondierende Auseinandersetzung über problemrelevante Anomalien erscheint mir von zentraler Bedeutung, daß sich aus der direkten Verknüpfung bestimmter Brückenhypothesen mit der explizit oder implizit unterstellten Hypothese der Nutzenorientierung - z.T. unter Fixierung auf bestimmte, kognitiv voraussetzungsreiche Ordnungstechniken bezüglich der Skalierung der Handlungsalternativen - die dominanten handlungstheoretischen Leitkonzepte in den empirisch orientierten Sozialwissenschaften ergeben, an denen sich zahlreiche Arbeiten orientieren.[1] Aus der Perspektive dieser Arbeit läßt sich damit der Eindruck vertreten, daß die traditionellen sozialwissenschaftlichen Handlungstheorien auf einer Verquickung des Konzepts der allgemeinen Theorie nutzenorientierten Handelns mit empirischen Randbedingungen und speziellen Maximierungsannahmen auf Basis starker Rationalitätsvermutungen beruhen. Das besondere Problem an diesen „Hybridansätzen" (die sich

---

[1] Dieser Sachverhalt mag auf den ersten Blick überraschen: Daß auch im Rahmen traditioneller soziologischer Orientierungen mit dem Prinzip der Nutzenorientierung gearbeitet wird, wird üblicherweise nicht hervorgehoben, häufig sogar in Abrede gestellt. Vor allem Karl-Dieter Opp (1983, 1986) hat aber zahlreiche Studien überzeugend dahingehend ausgewertet, daß hier zumindest implizit diese Handlungsmaxime unterstellt wird. Die Unterschiede zu einem nutzentheoretischen Ansatz sind daher eher semantischer als tatsächlicher Natur (vgl. auch Kunz 1996a: 41ff.).

aus methodologischer Sicht auch als idealisierte Theorien auszeichnen lassen, vgl. hierzu noch Abschnitt 3, Punkt b) liegt darin, daß die eigentliche Kerntheorie, bestimmte Anfangsbedingungen und Zusatzannahmen auf eine Weise verschränkt sind, daß man sie kaum mehr auseinanderhalten kann. Daraus erklärt sich dann auch, daß in bisher unbekannten Problemsituationen schnell der Ruf nach einer neuen Handlungstheorie mit alternativen Handlungsprinzipien laut wird, anstatt auf einen allgemeinen Ansatz mit entsprechend variierten Randbedingungen zurückzugreifen.

In diesem Zusammenhang wird üblicherweise zwischen der klassischen soziologischen Handlungstheorie (KST) in der Tradition von Emile Durkheim und Talcott Parsons und der ökonomischen Handlungstheorie in der Tradition der neoklassischen Mikroökonomie (NÖT) unterschieden: „One of the most persisting cleavages in social sciences is the opposition ... between *homo oeconomicus* and *homo sociologicus*", hebt z.B. Jon Elster hervor (1989: 97; vgl. u.a. auch Brunner 1987; Dearlove 1995; Dörenbach 1982: 20; Hollis 1995: 242f.; Lindenberg 1990b: 728f.; March, Olson 1984: 740; Opp 1986). Dabei stellt insbesondere das rollentheoretisch ausgerichtete Konzept des homo sociologicus aufgrund seiner weiten Verbreitung in der Praxis der empirischen Sozialforschung gegenwärtig die zentrale Grundlage für die empirisch arbeitenden Sozialwissenschaften dar, auch wenn auf diese Orientierung nicht immer ausdrücklich verwiesen wird (vgl. Boudon 1980: 195; Joas 1991: 137; Miebach 1991: 29).[2] Dies gilt, folgt man John Dearlove (1995: 478), vor allem für die Politikwissenschaft: „When political scientists focused on individuals, they tended to think in terms of political man as sociological man". Allerdings erfährt die Dominanz der soziologischen Handlungstheorie in letzter Zeit eine gewisse Relativierung: Mit der Wiederentdeckung und fächerübergreifenden Rezeption von Adam Smith und nicht zuletzt aufgrund der präzisen Art der Konstruktion umfangreicher Struktur- und Prozeßmodelle beeinflußt das ökonomische Programm zunehmend auch

---

[2] Ich vernachlässige an dieser Stelle die Variante des Symbolischen Interaktionismus. Zwar werden damit ausdrücklich Risiko-Kontingenzen in die soziologische Handlungstheorie eingeführt, der Ansatz besteht aber kaum mehr als aus einfachen Orientierungshypothesen (z.B. daß das Handeln eine Frage „allgemeingesellschaftlicher Bedingungsfaktoren" sei; Kreuzer 1996: 254). Empirische Handlungserklärungen, verstanden als Kausalerklärungen mittels allgemeiner Gesetzmäßigkeiten, stehen hier nicht zur Debatte (vgl. hierzu auch Groeben 1986; zu einer systematischen Rekonstruktion der Theorie symbolischer Aktion vgl. Schmid 1982: 93ff.).

die Forschungspraxis außerhalb des engeren Bereichs der Wirtschaftswissenschaften.

Vor allem die KST besteht aus einer Vielzahl nicht immer logisch miteinander verbundener Hypothesen, so daß eine unmißverständliche Kennzeichnung Probleme bereitet. Bestimmte Annahmen sind aber eindeutig: Demnach sind die Kognitionen der Subjekte für Erklärungen sozialen Handelns nur insoweit von Bedeutung, wie sie mit sozialen Normen zu tun haben. Ihnen kommt deshalb auch die hauptsächliche Erklärungskraft in sozialtheoretischen Analysen zu (vgl. Dahrendorf 1977: 57; Inglehart 1990: 23; Parsons 1986: 181). „[W]e assume", beschreiben z.B. March und Olson (1984: 741), den soziologischen Ansatz in der Politikwissenschaft, „that political actors associate certain actions with certain situations by rules of appropriateness. What is appropriate for a particular person in a particular situation is defined by the political and social system and transmitted through socialization" (vgl. zur Kennzeichnung des homo sociologicus auch Boudon 1980; Dearlove 1995; Esser 1993: 231ff.; Joas 1991; Lindenberg 1990b; Opp 1986). Die Akteure wissen um die (Rollen-) Erwartungen der Gesellschaft, die im Prozeß der Sozialisierung zu einem eigenständigen Motiv werden und Sanktionen unterliegen. Das heißt in den Worten einer nutzentheoretischen Diktion: Es entstehen bei der Befolgung von Normen Nutzen bzw. bei Abweichung Kosten (wobei externe (Opportunitäts-) Kosten normorientierten Handelns nicht berücksichtigt werden). Bedeutung für die empirische Sozialanalyse erhält dieser Ansatz vor allem über die Perspektive der behavioristischen Lerntheorie und schichtspezifischen Sozialisationsforschung, die die Variationen sozialen Handelns auf klassen- und gruppenspezifische Sozialisationsbedingungen zurückführt. Ohne die implizite Annahme der Nutzenorientierung ist allerdings nicht nachzuvollziehen, warum die Individuen den kulturellen Regeln überhaupt folgen sollten. Insofern läßt sich die KST als Theorie normgeleiteten Handelns tatsächlich als eine besondere Variante der allgemeinen Theorie nutzenorientierten Handelns interpretieren, in die sehr spezielle Präferenzen und Anreizbedingungen eingeführt werden. Dabei wird die Konformität zu Rollen und Erwartungen größtenteils mit der Vorstellung einer fraglosen Konstitution der gedanklichen Modelle verknüpft; explizite Aussagen zur Art der Informationsverabeitung und insbesondere zu den Möglichkeiten einer streng kalkulierenden (Non-) Konformität sind allerdings kaum anzutreffen.

Die „rationale" Unterbrechung vorgegebener Handlungssequenzen im Rahmen konkreter Fall-zu-Fall-Abwägungen ist das zentrale Thema der ökonomische Theorie (NÖT). Die genaue Kalkulation von Erwartungen und Bewertungen in jeder Handlungs- und Entscheidungssituation zeichnet diesen Ansatz aus. Das zugrundegelegte Kalkül beinhaltet regelmäßig eine komplexe und mathematisch eindeutige Ordnungsfunktion, nach der die Subjekte üblicherweise dem formalen Modell der Maximierung des Erwartungsnutzens nach John von Neumann und Oskar Morgenstern (1947) folgen bzw. das mathematisch feststellbare Maximum finden, bei dem der marginale Nutzen den marginalen Kosten entspricht. Darüber hinaus ist die Anreizstruktur individuellen Handelns auf harte oder materielle Anreize (wie Geld oder Strafen) fixiert und die Frage nach den individuellen Motivationen, ihrer Varianz und Dynamik, weitgehend zurückgestellt; „de gustibus non est disputandum" lautet die bekannte Losung, d.h. es wird ausschließlich eine vom Wandel sozialer Arrangements unabhängige, auf persönliche, insbesondere materielle Eigeninteressen ausgerichtete und stabile Präferenzenstruktur betrachtet (vgl. zur Kennzeichnung des homo oeconomicus auch Brennan, Lomasky 1993; Dearlove 1995; Diekmann 1996; Latsis 1972; Lindenberg 1996; Tietzel 1985). Damit wird ausdrücklich von der „Vielfalt der Ziele" des einzelnen und „die Komplexität seiner Motive", die sein Handeln leiten, abstrahiert (Downs 1968: 7, auch 26). Menschen erscheinen insofern als Opportunisten, bemüht um kurzfristige Vorteilskalkulation, „interest seeking with guile", und dies nicht nur aus analytischen Gründen, sondern es handelt sich offensichtlich und - aus Sicht der erklärenden Sozialwissenschaften - sinnvollerweise um realistisch interpretierte Grundpositionen (Williamson 1985: 51). Motivationsinduktionen aufgrund der Variation institutioneller Arrangements spielen daher im Rahmen der NÖT als eine Theorie opportunistischen Handelns ebenfalls keine Rolle: „Wenn veränderte Reaktionsmuster feststellbar sind, ist eine Erklärung mit dem Verweis, die Präferenzen hätten sich geändert, wenig aufschlußreich", gilt bis heute als eine der Standardannahmen der neoklassischen Ökonomie (Suchanek 1994: 117, mit zutreffendem Bezug auf Becker, 1993: 12, und Kirchgässner, 1991: 39). Unter praxisrelevanten, insbesondere steuerungstheoretischen Gesichtspunkten impliziert ein solches Handlungsmodell den folgenreichen Schluß, „that constraints may be manipulated without shifting preferences", wie Bruno S. Frey (1994: 349) treffend feststellt. Eine solche Position ergibt sich auch aus einer spezifischen Modellierung der individuellen Informationslagen, wie sie aus der soziologischen Variante bekannt ist (vgl. Esser 1993: 238; Hollis 1995: 83; Tietzel 1985: 11ff.; Witt 1987: 159): Mitunter werden nur sichere Erwartungen betrachtet, üblicherweise geht man davon aus, daß die subjektiven Erwartungen nur zufällig um die objektiven Wahrscheinlichkeiten bzw. die entsprechenden relativen Häufigkeiten variieren. Die Erwartungsbildung wird damit im Rahmen der NÖT als ein rein wahrscheinlichkeitstheoretisches und nicht als wahrnehmungstheoretisches Problem verstanden. Weil es keine wesentlichen Informationsunsicherheiten gibt und die jeweiligen Handlungsentscheidungen unabhängig voneinander getroffen werden, ist eine konsistente Optimierung auf Grundlage elaborierter Ordnungstechniken möglich, d.h. die Handlungsabfolge ist im Rahmen einer kognitiv größtmöglich kontrollierten Maximierung eindeutig vordefiniert: Menschen wählen immer die objektiv beste Alternative.

Mit der Ausbreitung der ökonomischen Perspektive auf außerökonomische Sachverhalte wurde die so definierte Nutzenfunktion je nach Handlungsbereich variiert, wobei ihre transindividuelle Generalisierung nicht aufgegeben wird (vgl. hierzu z.B. die ökonomische Theorie der Politik bei Downs 1968; die Theorie kollektiven Handelns bei Olson 1968; die Unternehmenstheorie bzw. ihre Rekonstruktion bei Latsis 1972): der Unternehmer strebt nach Gewinn, der Konsument nach Versorgung mit privaten Gütern, der Politiker nach Stimmen, der Wahlbürger nach Versorgung mit öffentlichen Gütern usw. Hier trifft sich die ökonomische mit der soziologischen Theorie: Die Motivation des Handelnden erscheint als rollengebunden und daher invariant und immer nur auf bestimmte Elemente der Handlungssituation fixiert. So läßt sich als zentrale Frage der ökonomischen Theorie formulieren: Wie sind „ohne

Kenntnis individueller Motivkonstellationen ... empirisch gehaltvolle Mikroaussagen ab(zu)leiten?" (Zintl 1990: 274). Aber dies erscheint auch als Ziel der soziologischen Variante.

In der aktuellen Forschungspraxis werden die Annahmen mitunter etwas gelockert und das Bemühen um einen verbesserten Ausbau der Konzepte ist nicht zu übersehen. Zentrale Annahmen sind - mit bisher nicht durchschlagenden Ausnahmen - allerdings nicht revidiert worden: Fast allen Variationen und Anstrengungen gemeinsam ist eine weitgehende Vernachlässigung der für die Erklärung gesellschaftlichen Wandels entscheidenden Umweltflexibilität bzw. kognitiven Findigkeit der Menschen (vgl. aber Joas 1992; Koch 1996; Lindenberg 1990b), u.a. begründet in einer ungebrochen favorisierten externalistischen Sichtweise, die auf die Messung der kognitiven Variablen, häufig unter Rekurs auf eine instrumentalistische Modellanalytik, verzichtet (Einzelheiten in Abschnitt 3). Nur ausnahmsweise wird daher die Varianz der Modusselektion bezüglich des kognitiven Prozessierens thematisiert. Dies trifft besonders auf die ökonomische Theorie zu, die trotz aller formulierten Bedenken (z.B. Kirman 1992) die Aggregationslogik vor allem über das „repräsentative Individuum" Marshalls betreibt (vgl. hierzu Stoker 1993: 1829), damit auf der Mikroebene die Heterogenität der Akteure im sozialen Zusammenhang explizit ausblendet, auch in einer weniger restriktiv formulierten Variante Handeln unter Bezug auf konstante Bewertungsfunktionen und aufwendige Ordnungstechniken in erster Linie in Abhängigkeit „harter", objektiv gegebener Restriktionen betrachtet und die Erklärung mittels varianter Präferenzen oder psychischer Anreize zurückweist (vgl. Homann 1997; Kirchgässner 1991; Pies 1993; Suchanek 1994). Dies gilt den meisten Vertretern des ökonomischen Programms als zentrales Kennzeichen ihres Vorgehens (als Ausnahme vgl. insbesondere die Arbeiten von Karl-Dieter Opp und seinen Mitarbeitern, z.B. Opp et al. 1984). Restriktionsorientierung, stabile, geordnete und von institutionellen Wandlungsprozessen unabhängige Bewertungen, eindeutige Optimierung nach mathematischen Modellen von vorgegebenen bzw. angebotenen Alternativen sind daher als die Grundpfeiler der Neoklassik und damit als die grundlegenden und aktuellen Eigenschaften des homo oeconomicus anzuerkennen, deren Variation bisher nur selten Eingang in ökonomische Arbeiten gefunden hat. Entsprechend hat Gary S. Becker (1993: 4) kurz und knapp die ökonomische Theorie neoklassischer Provenienz wie folgt gekennzeichnet: „Die Annahme nutzenmaximierenden Verhaltens, des Marktgleichgewichts und der Präferenzstabilität - strikt und ohne Einschränkung angewandt - machen zusammen den Kern des ökonomischen Ansatzes aus". Der hier mitunter anzutreffende Vorwurf, es werde mit solchen Darstellungen lediglich ein Strohmann konstruiert, entbehrt daher der Grundlage und überspielt nachgerade, daß die orthodoxe Entscheidungstheorie noch einen Schritt über das Beckersche Programm hinausgeht, das noch die Benthamsche Idee der Lustorientierung enthält, und sich darauf verlegt, motivationale Komponenten aus ihren Annahmen grundsätzlich auszuschließen und damit den zentralen Gedanken, Handeln als motivational gesteuerten Prozeß zu modellieren, aufzugeben (vgl. hierzu Sen 1977; Spohn 1994 sowie Kunz 1996a). Mit einem solchen Vorgehen wird jeder „Voluntarismus" aus der ökonomischen Theorie ausgeschaltet; die meisten der in Abschnitt 3 diskutierten Argumente treffen daher auch auf diese und die liberalisierten Varianten des homo oeconomicus zu; eine kritische Betrachtung der vorliegenden Überlegungen sollte sich daher auch mit diesen Argumenten auseinandersetzen.

Auch speziellere Theorieentwicklungen in neuerer Zeit haben an den grundlegenen Modellannahmen wenig geändert, vielmehr kann man hier sogar von einer Perfektionierung des neoklassischen homo oeconomicus sprechen (vgl. auch Sturm 1995: 24ff.; Gschwendter 1993: 301f.): Die in fortgeschrittenen Modellen übliche Annahme einer intertemporalen Maximierung über den Lebenshorizont eines Individuum bzw. Unternehmens hinweg impliziert nachgerade die Vervollkommnung eines mathematischen Apperates, der dem Durchschnittsmenschen, auf dessen Handeln die neoklassische Theorie so sehr rekurriert, kaum verfügbar sein dürfte. Rationale Erwartungen, wie sie die gleichnamige einflußreiche Theorie postuliert (vgl. Muth 1961; Lucas 1972; Barro 1981), setzen u.a. voraus, daß die Wirtschaftssubjekte das korrekte Modell der Realität kennen und allen relevanten Informationen die ökonomisch richtige Bedeutung zuweisen. Auf ähnliche Weise - sieht man von einigen wenigen weiterführenden Arbeiten ab - hat man es in spieltheoretischen Anwendungen, wie sie sich in den Wirtschafts- und Politikwissenschaften zunehmend durchsetzen, in erster Linie mit logischen Folgerungsbeziehungen aus Modellannahmen zu tun, die mit den Ergebnissen kognitions- und verhaltenswissenschaftlicher Untersuchungen nur schwer zu vereinbaren sind (vgl. hierzu Kliemt 1996). Schließlich dominiert in institutionenökonomischen Ansätzen, die zwar in die herrschende ökonomische Lehre nicht ohne weiteres zu integrieren sind (vgl. Feldmann 1995), die einschlägige Diskussion aber zweifellos bereichert haben (vgl. als Überblick Richter 1994), bezüglich der sozialen Struktur eindeutig das Moment der Handlungsbegrenzung. Der wesentliche Aspekt der sozialstrukturellen Handlungsanleitung bleibt außen vor. Soziale Normen finden so zwar Berücksichtigung, aber sie werden einseitig als Restriktionen (vgl. z.B. Kirchgässner 1991: 34) und nicht in ihrer Funktion der Ermöglichung von Handlungsorientierungen betrachtet (eine wesentliche Ausnahme bilden hier die Überlegungen Colemans, 1995, zur Bedeutung des verfügbaren Sozialkapitals). Der neoklassische Ansatz gerät daher auch in seiner „milden" Version in wesentliche Schwierigkeiten, den Regelfall gesellschaftlicher Kooperationszustände und ihre Dynamik zu erklären. Es sei aber nochmals betont, daß selbstverständlich nicht alle Ökonomen die skizzierten Vorstellungen teilen. Dies gilt insbesondere für die Vertreter der „behavioral" bzw. „psychological economics" oder der „social economics", an deren handlungstheoretisches Programm ich hier u.a. anknüpfe (vgl. z.B. Earl, Hg. 1988; Etzioni 1994; Hirschman 1984; Katona 1977; Koch 1996; Simon 1993).

Der Hinweis ist an dieser Stelle noch angebracht, daß bezüglich der externalistischen Orientierung die empirischen Ansätze in Politikwissenschaft und Soziologie im Rahmen der Werte- und Einstellungsforschung auf den ersten Blick eine besondere Ausnahme darstellen, insoweit sie sich mit der Erklärung individueller Handlungsweisen beschäftigen. Ihnen fehlt in der Regel allerdings eine ausformulierte handlungstheoretische Basis. Soweit diese rekonstruiert werden kann, erscheinen diese Ansätze aufgrund ihrer sozialisationstheoretischen Orientierung häufig als besondere Varianten des homo sociologicus-Modells. Sie enthalten daher kaum systematische Überlegungen zur handlungsleitenden Bedeutung relativer Preise. Und ähnlich wie beim homo oeconomicus wird eine besondere Findigkeit nicht angenommen, da die

Akteure nur eine geringe Kompetenz besitzen, in neuartigen Situationen auf eine von gruppenspezifischen Lerngeschichten unabhängige Weise zu reagieren.

Beide Handlungskonzepte (KST, NÖT) werden in ihren verschiedenen Varianten aufgrund zahlreicher Inkongruenzen von Theorie und Beobachtung häufig kritisiert, wobei bemerkenswert ist, daß sich die Kritik nur selten auf eine generelle Theorie stützt. Weil sich aber ohne einen theoretischen Zugang die Wirklichkeit nicht erschließt, erscheint es insofern zunächst einmal sehr verständlich, daß trotz der zahlreichen kritischen Stimmen beide Ansätze weiterhin Verwendung finden. Daher ist ausdrücklich zuzugestehen, daß hier wesentliche Beiträge zu einem Verständnis sozialer Prozesse geleistet wurden. Die Ausweitung und Intensivierung der kritischen Kommentare bedeutet aber auch, daß über die Reichweite der zur Diskussion gestellten Anomalien verstärkt nachgedacht werden sollte und das Ziel, eine wirklich integrative Theorie zu formulieren (wie dies Hans Lenk seit Jahren fordert, z.B. 1975: 138ff.) größere Aufmerksamkeit verdient hat.

Die übliche Kritik betrifft neben Widersprüchen in den Konklusionen, die sich im Rahmen konkreter Anwendungsfälle ergeben, zwangsläufig auch den empirischen Gehalt der Prämissen. Hierbei werden - legt man die Perspektive der allgemeinen Theorie nutzenorientierten Handelns zugrunde - sowohl die traditionellen Brückenannahmen bezüglich der Spezifikation der handlungsleitenden Variablen (z.B. die Annahmen zur Motivation der Individuen) als auch die formale Ordnungsfunktion bezüglich der Alternativenselektion in der ökonomischen Handlungstheorie in Frage gestellt. Mitunter wird in diesem Zusammenhang die Nutzenorientierung des Handelns grundsätzlich bezweifelt. Hier sollte aber die bereits mehrfach herausgestellte Annahme berücksichtigt werden, daß mit der Regel der Nutzenorientierung nicht nur das Maximieren nach dem Grenzkosten-/ Grenznutzenkalkül bzw. dem formalen Modell des Erwartungsnutzens (nach von Neumann, Morgenstern) vereinbar ist.[3] Ein solches Mißverständnis liegt m.E. allerdings nahe, weil

---

[3] Nach den zuvor skizzierten Annahmen impliziert die sozial-kognitive Nutzentheorie lediglich, daß eine subjektiv erkannte Handlungsalternative, die vor dem Hintergrund der individuellen Handlungsgrundlagen als geeignet erscheint, auch realisiert wird. Rationalität wird damit lediglich im Sinne einer motivational begründeten Verknüpfung von mentaler Situation und Handlungsergebnis unterstellt, wobei die Tiefe der Informationsverarbeitung selbst in Abhängigkeit kognitiver Bedingungen und Gelegenheitsstrukturen betrachtet wird. Es ist wichtig, hier im Auge zu behalten, daß die entsprechenden Variationen keine Differenzen in den individuellen Präferenzen implizieren.

die Anwendung beider Hybridkonzepte letztlich auf einer contra-kognitiven Position beruht, die ihre methodologische Grundlegung - und dies erscheint mir im Hinblick auf ein Verständnis des Vorgehens nunmehr von zentraler Bedeutung - in den handlungstheoretischen Überlegungen Karl R. Poppers findet (ich verdanke diesen Hinweis insbes. den Arbeiten von Michael Schmid, vgl. die Edition von Schmid 1996).

Popper begründete das skizzierte Vorgehen, nach dem die eigentliche Erklärungslast in Handlungserklärungen Elemente des Handlungskontextes und nicht psychische Faktoren tragen, im Prinzip der situationslogischen Erklärung. Handlungen werden demnach in erster Linie durch die „situational logic" bzw. die „logic of the situation" (Popper 1962: 247) bestimmt. In dieser Perspektive können die homo oeconomicus- und sociologicus-Varianten als spezifische Anwendungen einer „situations-analytischen Sozialwissenschaft" (ebenda) gelten; sie akzentuieren jeweils bestimmte Aspekte der Handlungssituation, deren Bewältigung die Akteure zu leisten haben. Das Implikat dieser Position liegt in der methodogischen Regel, die Popper (z.B. 1961: 141f.) als „Methode der logischen und rationalen Rekonstruktion" bzw. „Zero-Methode" bezeichnet hat und deren zentrales Anliegen darin besteht, ohne besonderen Rekurs auf individuelle Motivationslagen und ohne wirkliche Kenntnis individueller Dispositionen faktisches Handeln zu erklären. Akteure neigen nach dieser Vorstellung durchgehend dazu, situationsangemessen zu handeln, sich kontinuierlich an die jeweilige Handlungssituation bzw. die mit ihr korrespondierenden „constraints" anzupassen, wobei die Sichtweise des wohlinformierten externen Beobachters die Perspektive vorgibt und begründet. Daraus ergibt sich beinahe zwingend die Aufgabe der sozialwissenschaftlichen Forschung, diejenigen Elemente der Handlungssituation zu bestimmen, nach denen das beobachtete Handeln der Akteure zu ihrer Situation paßt und damit in dem jeweils vordefinierten Sinn als rational verstanden werden kann (vgl. Popper 1992: 114f.). Die empirischen Anstrengungen können und sollten sich deshalb auf die „objektiven" Situationsfaktoren beschränken; „die psychologischen Momente [werden] prinzipiell ausgeschaltet und durch objektive Situationselemente ersetzt" (Popper 1962: 247; das Vorgehen wird von ihm deshalb auch als „objektiv-verstehende Methode" bezeichnet; ebenda: 246). Diese Vorstellung korrespondiert mit dem „Prinzip des Handelns" nach William Dray (1957; vgl. Hempel 1977: 199ff.) und entspricht - dies ist nochmals hervorzuheben - inhaltlich der Annahme vollständiger Information, zumindest im probabilistischen Sinn, nach der zwischen dem internen Bild, das sich die Akteure von ihrer Situation machen und den tatsächlichen Gegebenheiten jederzeit eine vollständige Entsprechung vorliegt.

Die Implikationen dieses Vorgehens sind offensichtlich: Die subjektiven Kognitionen der Akteure werden mit bestimmten Aspekten der Handlungssituation fest verknüpft, ohne diese Verbindung als faktische oder empirische Frage zu behandeln, und das Nutzenprinzip wird in den Rang einer methodologischen Regel der Situationsrekonstruktion erhoben und nicht als empirisches Handlungsgesetz betrachtet. Ohne an dieser Stelle eine umfassende Beurteilung leisten zu können oder die pragmatisch begründeten Vorteile der „Methode der rationalen Rekonstruktion" zu verwerfen, es dürfte kaum einer Diskussion bedürfen, daß dieses Vorgehen im klaren Widerspruch zu einer kritizistischen Position steht, die von der grundsätzlichen Widerlegbarkeit theoretischer Annahmen ausgeht. Damit sind die Poppersche Situationslogik und die (zumeist implizit) daran anknüpfenden ökonomischen und soziologischen Ansätze durch dogmatische, kritikimmunisierende Voraussetzungen gekennzeichnet, die mit einer erfahrungswissenschaftlichen Grundlegung der Erklärung sozialer Prozesse - gerade von Popper ansonsten immer wieder angemahnt (z.B. 1984) -. kaum vereinbar sind. Will man dennoch im Rahmen einer erfahrungswissenschaftlich begründeten Handlungswissenschaft bleiben und die Möglichkeit handlungstheoretischer *Erklärungen* nicht von vorneherein ausschließen, ist man in Anbetracht der facettenreichen Anomaliendiskussion auf Ausweichargumentationen angewiesen, über deren Berechtigung im nachfolgenden Abschnitt zu diskutieren ist.

3. Strategien und Argumente zur Rechtfertigung der Anwendung traditioneller Handlungstheorien

Man kann sich zumindest fragen, weshalb die skizzierten soziologischen und ökonomischen Handlungskonzepte (KST, NÖT) so dauerhaft vertreten werden und den Schutz anerkannter Disziplinen finden. Abgesehen von inhaltlichen Interessen, dürfte dies, wie bereits angemerkt, in vielen Fällen darauf zurückzuführen sein, daß sich die Anomaliendiskussion nur selten auf eine generelle Theorie bezieht und aus den kritischen Kommentaren auch kaum die Konsequenz gezogen wird, ein neues Handlungskonzept zu entwickeln (dies gilt insbesondere für die soziologische Diskussion). Unter diesen Bedingungen muß jede Kritik mit großen Vorbehalten zu betrachten sein und wird vollkommen zu Recht nicht die Aufgabe vorliegender theoretischer Bemühungen bewirken. Weil hier aber eine allgemeine Theorie sozialen Handelns - wenn auch in nur sehr rudimentärer Form - skizziert wurde, erscheint es angemessen, sich - aus kritizistischer Sicht - mit den Argumentationsstrategien auseinanderzusetzen, die die Anwendung der traditionellen soziologischen und ökonomischen Handlungstheorien auch über die einfache situationslogische Wendung hinaus grundsätzlich begründen sollen.

Nach meiner Einschätzung sind die in diesem Zusammenhang vorliegenden Argumente im einzelnen vielfältiger Art. Sie legen eine erhebliche Relativierung der in der Anomaliendiskussion vorgebrachten Kritik nahe und lassen sich grob in Aussagen mit empirischer, methodischer und methodologischer Diktion einteilen (vgl. Abbildung 1; mit dieser Typisierung wird keine Vollständigkeit beansprucht. Zu weiteren Argumenten und auch widersprechenden Positionen vgl. die Beiträge des vorliegenden Bandes. Zu einigen Punkten vgl. auch Opp 1993: 208ff.). Zu den empirischen Argumenten, die die anwendungsbezogene Kritik z.T. direkt in Frage stellen, gehört die Vorstellung, daß die in den Hybridkonzepten verwendeten Prädiktoren für eine Handlungserklärung grundsätzlich ausreichen oder im Zweifelsfall über bestimmte evolutionstheoretische Annahmen (zumindst für ausgewählte Analysekontexte) hinreichend gut begründet sind. Unter methodischen Aspekten wird auf die schwere Meßbarkeit „weicher" Variablen (wie psychische Dissonanz) verwiesen oder behauptet, Präferenzen lassen sich nicht unabhängig von Handlungen erfassen. Damit hängt der methodologisch orientierte Vorwurf zusammen, wenn keine Einschränkung des Wertebereichs der Erklärungsvariablen erfolge, erhalte die Handlungserklärung einen tautologischen Charakter. In diesem Zusammenhang wird ebenfalls kritisch angemerkt, daß der Bezug auf eine allgemeine kognitive Handlungstheorie sozialwissenschaftlichen Erkenntnisinteressen nicht gerecht werden würde. Darüber hinaus seien Fehler bei einer Erklärung grundsätzlich nicht zu vermeiden und daher eine instrumentalistische Wissenschaftsorientierung für das Erkenntnisinteresse sowieso als ausreichend zu betrachten. Schließlich, so ein weiteres hier zu behandelndes Argument in empirischer Diktion, sei dies auch gar nicht weiter problematisch, da die Logik der Aggregation im Rahmen einer Erklärung sozialer Prozesse fehlerhafte (Mikro-) Annahmen prinzipiell ausgleiche.[4]

---

[4]   Die nachfolgenden Abschnitte führen die in Abbildung 1 genannten Punkte aus argumentativen Gründen in leicht abgewandelter Reihenfolge ein. Ich möchte an dieser Stelle nochmals hervorheben, daß im folgenden ausschließlich die Diskussion der Verwendungsweisen bestimmter Argumente im Mittelpunkt steht. Es geht mir insbesondere um die Fragwürdigkeit vorliegender Problemlösungen im Hinblick auf kritizistisch angeleitete Erklärungsversuche (verstanden als im Sinne der Analytischen Wissenschaftstheorie adäquate Kausalerklärungen mittels allgemeiner Gesetzmäßigkeiten). Aber Kritik ist mitunter einfach zu formulieren. Es soll daher weder ein Forschungsprogramm abgewertet werden (z.B. wären ohne die Arbeiten zum sog. Hobbesschen Ordnungsproblem zentrale sozialtheoretische Fragen vielleicht gar nicht erkannt worden) noch wird die Bedeutung und Scharfsinnigkeit der zitierten Autoren in Frage gestellt. Ich schätze und bewundere ihre Werke nachdrücklich; die z.T. etwas scharf formulierte Kritik sollte daher nicht als Mißachtung oder überheblich mißverstanden werden.

Rechtfertigungen für die Anwendung der traditionellen Handlungstheorien (KST, NÖT)	=> Anomalien ...
in empirischer Diktion	
(1) ausschließliche Relevanz bestimmter Variablenausprägungen	... spielen keine Rolle
(2) bestimmte Annahmen sind (zumindest für besondere Kontexte) evolutionstheoretisch hinreichend gut begründet	... sind nicht existent oder lösen sich auf
(3) die Logik der Aggregation wirkt ausgleichend	... heben sich auf
in methodischer Diktion	
(4) schwere Meßbarkeit „weicher" Variablen	... sind nicht feststellbar
in methodologischer Diktion	
(5) ohne Einschränkung des Wertebereichs der Erklärungsvariablen wird die Handlungserklärung analytisch wahr	... sind in Kauf zu nehmen
(6) der Bezug auf eine allgemeine kognitive Handlungstheorie und ihre Explikation vernachlässigt sozialwissenschaftliche Erkenntnisinteressen	... sind nicht von Interesse
(7) Fehler sind bei einer Erklärung nicht zu vermeiden. Eine instrumentalistische Orientierung genügt daher dem Erkenntnisinteresse	... sind notwendigerweise gegeben

Abbildung 1: Argumente für die Anwendung der KST und NÖT und ihre
Implikationen für die Anomaliendiskussion

Während mit dem ersten Punkt die Inkongruenz von Theorie und Beobachtung zumindest implizit bestritten wird, läßt sich je nach Schwerpunktsetzung aus den übrigen Argumenten schließen, die widersprüchlichen Beobachtungen seien entweder von vorneherein unerheblich oder bestimmte Anomalien seien im Rahmen einer handlungstheoretischen Erklärung sozialer Prozesse grundsätzlich nicht zu vermeiden und/oder würden sich von selbst auflösen. Unter empirisch-erklärenden Gesichtspunkten wird man diese Schlußfolgerungen zumindest kritisch betrachten. Es lohnt sich daher, die einzelnen Argumente auf Gehalt und Aussagekraft zu prüfen. Was spricht für die Anwendung der KST oder der NÖT? Sind die genannten Gründe für eine Erklärung sozialer Prozesse *im Sinne einer kritizistischen Orientierung* tragfähig? Eine Beschäftigung mit diesen Fragen ist vor allem deshalb von Bedeutung, weil die Mehrzahl der Argumente (insbes. 3, 4, 5, 7) die Position impliziert, die Existenz von „Fakten", die den theoretischen Annahmen widersprechen, sei nicht nur als eine wenig erstaunliche Tatsache zu betrachten, sondern auch kaum behebbar. Insofern werden die Mängel zwar erkannt, aber bewußt wird auf ihre Korrektur verzichtet, d.h.

Anomalien bieten keinen Anlaß, die KST oder NÖT als Erklärungsansätze menschlichen Handelns ernsthaft in Frage zu stellen.

(a) Die verwendeten Prädiktoren reichen für eine Handlungserklärung grundsätzlich aus.

Die Annahmen der soziologischen Handlungstheorie gemäß den Prämissen des homo sociologicus-Konzepts setzt man in der Perspektive einer schichtspezifischen Sozialisationstheorie in empirischen Untersuchungen häufig dahingehend um, Handeln aus Sozialstrukturvariablen (wie Alter oder soziale Schicht) zu erklären. Die einschlägigen Meßvariablen sind Repräsentanten der sozialen Umwelt, Indikatoren des Kontextes, in dem die Akteure sozialisiert wurden, in dem sie agieren, und - so die theoretische Vorstellung - in dem sie die handlungswirksamen Attitüden umfassend gelernt haben. Dagegen wird im Rahmen der (neoklassischen) ökonomischen Handlungstheorie behauptet, materielle oder harte Anreize würden unter Zugrundlegung einer komplexen Ordnungsfunktion ausreichen, die Aktivitäten der Handlungssubjekte zu modellieren und soziale Prozesse korrekt zu prognostizieren.

Abstrahiert man zunächst von konkreten Implikationen lassen sich diese Aussagen unter empirischen Gesichtspunkten - und jeder Sachverhalt wird hier auch als „an assertion about the world" (Stigler, Becker 1977: 76; vgl. auch Becker 1993: 3f.) oder eine Beschreibung dessen, „was in der Gesellschaft tatsächlich geschieht" (Downs 1968: 31) gedeutet - in dreifacher Hinsicht interpretieren: (a) Bis auf Zufallsschwankungen wird die gesamte Varianz des Explanandums durch die jeweilige Theorie erklärt. (b) Dabei beruhen die nachgewiesenen Zusammenhänge nicht auf Scheinkorrelationen. (c) Die Varianz der endogenen Variablen wird zwar nur zum Teil gebunden, aber die einbezogenen unabhängigen Variablen sind mit anderen Prädiktoren nicht korreliert, so daß die empirischen Parameter unverzerrt sind. Anomalien spielen deshalb für die Ergebnisinterpretation auch keine Rolle.

Bei den Sätzen (a), (b) und (c) handelt es sich offensichtlich um empirische Hypothesen und damit prinzipiell widerlegbare Behauptungen: Sobald die Begriffe bestimmt sind, gibt es „objektive" Daten hinsichtlich ihrer Aussagekraft, die sich aus entsprechenden Messungen und Beobachtungen ergeben. Es läßt sich daher grundsätzlich im Einzelfall prüfen, ob z.B. auch nichtmaterielle Anreize im Rahmen der traditionellen ökonomischen Modellierung sozialer Prozesse einen systematischen Erklärungsbeitrag leisten oder Koeffizientenschätzungen für materielle Anreize unverzerrt lassen. Wenn beispielsweise letzteres nicht der Fall ist, dann ist der Einbezug weiterer Motivationsdimensionen Garant einer adäquaten Erklärung sozialer Prozesse im Sinne der Analytischen Wissenschaftstheorie und in dieser Hinsicht weder trickreich noch erkenntnispraktisch unfruchtbar, insbesondere wenn man den Ansatz der allgemeinen Theorie nutzenorientierten Handelns zugrundelegt (vgl. i.d.S. auch Kliemt 1996: 100; Riker 1995: 37; Simon 1995: 55). Dies kann sich natürlich anders darstellen - und ist hier unbestritten -, wenn man eine alternative wissenschaftstheoretische Position als die hier vertretene teilt (siehe hierzu noch Punkt f). Soweit man dieser aber folgt, wird man über den kritischen Gehalt der üblichen Annahmen schwerlich hinwegsehen können.

Dies betrifft bezüglich der NÖT vor allem die generell unterstellte Komplexität der Informationsverarbeitung, die im Alltagshandeln eher den Ausnahme- als den Regelfall darstellen dürfte (vgl. Beach 1990). Daher ist a priori auch nicht von der Annahme auszugehen, daß die Realität korrekt wahrgenommen wird oder daß sich Fehlperzeptionen den objektiven Gegebenheiten angleichen (vgl. hierzu Boudon 1989: 186ff.; von Hayek 1967: 43ff., 1978: 35ff.). Vielmehr begrenzen die mangelnden Lernkapazitäten der Menschen jede umfassende „Objektivierung" ihrer Handlungslagen. Die Akteure sind daher - unabhängig vom Motivationsproblem (vgl. Fazio 1990) - weit davon entfernt, das Handeln der Mitakteure zielsicher zu erkennen, noch können sie ausgeklügelte Handlungsstrategien in der notwendigen Komplexität permanent entwickeln und dauerhaft mit den variierenden Parametern ihrer Handlungssituation in Übereinstimmung bringen (vgl. Dörenbach 1982).

Darüber hinaus ist die Konzentration der NÖT auf harte Anreize selbst in vielen Fällen der traditionellen Theorieanwendung eher fraglich: Solche Variablen, wie sie z.B. in der ökonomischen Theorie großer Gruppen als Bedingungsfaktoren individueller Teilnahme herausgestellt werden, spielen gerade im Rahmen kollektiven Handelns häufig kaum eine Rolle (vgl. Opp, Roehl 1990; Opp, Voß, Gern 1993), wirken oftmals in Interaktionen mit weichen Anreizen (vgl. Kunz 1997: 209f.) oder können von vorneherein mit diesen korreliert sein (z.B. wenn finanzielle Anreize für umweltgerechtes Handeln aufgrund veränderter sozialer Normen in einer Gesellschaft implementiert werden: Dann sind es auch die Normen, die umweltgerechtes Handeln motivieren, und die u.U. hohe Korrelation zwischen der Höhe der finanziellen Anreize und umweltgerechtem Handeln wäre zu einem großen Teil lediglich eine Scheinkorrelation). Der hier übliche Verweis, daß „häufig unnötigerweise eine Veränderung in den Präferenzen bemüht [wird], wenn Veränderungen in den Restriktionen und/oder im Informationsstand der Individuen völlig ausreichen, um Veränderungen im Verhalten zu erklären" (Kirchgässner 1991: 40) übergeht also den hier entscheidenden Sachverhalt, wenn es um eine adäquate Erklärung (und nicht nur um die Beschreibung einer partiell korrekten Situationslogik) geht. Daher ist die Berücksichtigung von Motivationsvariationen, die sich z.b. aus dem Wertewandel in westlichen Industrienationen ergeben, auch kein Problem, das im Hinblick auf die Komplexität der Modellbildung zu behandeln wäre, sondern in erster Linie eine Frage einer befriedigenden und praxisrelevanten Erklärung. So würde der homo oeconomicus aufgrund der mit dem Gefangenen-Dilemma verbundenen Problematik sich auch dann nicht am Umweltschutz beteiligen, wenn sichergestellt wäre, daß andere dies tun. Er ist in der Dominanzlogik gefangen und deshalb sind auch Regeln, die die Überwindung der Dilemmastrukturen ermöglichen, nicht implementierbar, wenn an der NÖT als sozialtheoretische Erkenntnisgrundlage festgehalten wird. Daher werden die aus der neoklassischen Theorie abgeleiteten Maßnahmen zur Veränderung der Anreizstrukturen umweltgerechten Handelns (Umweltabgaben, Emissionszertifikate, etc.) auch keine Implementations- und Durchsetzungschance im politischen Prozeß haben, wenn nicht weite Teile der Bevölkerung zugleich über ein kognitiv stark verankertes Umweltbewußtsein verfügen (vgl. Diekmann 1996: 114). Darüber hinaus erscheint es nicht nur im experimentellen, sondern auch und gerade im ökonomischen Kontext unmittelbar einsichtig, daß sich Veränderungen im gesellschaftlichen Umfeld auch auf die individuellen Nutzenfunktionen auswirken können (vgl. z.B. die Bedingungen auf dem Arbeitsmarkt oder die Ergebnisse der angewandten Mikroökonomie moderner Prägung, wie Werbung und Marketing). Und weil solche Hinweise das grundsätzliche Funktionieren sozialer und demokratischer Institutionen betreffen, handelt es sich bei derartigen Problemen keineswegs um ungewöhnliche Spezialfälle für die Anwendung der NÖT (die Heftigkeit in der Reaktion auf kritische Kommentare und Verbesserungsvorschläge wirkt daher eher befremdend und dürfte wohl auch darin begründet liegen, daß die neoklassische Theorie sich hier an einer Stelle getroffen fühlt, an der sie sich immer schon als schwach empfand. Vgl. hierzu auch den Kommentar von Gary S. Becker, 1993: 3, daß Ökonomen deshalb Präferenzen aus der Erklärung sozialer Prozesse ausschließen, weil sie davon nichts verstehen würden).

Allerdings weist das Beispiel individuellen Umwelthandelns auch darauf hin, daß für das konkrete Handeln der Akteure nicht nur kulturelle Normen bedeutsam sind, wie es die Annahmen der KST nahelegen würden. Entsprechend eignen sich sozialstrukturelle Variablen insgesamt nur ungenügend zur Prognose individueller Handlungen; die Varianzaufklärung der soziologischen Standardmodelle fällt in der Regel eher gering aus (und dies nicht erst in neueren Untersuchungen. Schon frühzeitig wurde von einem „Scherbenhaufen" der schichtspezifischen Sozialisationsforschung gesprochen; vgl.

Abrahams, Sommerkorn 1976: 85). Damit zeichnet sich die Bedeutsamkeit einer multifaktoriellen Theorie sozialen Handelns ab, innerhalb derer die Variablen der KST und NÖT einige Faktoren unter vielen sind. Gleichwohl begründet die bisherige Kritik lediglich eine akademische Diskussion, wenn die Behauptungen zutreffen, daß erstens bestimmte Kognitionen gar nicht unabhängig von den Handlungen meßbar sind und - zweitens - zumindest für bestimmte Analysekontexte die Problematisierung der jeweiligen Prämissen nur von untergeordneter Bedeutung ist. Vor allem in der (neoklassischen) Ökonomie verweist man auf diesen Aspekt und rechtfertigt die entsprechenden Annahmen u.a. mit der Wirksamkeit eines Darwinschen Überlebensmechanismus im freien Wettbewerb. Hierauf geht zunächst der folgende Abschnitt ein (zur Meßproblematik siehe Punkt c).

(b) *Die (Brücken- und Rationalitäts-) Annahmen sind (zumindest für*
    bestimmte Analysekontexte) evolutionstheoretisch hinreichend
    gut begründet.

Die NÖT und - weil sie als nutzenbasierte Theorie auszuzeichnen ist - auch die KST lassen sich in einer entgegenkommenden Interpretation und im Hinblick auf die Annahmen der sozial-kognitiven Nutzentheorie als „idealisierte" Ansätze kennzeichnen (nach Krajewski 1977; vgl. hierzu auch Schmid 1996: 250ff.). Das heißt in anderen Worten: Die generalisierte Theorie nutzenorientierten Handelns weist beide Ansätze als eine Idealisierung aus, indem sie explizit auf die Wirksamkeit von Faktoren aufmerksam macht, die die ökonomischen und soziologischen Konzepte bei der Erklärung oder Prognose von Handlungsereignissen voraussetzen. Für die KST läßt sich dieser Sachverhalt analog zu den Überlegungen von Karl-Dieter Opp (1986: 18ff.) rekonstruieren, wobei mit der allgemeinen Theorie nutzenorientierten Handelns auf einfache Weise zu zeigen ist, daß eine Vielzahl alternativer Bedingungskonstellationen vorstellbar sind, unter denen Normbefolgung möglich und damit auch ihre Dynamik in gesellschaftlichen Produktionszusammenhängen erklärbar ist.

Aufgrund der größeren Präzision der Annahmen erschließt sich die Idealisierung der NÖT noch eindeutiger: Die Ausprägung individueller Handlungsweisen läßt sich mit diesem Ansatz erklären, wenn ein Akteur seine Handlungsentscheidungen unabhängig voneinander und ohne Einfluß von Referenzpunkten trifft, dabei über alle entscheidungsrelevanten Informationen verfügt, diese aufgrund persönlicher Kompetenzen und situativer Gegebenheiten sachgemäß verarbeiten kann *und* hierfür auch motiviert ist. Unter diesen Bedingungen kommt es zu einer „rationalen" Durchdringung der

Situation mit optimierenden Entscheidungen, wie sie die NÖT annimt. Darüber hinaus werden nur sehr spezielle Präferenzen und Restriktionen als handlungsleitende Prädiktoren in Betracht gezogen. Folgt man den bisherigen Überlegungen, dürfte dieser Aussagenzusammenhang als widerlegt betrachtet werden, wenn man ihn als einen allgemeinen sozialwissenschaftlicher Ansatz interpretiert. Hiervon könnte man allerdings absehen und den Anwendungsbereich der Theorie einschränken, d.h. auf die selektive Wirksamkeit der genannten Kausalfaktoren in verschiedenartigen Kontexten verweisen und auf diese Weise die erklärungsrelevante Situationslogik bestimmen (vgl. hierzu Stinchcombe 1991: 375ff.). Ein solcher Schritt wirkt vor allem dann überzeugend, wenn zugleich Informationen darüber gegeben werden, warum dies der Fall ist, d.h. die Einschränkungen in der Erklärungstauglichkeit sollten theoretisch begründet sein.

Einen solchen, methodologisch vorteilhaften Weg verfolgt man in Teilen der (neoklassischen) Ökonomie, indem eine von (neo-)darwinistischen Überlegungen geprägte evolutionstheoretische Position eingeführt wird. In dieser Perspektive zeigt erst die Anwendung des homo oeconomicus-Konzepts auf Analysekontexte mit einem hohen, eindeutigen und für alle Akteure bekannten Handlungsdruck Erklärungsrelevanz: Der im freien Wettbewerb erzeugte situative Druck aufgrund anonymer Interdependenzen impliziert die Wirksamkeit invarianter (opportunistischer) Motivationslagen im Rahmen einer sachgerechten Reflexion, insbesondere eindeutig maximierender Selektionen nach dem Grenzkosten-/ Grenznutzenkalkül (Latsis, 1972: 211, spricht deshalb auch von „single exit", „straightjacket situations" oder „situational determinism"; vgl. hierzu z.B. auch March, Olson 1984: 740). Zeigen sich widersprüchliche Beobachtungen, die sich aus der Anwendung des homo oeconomicus auf alternative Situationen, in denen der Selektionsdruck nicht wirkt, ergeben, sind diese praktisch nicht existent; der Ansatz wird hier von vornehrein als nicht bedeutsam eingeschätzt. Anomalien, die sich in anwendungsrelevanten Situationen zeigen, werden auf längere Sicht im Prozeß der Selektion aufgrund mangelnder Wettbewerbs- und Durchsetzungsfähigkeit aufgelöst, d.h. es überleben lediglich die im Durchschnitt bestangepaßten Akteure (im vorab definierten Sinn).

Das Kalkül der egoistisch zentrierten Maximierung gilt seit Darwin gemeinhin als allgemeine Überlebensbedingung in natürlichen Situationen und damit als Kennzeichen des Evolutionsprozesses (zu den Grundlagen der „synthetischen" biologischen Evolutionstheorie vgl. Mayr, Provine 1980). In der Perspektive einer kontextgesteuerten Modellbildung erscheint es naheliegend, diesen Gedanken vor allem auf den wirtschaftlichen Bereich zu übertragen (vgl. Alchian 1950; Friedman 1953: 3ff.): Der nicht-gewinnmaximierende Marktteilnehmer scheidet aufgrund einer 'natural selection' aus dem Wirtschaftsprozeß aus (Friedman 1953: 22). Es überleben und expandieren nur diejenigen Akteure (insbesondere Unternehmen), die ihren Gewinn perfekt maximieren bzw. so entscheiden, als ob sie auf diese Weise vorgehen würden (siehe zu dieser Methodologie noch Punkt f). Auf längere Sicht verdrängen sie daher alle abweichenden Handlungsweisen vom Markt.

Eine solche Argumentation wirkt allerdings nur dann überzeugend, wenn die Voraussetzungen, unter denen argumentiert wird, zutreffend sind. Für den vorliegenden Zusammenhang erscheinen zumindest einige kritische Hinweise angebracht. Zunächst einmal stellt sich die Frage, mit welchem Bedeutungsgehalt die Perspektive einer „längeren Sicht" verknüpft ist. Die Spezifikation dürfte maßgeblich über den empirischen Gehalt der Selektionsthese entscheiden. Darüber hinaus mag es zwar richtig sein, daß die Akteure immer die Option haben, sich als streng maximierende Opportunisten zu verhalten. Und wenn Konkurrenzprozesse tatsächlich keine diskretionären Spielräume bieten - wie etwa im Bereich vollkommener Märkte - können solche Annahmen durchaus plausibel erscheinen. Weil sich aber Konkurrenz im empirischen Marktzusammenhang bisher durchweg als unvollständig erwiesen hat, eine gegenteilige Annahme noch nicht einmal „annähernd" erfüllt wäre (keine vollkommene Markttransparenz, Produkte und Faktoren sind nicht homogen sowie nur begrenzt mobil, Konkurrenzwirtschaft als „organizational economy": Simon 1991; Swedberg 1994) und Anpassungen immer Zeit kosten, gibt es Spielräume, deren Verwertung erklärungsrelevant wird, wobei die Stärke der Selektionsmechanismen in anderen Bereichen, z.B. auf dem politischen Markt, erst Recht zur Disposition steht. Bei solchen Verhältnissen kann sicher nicht nur von der „rational" kalkulierten Anpassung an „objektiv" bestehende „constraints" mit der Folge der Gleichförmigkeit des Bestangepaßten gesprochen werden (zumal der für evolutionstheoretische Ableitungen zentrale Generationsbegriff hier keine eindeutige Bestimmung erfährt. Üblicherweise reicht es daher in zahlreichen Branchen auch aus, im Sinne des Prinzips der Nutzenorientierung auf Dauer „lediglich" positive Gewinne zu erwirtschaften, vgl. Machlup 1967: 18. Darüber hinaus kann in keiner Weise erklärt werden, weshalb neue Akteure wie neugegründete Firmen in den Markt eintreten. Zur grundlegenden und ausführlichen Kritik am neodarwinistischen Ansatz in der Ökonomie vgl. Rosenberg 1992: 152ff.; Witt 1987: 77ff.).

Verbale und nonverbale Kommunikationsformen begründen die Replikationsbasis gesellschaftlicher Evolutionsphänomene, keine materielle, sondern eine immaterielle Speicherung der produktionsrelevanten Informationen leitet den wie auch immer gearteten Reproduktionsvorgang (vgl. Schnabl 1990), und deshalb bestimmen immer auch „selektionsneutrale" Variablen den Prozeß der ökonomischen und gesellschaftlichen Entwicklung. „Viele Ziele, die zunächst dem Überleben dienen", schreibt Karl R. Popper (1973: 280), „können sich später verselbständigen, ja dem Überleben abträglich werden. ... Andere Ziele sind vielleicht von Anfang an selbständige Abweichungen, die mit dem Ziel des Überlebens nichts zu tun haben". Daher sind immer auch indirekte und unbeabsichtige Nebenfolgen und Rückwirkungen sozialen Handelns mitzudenken, deren Bedeutung aber gerade in evolutionstheoretischen Überlegungen regelmäßig zu kurz kommt (vgl. Büschges 1990: 54f.). Kognitionstheoretisch gewendet heißt dies im Anschluß an die grundlegenden Überlegungen in Abschnitt 2, daß Menschen nicht auf bestimmte Institutionen festgelegt sind, sie sind vielmehr findig und kreativ, sie erfinden Alternativkonzepte des Überlebens in zahlreichen Varianten. Vor diesem Hintergrund läßt sich das zentrale Problem des neoklassischen Programms in allen seinen Varianten klar erkennen: Die Subjekte haben zwar ein Bild von der Welt, aber dieses ist festgeschrieben und fixiert, denn sie haben kein Bewußtsein über ihr Bild der Welt. Sobald aber die in dieser Hinsicht definierte Autonomie der Subjekte über kognitiv-intrinsische Prinzipien ihrer Organisation begründet ist, können ihr Handlungsrepertoire, ihre -absichten, -pläne und -realisationen nicht mehr nur über externe Einflüsse erklärt werden (dies ist ein grundsätzlicher Kritikpunkt, aber es ist die Kritik an einer im Neodarwinismus gespiegelten Neoklassik, die diesen Aspekt besonders anschaulich hervortreten läßt). Damit soll nicht behauptet werden, daß ein evolutionstheoretischer Ansatz kein geeigneter Weg der Wirtschafts- und Gesellschaftsanalyse sei. Aber es erscheint unverzichtbar, gegenüber der synthetischen Evolutionsbiologie ein eigenständiges sozialtheoretisches Konzept zu verwenden. Insbesondere die Arbeiten von Witt (1987) und Koch (1996) zeigen, daß der Ansatz einer „evolutorischen Ökonomik" dann Bedeutung erlangt, wenn er eine umfassende kognitions- und verhaltenswissenschaftliche Grundlegung erhält (was mit dem Ansatz einer „empirischen Ökonomik" vergleichbar ist: Kunz 1996a).

Ohne eine breite kognitions- und verhaltenswissenschaftliche Fundierung kommt die evolutionstheoretische Perspektive der Neoklassik nicht über eine metaphorische Geltung hinaus, die zwar per analogiam - aufgrund einiger vordergründiger struktureller Isomorphien - dem besseren Verständnis dienen mag, aber keinen explanativen Wert besitzt (vgl. unter methodologischen Gesichtspunkten auch Snidal 1986). Aber man muß die Neoklassik in Schutz nehmen, wenn man berücksichtigt, daß selbst in der evolutionsbiologischen Diskussion umstritten ist, inwieweit die neodarwinistische Perspektive die Erklärung der hier interessierenden Sachverhalte trägt: Die Vielzahl an partiellen evolutionstheoretischen Ansätzen, die heftig diskutierte Frage nach dem Subjekt der Evolution oder die substantielle Kritik am darwinistischen Adaptionsbegriff zeigen dies in aller Deutlichkeit. Die Idee des „survival of the fittest" als Erklärung für die Richtung der biologischen Evolution wird daher selbst in der Biologie häufig überbetont (vgl. hierzu

Gould, Lewontin 1979; Futuyma 1990; Simon 1990; Wake, Roth, Wake 1983). Nach dieser sich auf breiter Front formierenden Kritik am orthodoxen Neodarwinismus steht das traditionelle Schema einer Selektion, die von außen Änderungen bei den Akteuren bzw. Organismen erzwingt und diese zu einer Anpassung an die sie umgebende Welt treibt, zunehmend in Frage. Und weil hier noch vieles kontrovers ist, das Selektionsprinzip bestenfalls nur eine Teilerklärung des Evolutionsphänomens darstellt, sollte diese Position als generelles Programm einer Rechtfertigung handlungstheoretischer Grundannahmen mit großer Vorsicht betrachtet werden.

Akzeptiert man das empirische Anliegen, läßt sich die Analogiebildung der Neoklassik zur Theorie der natürlichen Auslese grundsätzlich in Frage stellen (vgl. ausführlich Rosenberg 1985). Es handelt sich auf den zweiten Blick nicht um einen theoretischen Aussagenzusammenhang im Sinne der Analytischen Wissenschaftstheorie; lediglich ein Grundprinzip wird benannt, das unter dem Stichwort „survival of the fittest" zusammengefaßt ist, d.h. bei unterschiedlichen Reproduktionsraten überleben diejenigen Elemente oder Subjekte mit der größten Fitness. Aber die einzige Möglichkeit, Fitness zu messen, besteht in der Angabe der Reproduktionsraten. Die Idee eines lediglich analytischen Beschreibungsmodells ist damit offensichtlich: Der Bauplan, der das Überleben sichert, sichert das Überleben. Auch aus diesem Grund dürfte das Bemühen, mit Hilfe einer neodarwinistischen Orientierung das Vertrauen in die handlungstheoretischen Grundannahmen des neoklassischen Programms zu rechtfertigen, in der Regel mit Vorbehalten zu betrachten sein. Eine allgemeine kontextgesteuerte Anwendung steht zumindest vor dem Problem, daß sich die maximierenden Kalküle unter den Bedingungen von Unsicherheit in ansonsten identischen Zwangslagen sehr unterschiedlich darstellen können. Die Anomalien des homo oeconomicus erscheinen daher von grundsätzlicher Bedeutung und sollten Anlaß zu einer Reformulierung der Annahmen geben.

(c) Kognitive Variablen sind nicht oder nur mit einem übermäßigen Aufwand und großer Unzuverlässigkeit meßbar.

Die bisher formulierten Einwände sind implizit unter der Voraussetzung empirischer Lösungsmöglichkeiten formuliert worden. Eine solche Position ist allerdings umstritten: Es wird ausdrücklich auf die Nicht-Meßbarkeit oder nur mit einem sehr hohen Aufwand und großer Fehleranfälligkeit mögliche Erhebung kognitiver Variablen verwiesen. Daher sei die Einschränkung des Wertebereichs der Prädiktoren bezüglich „objektiver" Situationsmerkmale und damit die (jeweils präferierte) Anwendung der Hybridkonzepte gerechtfertigt. Für die Anomaliendiskussion impliziert diese Position, daß sich die Existenz der Anomalien aus forschungspraktischen Gründen nicht vermeiden, u.U. empirisch erst gar nicht feststellen und möglicherweise von vorneherein mit Vorbehalten betrachten läßt: Anomalien sind Beobachtungen, die den theoretischen Erwartungen nicht entsprechen. Bedeutung bekommen solche „Fakten" aber erst, wenn Wissenschaftler die entsprechenden Meßinstrumente anerkennen und Vertrauen in den gesamten Meß- und Untersuchungsapperat bekommen haben. Und genau dieses steht hier zur Disposition.

So wird die in der NÖT auch in ihren etwas „weicheren" Varianten grundsätzlich enthaltene Invarianzannahme der Präferenzen und die Beschränkung auf harte Anreize ausdrücklich mit dem übermäßigen Ressourcenaufwand und den Schwierigkeiten einer direkten Nutzen- und Präferenzenmessung bzw. der Erhebung „weicher" Anreize begründet (vgl. Braun, Franzen 1995: 234f.; Kirchgässner 1991: 26; Olson 1968: 60, Anm. 17; Suchanek 1994: 112). Die Methodologie situationslogischer Analysen erscheint damit erhebungstechnisch begründet, „[d]enn beobachtet und empirisch erhoben werden meist nur Merkmale der Handlungssituation, wohingegen kognitive und motivationale Verhaltensdeterminanten oft aus beobachtbarem Verhalten abgeleitet werden, da sie direkter empirischer Erfassung nur schwer zugänglich sind" (Wippler 1994: 339). In diesem Sinn rechtfertigt man auch die sozialstrukturelle Variante des homo sociologicus in der empirischen Forschung mit der notorischen Unzuverlässigkeit, die der Erhebung kognitiver Variablen durch Umfragen immanent sei: „Reports of attitudes are notoriously fugitive, unreliable, and difficult to compare across respondents", merken z.B. Henry E. Brady, Sidney Verba und Kay Lehman Schlozman an (1995: 271). Daher beschränkt man sich in der Forschungspraxis auf den Einbezug von Variablen für Handlungsprognosen, die - nach Meinung der Autoren - auf der Beobachtungsebene „objektiv feststellbar" seien und unterstellt den Akteuren einen in dieser Hinsicht umfassenden und korrekten Informationsstand. Damit wird im Rahmen der Makro-Mikro-Relation aufgrund forschungspraktischer Erwägungen die Begrenzungen einer „lokalen" Rationalität, d.h. die subjektive Wahrnehmung und die Definition der Situation *durch* die Akteure, übersprungen.

Abgesehen von dem Umstand, daß der Tatbestand einer Meßproblematik den Schluß nicht rechtfertigen kann, über die Dynamik der Präferenzenbildung und die Variabilität individueller Situationsdeutungen ließe sich nicht theoretisieren, sind die Schwierigkeiten bei der Datenerhebung nicht von der Hand zu weisen. Dies gilt vor allem für die empirische Anwendung der NÖT: Die Bestimmung des Erwartungsnutzens nach der Methode von John von Neumann und Oskar Morgenstern (1947), die bis heute das dominante Modell im ökonomischen Denken darstellt, ist außerordentlich aufwendig und nicht nur in der nicht-experimentellen Forschung schwer zu verwirklichen: „There can be no question that it is extremely difficult to determine a person's utility function even under the most ideal and idealized experimental conditions" (Luce, Raiffa 1957: 36). Darüber hinaus beruht dieser Ansatz auf einer konfundierten Messung von Risikoeinstellung und zugeschriebenem Wert der Attribute und läßt eine Integration intrinsischer Motivation, die in der Handlung selbst begründet liegt, nicht zu.

Warum also in der Perspektive der sozial-kognitiven Nutzentheorie nicht auf das in vielen Untersuchungen bewährte Instrumentarium der empirischen Sozialforschung zurückgreifen? Hier stehen umfangreiche, in vielen Untersuchungen erprobte und nach Maßgabe des derzeitigen Kenntnisstandes verläßliche Datenerhebungsmethoden und Skalierungstechniken zur Verfügung, die zur direkten Messung subjektiver Kognitionen geeignet sind bzw. explizit hierfür entwickelt wurden und der andauernden Verbesserung unterliegen (vgl. z.B. Borg, Mohler, Hg. 1994; Kelle, Hg. 1995; Krebs, Schmidt, Hg. 1993). Damit soll die kognitiv-intrinsische Begrenzung einer kausalanalytisch orientierten Sozial- und Handlungswissenschaft keinesfalls bestritten werden; im Gegenteil: Sie ist wie jede empirische Wissenschaft eine Beschreibung von Phänomenen der Wirklichkeit, die an die Bedingungen dieser Wirklichkeit gebunden ist und daher einen Teil von ihr bildet. Aber dies kann nicht implizieren, daß die theoretischen Aussagen nicht ihrer Konsistenz hinsichtlich der empirischen Daten zu versichern wären. Die (wiederholte) Beobachtung des Verhaltens von Meßinstrumenten kann zumindest für eine bestimmte Zeitspanne Gültigkeit herstellen, so daß erklärungskräftige, intersubjektiv akzeptierte Aussagen über individuelle Handlungsparameter grundsätzlich möglich sind. Eine Ablehnung insbesondere der Umfrageforschung erscheint vor diesem Hintergrund nicht angemessen und auch wenig hilfreich (vgl. i.d.S. auch Campbell 1981: 12).

Selbstverständlich wird damit nicht behauptet, daß Befragungen die einzige Möglichkeit der Datenerhebung darstellen; aber es bestehen gerade in diesem Rahmen vielversprechende Möglichkeiten, das schwierige Problem der empirischen Verbindung von Ereignissen auf der Makroebene mit dem subjektiv wahrgenommenen Handlungsspielraum anzugehen (vgl. z.B. Opp, Voß, Gern 1993). Deshalb impliziert der Rekurs auf die Umfrageforschung auch nicht, daß man sich hier lediglich auf den Test sehr einfacher Hypothesen beschränken muß (wie z.B. Diekmann 1996: 96 andeutet). Darüber hinaus lassen sich Einstellungsdaten schnell aufbereiten. Sie stehen daher beispielsweise eher für eine ökonomische Prognose zur Verfügung als Daten der volkswirtschaftlichen Gesamtrechnung. Zudem dürfte die Reliabilität der Messungen „objektiver" Situationsmerkmale in vielen Fällen nicht unkritischer sein als diejenige der in Befragungen erhobenen Variablen (vgl. u.a. Größen wie Einkommen, Arbeitslosigkeit, Erwerbstätige nach Branchen; siehe hierzu z.B. Kunz 1991).

(d) Ohne eine Einschränkung des Wertebereichs der Erklärungsvariablen wird die Handlungserklärung analytisch (wahr).

Eines der am häufigsten zitierten Standardargumente insbesondere für die Anwendung der NÖT liegt in dem Verweis, wenn keine Beschränkung der Motivations- und Anreizstruktur erfolge, werde die Handlungserklärung tautologisch: „The subjectivist version ... tend to make rational choice tautological" (Vanberg 1993: 95; vgl. z.B. auch Grafstein 1995: 65; Kirchgässner 1991: 39, 59, 158f.; Pies 1993: 99). Einschränkungen des Wertebereichs der Erklärungsvariablen erweisen sich daher methodologisch als notwendig; dabei sind - so läßt sich folgern - u.U. auch widersprüchliche „Fakten" in Kauf zu nehmen.

Gegenüber diesen Ansichten, die zu weiten Teilen die Debatte zum berühmten Wahlparadox in der ökonomischen Politiktheorie begründen (vgl. hierzu auch die Beiträge von Gsänger und Mensch in diesem Band), läßt sich in zweifacher Weise argumentieren: Zum einen steht das rein situationslogische Vorgehen ebenfalls unter Tautologieverdacht, wenn nach dem Erklärungsmuster verfahren wird, eine Handlung habe einen bestimmten Anpassungswert, weil sie offensichtlich einen solchen habe. Zum zweiten ist einzuwenden, daß allein die Möglichkeit, beliebige Präferenz- und Anreizmuster für die Handlungserklärung zu verwenden, nicht notwendigerweise die Analytizität des Aussagenzusammenhangs implizieren muß. Eine Tautologie liegt nur dann vor, wenn z.B. eine altruistische Präferenz ex post per definitionem angenommen wird, wenn jemand eine altruistische Handlung ausgeführt hat. Dieser Satz ist analytisch wahr und somit keiner empirischen Beurteilung zugänglich. Die Analytizität wird aufgegeben, wenn die Annahme der altruistischen Präferenz empirisch geprüft wird (vgl. auch Abel 1983: 160; Mooney Marini 1992: 29; Opp 1979: 83; Snidal 1986: 41).

Es wäre tatsächlich verfehlt, in einem ersten Schritt von den beobachteten Handlungen auf die individuellen Motivationen zurückzuschließen, und die unterstellte Motivationsstruktur in einem zweiten Schritt als Erklärungsargument für die jeweiligen Handlungsweisen einzusetzen. Die „revealed-preference"-Strategie in der Ökonomie, die den Schluß von den Handlungen auf die Ziele voraussetzt, kann daher kein ernsthafter Kandidat für einen empirischen Erklärungsversuch sein (vgl. bereits Sen 1973: 258). Desgleichen gilt für Versuche, konkrete Handlungspräferenzen aus allgemeinen menschlichen Zielen ausschließlich logisch-deduktiv abzuleiten (vgl. Lindenberg 1990a, 1996 mit Bezug auf Gary S. Beckers Arbeiten zur „New Home

Economics"). Für Untersuchungsfragen, die sich auf konkrete Handlungszusammenhänge beziehen, kann auch dieser Ansatz empirische Analysen nicht ersetzen (vgl. Kelle, Lüdemann 1995; Kunz 1997: 247), zumal das von Lindenberg formulierte Konzept der Produktionsfunktionen unvollständig wird, wenn in die Beschreibung der Nutzenallokation Aussagen über den Produktionsprozeß selbst eingehen. Für eine Erklärung individuellen Handelns auf Basis der Nutzenhypothese, die diesen Namen verdient, läßt sich eine unabhängige Spezifikation der individuellen Variablen nicht umgehen. Allerdings ist ein solcher Vorschlag sinnlos, wenn man gar nicht daran interessiert ist, die Menge von Variablen zu spezifizieren, die als motivierende Faktoren bei der Erklärung vorliegender Handlungsvariationen angesehen werden können. Dies ist das besondere Thema der Punkte (e) und (f).

(e) Die Anwendung einer kognitiven Handlungstheorie vernachlässigt sozialwissenschaftliche Erkenntnisinteressen.

Mit diesem Argument wird erstens behauptet, daß ein allgemeiner Ansatz grundsätzlich nichts dazu beitragen würde, die sozialwissenschaftliche Forschung anzuleiten. Darüber hinaus würde - zweitens - ein explizit kognitiver Ansatz lediglich psychologische Interessen bedienen. Entsprechende Anomalien können daher auch nur von untergeordneter Bedeutung sein.
    Zum ersten Punkt wurde in Abschnitt 2 bereits das Wesentliche gesagt. Ich erinnere hier nur an die Differenz von konkreten Randbedingungen und allgemeinen Gesetzesaussagen, die immer von spezifischen gesellschaftlichen Bedingungen abstrahieren. Der zweite Punkt erscheint daher von größerer Bedeutung: Vor allem Vertreter der soziologischen Perspektive kritisieren gegenüber der Anwendung eines primär kognitiven Ansatzes die Vernachlässigung sozialstruktureller Variablen, obwohl diese Größen einen direkten Einfluß auf das Handelns ausüben würden (vgl. z.B. Westle 1994: 165). Ähnlich argumentiert man im Rahmen ökonomischer Begründungszusammenhänge, daß eine den Anomalien der NÖT Rechnung tragende Psychologisierung an den sozialwissenschaftlichen Erkenntnisinteressen, die ihr Primat auf der kollektiven Ebene haben, vorbeigehe (vgl. hierzu z.B. Gillessen, Mühlau 1994). Aber auch diese Positionen sind aus mehreren Gründen zu relativieren.
1. Man kann sich des Eindrucks kaum erwehren, daß die Selbstbegrenzung der neoklassischen Nutzentheorie zwar der wissenschaftlichen Arbeitsteilung entgegenkommt, aber dabei auf einer mechanistischen Psychologie aufbaut, wie sie vielleicht einmal betrieben wurde: „Traditional economics might be more accurately described as 'economics with mechanistic psychology' rather than as 'economics without psychology'" (Katona 1977: 6; vgl. auch Kirsch 1995). Insofern kann eine Öffnung traditionel-

111

len ökonomischen Denkens für moderne psychologische Theorien durchaus von Vorteil sein, wie auch konkrete Beispiele zeigen (vgl. Frey 1994; Frey, Bohnet 1995; Koch 1996; Kunz 1996a: 149ff., 167ff.). Latsis (1972: 229) hat diesen Aspekt bereits frühzeitig zum Ausdruck gebracht: „The adopation of antipsychologism as a heuristic canon is not only unneccessary but, by restricting permissible types of explanatory generalisation, may halt progress in microeconomics" (genau an diese Position knüpfen die Arbeiten der psychologischen Verhaltensökonomie an; vgl. u.a. Earl, Hg. 1988; Katona 1977; Simon 1993).

2. Die von Vertretern der soziologischen Theorie eingeforderten sozialstrukturellen Bestimmungsgrößen individuellen Handelns wirken sich in erster Linie indirekt über die kognitiven Repräsentationen auf die Handlungsvariationen aus. Die Praxis der Sozialforschung entspricht insofern einer Erklärung mit impliziten Hypothesen, die deshalb kritisiert werden kann, weil beliebige implizite Erklärungen für das Auftreten eines Explanandums gegeben werden können (vgl. Stegmüller 1983: 144ff.). Selbst hohe Korrelationen schließen daher nicht unbedingt ein Verständnis der Mechanismen ein, die dies bewerkstelligt haben. Außerdem übersieht man möglicherweise bestehende empirische Abhängigkeiten: Wenn bestimmte Einstellungen mit den Sozialstrukturmerkmalen nur rudimentär zusammenhängen, so dürfte man aufgrund einer geringen Korrelation zwischen Sozialstruktur und bestimmten Handlungsweisen nicht behaupten, es gebe keinen Zusammenhang zwischen diesen Einstellungen und den Handlungen.

Der dominante Anti-Psychologismus in den Handlungstheorien ökonomischer und soziologischer Provenienz kann sich allerdings unter den Schutz angesehener Philosophen stellen und insbesondere auf die Popperschen Empfehlungen zur Logik sozialwissenschaftlicher Erklärungen berufen (z.B. 1992: 114f., vgl. Abschnitt 2). Nutzenorientierung oder Rationalität bestimmt sich hier ausschließlich als „Beobachterbegriff" (Schmid 1996: 180), als eine Art Interpretationsraster, das lediglich dazu dient, die Handlungssituation der relevanten Akteure zu rekonstruieren, so daß ihr Handeln als problemadäquat erscheint. Es geht also gerade nicht um eine psychologische Theorie menschlichen Handelns, denn die tatsächlichen kognitiven Faktoren der handelnden Individuen stehen nicht zur Debatte. Eine solche Position befindet sich nicht nur in einem etwas merkwürdigen Kontrast zu den ansonsten von Popper (1984) vertretenen Ansprüchen an die Erklärungslogik, sondern ist auch inhaltlich kaum nachzuvollziehen, weil der situationslogische Ansatz kognitive Variablen wie Handlungsziele, Definitionsleistungen oder Mitteleinschätzungen direkt impliziert. Allerdings werden diese Variablen von Popper der „situational logic" zugerechnet (vgl. z.B. Popper 1962: 246) und er übergeht - wie insbesondere Michael Schmid (1996) ausführlich gezeigt hat - über ihre begriffliche Bestimmung die kausale Erklärungskraft dieser Faktoren für menschliches Handeln (dies ist m.E. auf eine Fehleinschätzung moderner psychologischer Theorien durch Popper zurückzuführen). Damit steht die kognitiv-handlungstheoretische Perspektive in direktem Kontrast zum Betrieb einer situations-analytischen Sozialwissenschaft.

(f) Fehler sind bei einer Erklärung nicht zu vermeiden. Eine
instrumentalistische Orientierung genügt daher dem Erkenntnisinteresse.

Die Verwendung der soziologischen und ökonomischen Handlungstheorien und überhaupt von offensichtlich empirisch inkonsistenten Annahmen in der Forschungspraxis läßt sich auch auf die Position zurückführen, daß man in der Wissenschaft sowieso nur mit abstrakten und deshalb unrealistischen Annahmen arbeite und auch nur arbeiten könne. Eine Inkongruenz von Theorie und Beobachtung sei daher *notwendigerweise* hinzunehmen. Die Folge ist die Hinwendung zur instrumentalistischen Modellanalytik, der Philosophie des „Als ob", nach der für eine wissenschaftliche Prädiktion der empirische Gehalt der zugrundeliegenden Annahmen prinzipiell unerheblich sei. „Fakten", die den theoretischen Annahmen widersprechen, kommt damit eine erhebliche Relativierung zu. Daher vertritt vor allem der typische Vertreter des homo oeconomicus die Ansicht, daß seine Modelle, obgleich unbestritten unrealistisch, d.h. empirisch nicht zutreffende Annahmen beinhalten, dennoch erklärungsrelevant seien (vgl. z.B. Buchanan 1962: 19; Braun, Franzen 1995: 246; Downs 1968: 21; Kirchgässner 1991: 3; Pies 1993: 189; Friedman, 1953: 3ff., lieferte mit seinem Essay „On the Methodology of Positive Economics" bereits frühzeitig die Rechtfertigung dazu und „a watered down version of Friedman's essay is part of the intellectual equipment of most economicst, and its arguments come readily to their lips", wie McCloskey, 1983: 485, treffend feststellt; vgl. auch Arni 1989; Kunz 1996b: 86ff.). Diesen Auffassungen schließen sich ebenfalls Vertreter des homo sociologicus-Konzepts an; auch sie beharren darauf, daß der „Realismus" der grundlegenden Annahmen „ganz unnötig sei, solange die mit diesem Modell arbeitenden Theorien kräftige Erklärungen und brauchbare Prognosen liefern" (Dahrendorf 1977: 102). Damit wird die von den meisten Autoren im Grunde geteilte realistische Orientierung mehr oder weniger explizit aufgegeben und die notorische Falschheit der Theorien durch instrumentalistische Umdeutungen gerechtfertigt. Insofern sind diese Überlegungen von großer Zentralität: Die Unterschiede in den Standpunkten bezüglich der Verwendung bestimmter Handlungstheorien beruhen nunmehr auf (impliziten) Differenzen im Wissenschaftsverständnis.

Gleichwohl stellt sich die Frage, wie *aus empirisch-kritizistischer Sicht* die instrumentalistische Position zahlreicher Vertreter der KST und NÖT zu beurteilen ist. Zumindest zwei Antworten sind zu geben: Erstens wird hier fälschlicherweise unterstellt, daß jegliche Abstraktionen über die Realität eine falsche Aussage implizieren. Eine solche Sichtweise beruht üblicherweise auf einer impliziten Gleichsetzung der Eigenschaft „Abstraktheit" mit der Eigenschaft „Falschheit" *und* der Eigenschaft „Vernachlässigung von Merkmalen". Weil letzteres im Erkenntnisprozeß unumgänglich ist, wird dann auch die Unumgänglichkeit empirisch inkonsistenter Annahmen herausgestellt; somit ein in sprachlichen Ungenauigkeiten begründeter Fehlschluß, der u.a. zu der erstaunlichen Frage führt, warum Annahmen „realistisch" sein sollen, wenn sie doch buchstäblich „falsch" sind (vgl. ausführlich und mit zahlreichen Nachweisen: Nagel 1963; Tietzel 1981 sowie Kunz 1997: 139ff.). Es ist also nicht richtig, zu behaupten, die vielfach geäußerte und durchaus radikale Kritik am Instrumentalismus sei überzogen, weil die für die theoretische Arbeit erforderlichen Abstraktionen notwendigerweise die Falschheit der Annahmen implizieren.

Diese Einschätzung ist auch deshalb zurückzuweisen, weil man - zweitens - mit einer instrumentalistischen Position aus Sicht der empirisch-erklärenden Sozialwissenschaften grundsätzlich nicht übereinstimmen kann. Damit soll an dieser Stelle keineswegs bestritten werden, daß sich auch mit einer solchen Orientierung neue und interessante Einsichten produzieren lassen. Nur ist dies für eine erfahrungswissenschaftliche Grundlegung der Erklärung sozialer Prozesse nicht der optimale Weg: Die Annahmen können hier immer nur zufällig und nicht systematisch zu zutreffenden Konsequenzen führen. Konzepte dienen damit lediglich als ein induktives Kalkül, als Instrumente zur Erzeugung gehaltserweiternder Schlußweisen, deren Funktionieren von Grund auf offen bleibt (vgl. Albert 1987: 126).

Dieser unbefriedigende Sachverhalt läßt sich an den beiden Aussagen p und q verdeutlichen, wenn p die Prämissen und q das Explanandum (bzw. das Projectandum) darstellen. Die Schlußfolgerung p -> q (aus p folgt q) ist nur dann falsch, wenn p wahr und q falsch ist. In allen anderen Fällen trifft (per def.) die Konklusion zu, also auch unter der Bedingung einer falschen Prämisse und einem zutreffenden Explanandum. Weil mit unzutreffenden Prämissen sowohl unzutreffende als auch zutreffende Konsequenzen verbunden sein können, läßt sich unter diesen Bedingungen in keiner Weise sagen, ob die erfolgreiche Erklärung oder Prognose systematisch oder zufällig zustande kam. Und für keine Prognose kann man vorweg angeben, ob sie zu zutreffenden oder falschen Ergebnissen führen wird. Der Instrumentalismus zeigt daher nicht, was auch in der Erfahrung wirklich, sondern nur, was im Denken möglich ist. Dagegen wird in erfahrungswissenschaftlicher Intention immer nach den wirksamen,

114

hinter den Tatsachen stehenden Ursachen gefragt, dabei geht es um ein beschränktes Wissen, das ständig überprüft und in Frage gestellt wird. Jeder bekannte Einwand gegen den Instrumentalismus trifft daher auch die Ökonomie der Neoklassik und die Soziologie des homo sociologicus; sei es in den Wirtschaftswissenschaften, in der Soziologie, in der Politikwissenschaft oder einem anderen Anwendungsbereich: „Instrumentalism is inadequate and impractical, since it eschews the production of knowledge", urteilt Stanley (1985: 315) zwar hart, aber kaum bestreitbar.

Ein Mißverständnis wäre es, diese Position so zu interpretieren, daß die faktische Bedeutung vereinfachender und häufig unrealistischer Annahmen im Erkenntnisprozeß überspielt wird. Keinesfalls soll der Eindruck erweckt werden, eine solche Vorgehensweise sei in jedem Fall diskreditiert (ich kann an dieser Stelle nur einige Hinweise geben, habe aber versucht, diesen Aspekt in Kunz, 1997: 150ff., ausführlicher zu behandeln). Gerade zu Beginn der wissenschaftlichen Arbeit an einer Problemstellung läßt sich häufig nur mit relativ groben Vermutungen arbeiten - und dies gilt insbesondere für sozialwissenschaftliche (Institutionen-) Analysen, deren Komplexität nicht zu bestreiten ist - oder man wird aufgrund der oftmals größeren Schwierigkeiten bei der empirischen Erfassung von kognitiven Variablen gegenüber der Erhebung von Merkmalen des Handlungskontextes die Aufmerksamkeit zunächst auf sozialstrukturell definierte Handlungsrestriktionen statt auf individuelle Handlungspräferenzen richten. Aber aus diesen Problemen besonderes methodologisches Kapital zu schlagen, ist nicht gerechtfertigt; es kann sich an dieser Stelle immer nur um vorläufige Annahmen oder eine forschungsleitende Heuristik handeln, „a way of simplifying the logical development of the theory" (Musgrave 1981: 383). Insofern stellen heuristische Annahmen nicht das Endstadium der Erklärung sozialer Prozesse oder allgemein der Theorieentwicklung dar, sondern sind ihr Anfangspunkt. Ihr weiterer Gebrauch in konkreten Erklärungsvorhaben ist nur dann gerechtfertigt, wenn sie im Lichte verbesserter Hypothesen als idealisierte Annahmen zu charakterisieren sind. Unter diesem Gesichtspunkt erscheint die Verwendung der KST und NÖT auch aus kritizistischer Sicht methodologisch unverfänglich, denn fehlgeschlagene Erklärungs- und Prognoseversuche lassen sich unter Rückgriff auf das Konzept der generalisierten Theorie nutzenorientierten Handelns verbessern oder korrigieren, falls sich dies als notwendig erweist. Nach meiner Einschätzung (die durch die bisherigen Überlegungen gestützt sein sollte) dürfte dies allerdings für zahlreiche Fragestellungen, die in den Sozialwissenschaften in der Regel interessieren, der Fall sein.

Gleichwohl wird man nicht in jedem Fall empirische Inkonsistenzen als bedenklich einstufen. Zunächst einmal lassen sich mit jeglichen, also auch mit unrealistischen

Annahmen die Folgen analysieren, die zu erwarten sind, wenn die Annahmen zutreffen würden („Was wäre wenn-Analyse"). Man kann sich so auf die Analyse der Konsequenzen konzentrieren, wenn z.B. Unternehmer, Bürokraten oder Politiker ausschließlich als Maximierer ihres jeweils unterstellten Anliegens auftreten. Insofern kann der homo oeconomicus bei der Konstruktion von Institutionen, die unabhängig von der moralischen Motivation der Akteure funktionieren sollen, ein nützliches Instrument der (logischen) Analyse sein (wenn auch das Implementationsproblem auf dieser Grundlage nicht zu lösen ist). Darüber hinaus liegt es - insbesondere aus Sicht des zunehmend beworbenen Prinzips der abnehmenden Abstraktion - nahe, auf den Tradeoff zwischen Realistik und Komplexität, Einfachheit und Erklärungskraft zu verweisen. Aber ohne eine Spezifikation der Bedingungen, unter denen eine einfache Erklärung überhaupt als solche auszuzeichnen ist, führt auch diese Sichtweise über die Beliebigkeit instrumentalistischer Annahmen nicht hinaus.

(g) Die Logik der Aggregation wirkt ausgleichend.

Mit dem Hinweis auf ausgleichende Aggregationseffekte werden die Anomalien der KST und NÖT ebenfalls nicht in Frage gestellt. Diese seien aber lediglich für das Handeln einzelner Akteure relevant. Im Rahmen der Analyse sozialer Prozesse heben sie sich vielmehr auf, d.h. die individuellen Sonderaspekte üben keinen relevanten Effekt auf der Aggregatebene aus (vgl. hierzu z.B. Gibbard, Varian 1978: 670 sowie die Beiträge von Haug und Plümper in diesem Band). Dieses Argument, das die Bedeutung der Heterogenität der Mikroebene für die Erklärung sozialer Prozesse nachhaltig relativiert und mit dessen Hilfe sich die übliche „Mikrofundierung" makroökonomischer Analysen über ein repräsentatives oder typisches Individuum gut begründen läßt (vgl. hierzu Stoker 1993), kann in vielen Fällen zutreffen, allerdings ist kein allgemeines Prinzip bekannt, aus dem die Richtigkeit a priori abzuleiten wäre: Es handelt sich aus kritizistischer Sicht um eine empirische Behauptung, wobei manche Beispiele eher die Vermutung nahelegen, daß sich die auf der individuellen Ebene angesiedelten Anomalien auf der Ebene sozialer Makro-Phänomene noch verstärken (vgl. Thaler 1992).

Wesentlich radikaler kritisiert Kirman (1992: 119) die Verwendung des repräsentativen Individuums als Grundlage makrotheoretischer Analysen als „not only primitive, but fundamentally erroneous": „Well-behaved individuals need not produce a well representative agent, the reaction of a representative agent to change need not reflect how the individuals of the economy would respond to the change, the preferences of a representative agent over choices may be diametrically opposed to those of society as a whole" (Kirman 1992: 134). Wie auch immer man diese Einschätzungen und die vorliegenden Ergebnisse zu den aggregierten Effekten der „Mikro-Anomalien" beurteilen möchte, aus Sicht der kausalanalytischen Modellierungspraxis in der

116

empirischen Sozialforschung wird man das Aggregationsargument grundsätzlich kritisch betrachten. Hier geht es nicht nur um die Beschreibung von Daten, sondern um den datengenerierenden Prozeß selbst, d.h. man möchte sich ein Verständnis des Wirkungszusammenhangs erarbeiten. In *dieser* Perspektive läßt sich die verbreitete Ansicht, daß „the truth of the lower-level theory is of no interest to the macrosopic theory except as its errors mess up higher-level explanations" (so Stinchcome 1991: 383), nicht unterstützen.

Von Bedeutung ist, daß im Rahmen einer komplexeren Aggregationslogik bestimmte Anomalien auch unabhängig von der Modellierung individueller Effekte auftreten können, wenn die hierbei erforderlichen Randbedingungen nicht zutreffen. Verdeutlichen läßt sich dieser Gedanke auf einfache Weise an der Theorie kollektiver Güter (nach Olson 1968): Das kollektive Explanandum besteht hier in der Nicht- oder Unterversorgung einer großen Interessentengruppe mit Kollektivgütern. Grundlage der Erklärung bilden die auf Basis der NÖT abgeleiteten individuellen Effekte, nach denen sich die Individuen an der Produktion von kollektiven Gütern in großen Gruppen kaum beteiligen (wenn nicht besondere selektive Anreize angeboten werden). Selbst wenn dieser Erklärungszusammenhang gültig wäre, tritt eine Nicht- oder Unterversorgung aber nur dann ein, wenn bestimmte Randbedingungen zusätzlich vorliegen, z.B.: Das Kollektivgut wird nicht anderweitig bereitgestellt (z.B. von staatlicher Seite) und eine geringe Mitgliederzahl ist dem Erfolg der Bemühungen tatsächlich abträglich. Im Aggregationsprozeß der handlungstheoretischen Modellierung sozialer Prozesse werden also Bedingungskonstellationen beschrieben (Randbedingungen und erklärte individuelle Effekte) und daraus kollektive Konsequenzen gezogen. Selbst wenn die individuellen Effekte adäquat erklärt sind, können also aufgrund falsch spezifizierter Randbedingungen in der Transformationslogik die prognostizierten kollektiven Effekte nicht nachzuweisen sein.

4.   Schlußfolgerungen

Die Anwendung der traditionellen Handlungstheorien in der empirischen Forschungspraxis steht nach den Ergebnissen der bisherigen Diskussion vor nicht unerheblichen Problemen. Der wesentliche Grund dürfte in den nicht hintergehbaren Aspekten der Heterogenität der Mikroebene und der Eigenschaft individueller Findigkeit liegen, die für das Verständnis sozialer, politischer und ökonomischer Phänomene von entscheidender Bedeutung sind. Daher zielten die in dieser Abhandlung vorgebrachten Überlegungen - ausgehend von einer kritizistischen Position - auf eine ausdrückliche Subjektivierung der handlungstheoretischen Basis zur Erklärung gesellschaftlicher Prozesse. Ligaturenverlust, bereichsspezifische Sonderrationalitäten und Normensysteme, Spezialisierungen, besondere Problemdarstellungen und -lösungen zeigen, daß strukturell orientierte Erklärungsansätze notgedrungen an Gewicht verlieren: Immer mehr Menschen müssen sich mit Lebensumständen einer „moralischen Pluralität" (Druwe-Mikusin 1991) auseinandersetzen, für die keine eindeutigen Verhältnisse definiert sind. Die Möglichkeiten expandieren und je mehr dies geschieht, desto aktiver sind die Personen selbst z.B. an der Entstehung sozialer Milieus beteiligt. Handlungsgrundlagen wie Normen oder Institutionen fungieren auf diese Weise als Interpretationsmuster für alternative Handlungsmöglichkeiten, die im mentalen Modell der Subjekte repräsentiert, kreativ beschrieben und geordnet werden. Das Implikat für die sozialwissenschaftliche Arbeit ist wesentlich: Weil die Differenzierung in bereichsspezifische Sonderwelten mit einer Vielzahl an Handlungsmöglichkeiten korrespondiert und daher Motivationsprobleme nachgerade impliziert, gewinnt die kognitionstheoretisch begründete Explikation der handlungstheoretischen Basis gesellschaftlicher Zusammenhänge an Bedeutung.

Die hier diskutierten soziologischen und ökonomischen Varianten erwecken vielleicht den Eindruck, diesem Ziel gerecht werden zu können, was aber bezweifelt werden muß. Sie sind eher als ein Versuch zu betrachten, eine solche Theorie zu umgehen. Dies wird offensichtlich, wenn darauf verwiesen wird, daß es hierbei lediglich um methodologische Anweisungen für die Rekonstruktion sozialer Tatbestände geht. Wenn aber solche Rekonstruktionen glaubhaft sein sollen, müssen sie irgendwann einmal auch zu den Daten passen. Die bemühte Rechtfertigung der Annahmen zeigt, daß dieses Ziel auch den Anhängern der „Zero-Logik" keinesfalls gleichgültig ist. Auch ihnen geht es letztlich um ein realistisches Bild der Wirklichkeit. Das Implikat ist eine unmittelbare Verschränkung von Konstrukteurs- und Akteursebene mit der Folge einer spezifischen Ambivalenz von analytisch-instrumentellem Vorgehen und empirisch-erklärender Handlungsdeutung, die durch eine unbeabsichtigte Äquivokation von „Abstraktheit" und „Falschheit" in Erklärungen sozialen Handelns mitbegründet wird. Auf diese Weise kann man sich je nach Kritik auf einen strengen methodischen Rationalitätsbegriff oder die Tatsache einer empirischen Regelmäßigkeit berufen. Für den Außenstehenden ergibt sich damit schnell der Eindruck, daß Beschreibungen für rein analytische Modelle mit der Realität verwechselt werden (vgl. Kliemt 1996; Kunz 1996a: 189ff.).

Bleibt man im Rahmen einer erfahrungswissenschaftlich begründeten Handlungswissenschaft und schließt die Möglichkeit handlungstheoretischer

118

Erklärungen nicht von vorneherein aus, ist das Konzept der KST auch in seiner nutzentheoretischen Interpretation abzulehnen, weil das übersozialisierte Akteursbild zu gesellschaftlichen Zuständen führt, die empirisch offensichtlichtlich nicht zutreffen. Das Konzept der NÖT stößt auf jeden Fall an eine Grenze, wenn es um die Analyse von Dilemma-Situationen, der Entstehung und Implementierung sozialer Normen geht. In einer weicheren Variante erscheint dieser Ansatz immerhin dann anwendbar, wenn er vom engen Korsett egoistischer Motivationslagen befreit wird und der Set der strukturellen Zustände die Handlungsmöglichkeiten so weit einschränkt bzw. so deutlich vorstrukturiert, daß die Akteure nur unter sehr wenigen und diskreten, d.h. grundsätzlich nicht teilbaren, Alternativen wählen können, die darüber hinaus mit hohen Nutzendifferenzen verknüpft sind. Dann wird, unabhängig vom Handlungsprinzip, Nutzenmaximierung oder einer schwächeren Optimierungsannahme (wie Nutzenorientierung), die gleiche Handlung realisiert (vgl. Voss 1985: 23). Damit wird zwar eine Beschränkung der Theorie auf Entscheidungen eines ziemlich einfachen Typs erkauft und auch die Prozesse der Selektion unterschiedlicher Strategien der Informationsverarbeitung bleiben unbearbeitet, aber es ergibt sich die Möglichkeit, auf relativ unaufwendige Weise gesellschaftlich definierte Nutzenfunktionen oder „soziale Produktionsfunktionen" (Lindenberg 1990a: 272) abzuleiten, die aber selbst nur als Hypothesen zu betrachten sind, die der empirischen Überprüfung bedürfen.

Abgesehen von dem Umstand, daß damit die Problemlösungskapazität der neoklassischen Theorie eingeschränkt wird und daher ein Bereich von Problemen, die in den Sozialwissenschaften interessieren, nicht zu behandeln ist, darüber hinaus auch die Idee der sozialen Produktionsfunktionen üblicherweise in der Tradition des ökonomischen Modellbaus steht und daher sehr viel größerer Wert auf die analytische Klarheit als auf ihre empirische Validierung gelegt wird (vgl. hierzu auch die Kritik von Opp und Friedrichs, 1996, an Lindenberg), sind diese Überlegungen nur dann aufrecht zu erhalten, wenn man grundsätzlich zeigen kann, daß fehlerhafte Erklärungen zu verbessern sind, und zwar deshalb, weil man über weitere Bestimmungsfaktoren des Handelns orientiert ist. Liegt es dann aber nicht nahe, eine universelle Handlungstheorie von vorneherein systematisch anzuwenden, um die relevanten Faktoren, die für eine Erklärung individuellen Handelns bedeutsam sind, auf der Grundlage einer allgemeinen Theorie zu gewinnen? Auch wenn man der Meinung ist, daß eine solche Theorie nicht vorliegt, ist es nicht angemessen, den Eindruck zu vermitteln, daß Arbeitshypothesen als „Tatsachen" und Indizien als „Beweise" gelten. Ohne eine empirische Rechtfertigung werden aus bloßen Behauptungen keine begründeten Annahmen.

Und selbst erfolgreiche Prognosen bedürfen einer realistischen Basis, wenn kognitive Erkenntnisinteressen im Mittelpunkt stehen.

Literaturverzeichnis

Abel, B., 1983: Grundlagen der Erklärung menschlichen Handelns. Tübingen

Abrahams, F. F./ Sommerkorn, I. N., 1976: Arbeitswelt, Familienstruktur und Sozialisation. In: Hurrelmann (Hg.), 1976, 70-89

Ajzen, I., 1991: The Theory of Planned Behavior. In: Organizational Behavior and Human Decision Processes, 50, 179-211

Albert, H., 1987: Kritik der reinen Erkenntnislehre. Tübingen

Alchian, A. A., 1950: Uncertainty, Evolution, and Economic Theory. In: Journal of Political Economy, 58, 211-221

Arni, J.-L., 1989: Die Kontroverse um die Realitätsnähe der Annahmen in der Ökonomie. Grüsch

Barro, R. J., 1981: Money, Expectations and Business Cycles. New York u.a.

Beach, L. R., 1990: Image Theory. New York

Becker, G. S., 1993: Der ökonomische Ansatz zur Erklärung menschlichen Verhaltens, 2. Aufl. Tübingen

Beckermann, A. (Hg.), 1977: Analytische Handlungstheorie, Bd. 2. Frankfurt

Bievert, B./ Held, M. (Hg.), 1995: Zeit in der Ökonomik. Frankfurt

Blossfeld, H.-P./ Prein, G. (Hg.), 1997: Rational Choice and Large Scale Data Analysis. Boulder, Colorado

Borg, I./ Mohler, P. P. (Hg.), 1994: Trends and Perspectives in Empirical Social Research. Berlin, New York

Boudon, R., 1980: Die Logik gesellschaftlichen Handelns. Darmstadt, Neuwied

Boudon, R., 1989: Subjective Rationality and the Explanation of Social Behavior. In: Rationality and Society, 1, 173-196

Brady, H. E./ Verba, S./ Schlozman, K. L., 1995: Beyond SES: A Resource Model of Political Participation. In: American Political Science Review, 89, 271-294

Braun, N./ Franzen, A., 1995: Umweltverhalten und Rationalität. In: Kölner Zeitschrift für Soziologie und Sozialpsychologie, 47, 231-248

Brennan, G./ Lumasky, L., 1993: Democracy and Decision. Cambridge

Brunner, K., 1987: The Perception of Man and the Conception of Society: Two Approaches to Understanding Society. In: Economic Inquiry, 25, 367-388

Buchanan, J. M., 1962: Politics, Policy, and the Pigovian Margins. In: Economica, 29, 17-28

Büschges, G., 1990: Hintergrund der evolutionären Ideen. In: Cyran (Hg.), 1990, 37-58

Campbell, A., 1981: The Sense of Well-Being in America. New York u.a.

Churchland, P. M., 1977: Der logische Status von Handlungserklärungen. In: Beckermann (Hg.), 1977, 304-331

Coleman, J. S., 1995: Grundlagen der Sozialtheorie, 3 Bde. (zuerst 1990). München, Wien

Coleman, J. S./ Fararo, T. J. (Hg.), 1992: Rational Choice Theory. Newbury Park u.a.

Cyran, W. (Hg.), 1990: Die Sonderstellung des Menschen in der Evolution. Melle

Dahrendorf, R., 1977: Homo Sociologicus, 15. Aufl. Opladen

Dearlove, J., 1995: Putting Humpty Together Again: Homo Sociologicus, Homo Economicus and the Pol. Science of the British State. In: Europ. Journal of Pol. Research, 27, 477-505

Diekmann, A. 1996: Homo ÖKOnomicus. Anwendungen und Probleme der Theorie rationalen Handelns im Umweltbereich. In: Diekmann/ Jaeger (Hg.), 1996, 89-118

Diekmann, A./ Jaeger, C. C. (Hg.), 1996: Umweltsoziologie. Opladen

Dörenbach, W., 1982: Bounded Rationality. Frankfurt, Bern

Downs, A., 1968: Ökonomische Theorie der Politik. Tübingen

Dray, W., 1957: Laws and Explanation in History. Oxford

Dreier, V., 1996: Metatheoretische Reflexionen über Handlungs- und Entscheidungstheorie(n). Eine Übersicht über Hauptprobleme. In: Druwe/ Kunz (Hg.), 1996, 56-82

Druwe, U./ Kunz, V. (Hg.), 1994: Rational Choice in der Politikwissenschaft. Opladen

Druwe, U./ Kunz, V. (Hg.), 1996: Handlungs- und Entscheidungstheorie in der Politikwissenschaft. Einführung in Konzepte und Forschungsstand. Opladen

Druwe-Mikusin, U., 1991: Moralische Pluralität. Würzburg

Earl, P.E. (Hg.), 1988: Behavioral Economics, 2 Bde. Aldershot

Eckstein, O. (Hg.), 1972: The Econometrics of Price Determination. Washington

Eichner, K./ Habermehl, W. (Hg.), 1977: Probleme der Erklärung sozialen Verhaltens. Meisenheim a. Gl.

Elster, J., 1989: The Cement of Society. A Study of Social Order, Reprinted 1994. Cambridge

Endruweit, G./ Trommsdorff, G. (Hg.), 1989: Wörterbuch der Soziologie, 3 Bände. Stuttgart

Esser, H., 1993: Soziologie. Allgemeine Grundlagen. Frankfurt, New York

Esser, H., 1996: Die Definition der Situation. In: Kölner Zeitschrift für Soziologie und Sozialpsychologie, 48, 1-34

Etzioni, A., 1994: Jenseits des Egoismus Prinzips. Stuttgart

Fazio, R. H., 1990: Multiple Processes by which Attitudes Guide Behavior: The MODE Model as an Integrative Framework. In: Zanna (Hg.), 1990, 75-109

Feldman, H., 1995: Eine institutionalistische Revolution? Berlin

Franz, G./ Herbert, W., 1987: Werttypen in der Bundesrepublik. In: Klages et al. 1987, 40-54

Frey, B. S., 1994: How Intrinsic Motivation Is Crowded Out and In. In: Rationality and Society, 6, 334-352

Frey, B. S./ Bohnet, I., 1995: Institutions Affect Fairness: Experimental Investigations. In: Journal of Institutional and Theoretical Economics, 151, 286-303

Friedman, M., 1953: Essays in Positive Economics. Chicago

Futuyma, D. J., 1990: Evolutionsbiologie. Basel

Gabriel, O. W./ Brettschneider F. (Hg.), 1994: Die EU-Staaten im Vergleich. Strukturen, Prozesse, Politikinhalte, 2. Aufl. Opladen

Gibbard, A./ Varian, H., 1978: Economic Models. In: Journal of Philosophy, 75, 664-677

Gillessen, C./ Mühlau, P., 1994: Grundzüge strukturell-individualistischer Theoriebildung. In: Druwe/ Kunz (Hg.), 1994, 26-52

Göhler, G./ Lenk, K./ Schmalz-Bruns, R. (Hg.), 1990: Die Rationalität politischer Institutionen. Interdisziplinäre Perspektiven. Baden-Baden

Gould, S. J./ Lewontin, R. C., 1979: The Sprandels of San Marco and the Panglossian Paradigm. In: Proceedings of the Royal Society, Series B, 205, 581-598

Grafstein, R., 1995: Rationality as Conditional Expected Utility Maximization. In: Political Psychology, 16, 63-80

Greve, W., 1994: Handlungserklärung. Die psychologische Erklärung menschlicher Handlungen. Bern u.a.

Groeben, N., 1986: Handeln, Tun, Verhalten als Einheiten einer verstehend-erklärenden Psychologie. Tübingen

Gschwendter, H., 1993: Die Grundlagenkrise in der Volkswirtschaftslehre aus wissenschaftstheoretischer Sicht. In: Ethik und Sozialwissenschaften, 4, 299-302

Gunnell, J. G., 1979: Political Science and the Theory of Action. Prolegomena. In: Political
Theory, 7, 75-100

Haferkamp, H. (Hg.), 1990: Sozialstruktur und Kultur. Frankfurt

Hayek, F. A. von, 1967: Studies in Philosophy, Politics and Economics. London, Henlay

Hayek, F. A. von, 1978: New Studies in Philosophy, Politics and Economics and the History of
Ideas. London, Henley

Hedström, P./ Swedberg, R., 1996: Social Mechanism. In: Acta Sociologica, 39, 281-308

Hempel, C. G., 1977: Aspekte wissenschaftlicher Erklärung. Berlin, New York

Hennen, M., 1989: Handlungstheorie. In: Endruweit/ Trommsdorff (Hg.), 1989, 266-271

Hirschman, A. O., 1984: Engagement und Enttäuschung. Frankfurt

Hollis, M., 1995: Soziales Handeln. Berlin

Homann, K., 1997: Individualisierung: Verfall der Moral? Zum ökonomischen Fundament aller
Moral. In: Aus Politik und Zeitgeschichte, B 21/97, 12-21

Hox, J. J./ Jong-Gierveld, J. de (Hg.), 1990: Operationalization and Research Strategy. Amsterdam, Lisse

Hurrelmann, K. (Hg.), 1976: Sozialisation und Lebenslauf. Reinbek

Hurrelmann, K./ Ulich, D. (Hg.), 1991: Neues Handbuch der Sozialisationsforschung. Wein-
heim, Basel

Inglehart, R., 1990: Kultureller Umbruch. Frankfurt, New York

Inglehart, R., 1997: Modernization and Postmodernization. Princeton, N.J.

Joas, H., 1991: Rollen- und Interaktionstheorien in der Sozialforschung. In: Hurrelmann/ Ulich
(Hg.), 1991, 147-160

Joas, H, 1992: Die Kreativität des Handelns. Frankfurt

Katona, G., 1977: Psychological Economics, 3. Aufl., New York u.a.

Kelle, U. (Hg.), 1995: Computer-assisted Qualitative Data Analysis. Newbury Park u.a.

Kelle, U./ Lüdemann, C., 1995: „Grau, teurer Freund, ist alle Theorie." Rational Choice und
das Problem der Brückenannahmen. In: Kölner Zeitschrift für Soziologie und Sozialpsychologie, 47, 249- 267

Kirchgässner, G., 1991: Homo Oeconomicus. Das ökonomische Modell individuellen Verhaltens und seine Anwendung in den Wirtschafts- und Sozialwissenschaften. Tübingen

Kirman, A. P., 1992: Whom or What Does the Representative Individual Represent? In: Journal
of Economic Perspectives, 6, 117-136

Kirsch, G., 1995: Die Kontinuität des Selbst in einer nichtkontinuierlichen Zeit. In: Bievert/
Held (Hg.), 1995, 169-189

Klages, H./ Franz, G./ Herbert, W., 1987: Sozialpsychologie der Wohlfahrtsgesellschaft.
Frankfurt, New York

Kliemt, H., 1996: Rational Choice-Erklärungen? In: Druwe/ Kunz (Hg.), 1996, 83-105

Koch, L. T., 1996: Evolutorische Wirtschaftspolitik. Tübingen

Krajewski, W., 1977: Correspondence Principle and Growth of Science. Dordrecht, Boston

Krebs, D./ Schmidt, P. (Hg.), 1993: New Directions in Attitude Measurement. Berlin u.a.

Kreuzer, P., 1996: Plädoyer für eine Renaissance der kulturellen Perspektive in der politikwissenschaftlichen Analyse. In: Politische Vierteljahresschrift, 37, 248-276

Kuhn, T. S., 1993: Die Struktur wissenschaftlicher Revolutionen. Zweite revidierte und um das
Postkriptum von 1969 ergänzte Auflage, zitiert nach der 12. Aufl. des Suhrkamp-Verlags
(zuerst 1962). Frankfurt

Kunz, V., 1991: Infrastruktur, Betriebsgröße und höherwertige Tertiärisierung als Bestimmungsfaktoren der regionalen Wirtschaftskraft. In: Informationen zur Raumentwicklung,
1991, 579-598

Kunz, V., 1996a: Empirische Ökonomik. Handlungstheoretische Grundlagen der Erklärung
politischer und sozialer Prozesse. Marburg

Kunz, V., 1996b: Präferenzen, Wertorientierungen und Rational Choice. In: Druwe/ Kunz
(Hg.), 1996, 154-176

Kunz, V., 1997: Theorie rationalen Handelns. Konzepte und Anwendungsprobleme. Opladen

Lakatos, I., 1970: Falsification and the Methodology of Scientific Research Programes. In:
Lakatos/ Musgrave (Hg.), 1970, 91-196

Lakatos, I./ Musgrave, A. (Hg.), 1970: Criticism and the Growth of Knowledge. Cambridge,
London

Latsis, S. J., 1972: Situational Determinism in Economics. In: British Journal of Philosophical
Science, 23, 207-245

Lenk, H., 1975: Pragmatische Philosophie. Hamburg

Lindenberg, S., 1977: Individuelle Effekte, kollektive Phänomene und das Problem der Transformation. In: Eichner/ Habermehl (Hg.), 1977, 46-84

Lindenberg, S., 1990a: Rationalität und Kultur. In: Haferkamp (Hg.), 1990, 249-287

Lindenberg, S., 1990b: Homo Socio-oeconomicus: The Emergence of a General Model of Man
in the Social Sciences. In: Journal of Institut. and Theoretical Economics, 146, 727-748

Lindenberg, S., 1996: Die Relevanz theoriereicher Brückenannahmen. In: Kölner Zeitschrift für
Soziologie und Sozialpsychologie, 48, 126-140

Lucas, R. E., 1972: Econometric Testing of the Natural Rate Hypothesis. In: Eckstein (Hg.),
1972, 76-95

Luce, R. D/ Raiffa, H., 1957: Games and Decisions. New York

Machlup, F., 1967: Theories of the Firm. In: American Economic Review, 57, 1-33

March, J. G./ Olsen, J. P., 1984: The New Institutionalism. In: American Political Science
Review, 78, 734-749

Mayr, E./ Provine, W. B. (Hg.), 1980: The Evolutionary Synthesis. Cambridge

McClintock, C. G., 1972: Social Motivation. In: Behavioral Science, 17, 438-454

McCloskey, D., 1983: The Rhetoric of Economics. In: Journal of Economic Literature, 21,
481-517

Mead, G. H., 1995: Geist, Identität und Gesellschaft - aus der Sicht des Sozialbehaviorismus,
10. Aufl. (zuerst 1934). Frankfurt

Miebach, B., 1991: Soziologische Handlungstheorie. Opladen

Mooney Marini, M., 1992: The Role of Models of Purposive Action in Sociology. In: Coleman/
Fararo (Hg.), 1992, 21-48

Musgrave, A., 1981: „Unreal Assumptions" in Economic Theory. In: Kyklos, 34, 545-559

Muth, J. F., 1961: Rational Expectations and the Theory of Price Movements. In: Econometrica, 29, 315-335

Nagel, E., 1963: Assumptions in Economic Theory. In: American Econ. Review, 53, 211-219

Neumann, J. von/ Morgenstern, O., 1947: The Theory of Games and Economic Behavior, 2.
Aufl., Princeton, N.J.

Nida-Rümelin, J. (Hg.), 1994: Praktische Rationalität. Berlin, New York

Olson, M., 1968: Die Logik kollektiven Handlens. Tübingen

Opp, K.-D., 1979: Individualistische Sozialwissenschaft. Stuttgart

Opp, K.-D., 1983: Die Entstehung sozialer Normen. Tübingen

Opp, K.-D., 1986: Das Modell des Homo Sociologicus. Eine Explikation und eine Konfrontierung mit dem utilitaristischen Verhaltensmodell. In: Analyse und Kritik, 8, 1-27

Opp, K.-D., 1990a: Testing Rational Choice Theory in Natural Settings. In: Hox/ Jong-Gierveld (Hg.), 1990, 87-101

Opp, K.-D., 1993: Politischer Protest als rationales Handeln. In: Ramb/ Tietzel (Hg.), 1993, 207-246

Opp, K.-D., 1996a: Aufstieg und Niedergang der Ökologiebewegung in der Bundesrepublik. In: Diekmann/ Jaeger (Hg.), 1996, 350-379

Opp, K.-D., 1996b: Gesellschaftliche Krisen, Gelegenheitsstrukturen oder rationales Handeln? In: Zeitschrift für Soziologie, 25, 223-242

Opp, K.-D., 1997: Can and Should Rational Choice Theory be Tested by Survey Research? In: Blossfeld/ Prein (Hg.), 1997

Opp, K.-D./ Burow-Auffarth, K./ Hartmann, P./ Witzleben, T., 1984: Soziale Probleme und Protestverhalten. Opladen

Opp, K.-D./ Friedrichs, J., 1996: Brückenannahmen, Produktionsfunktionen und die Messung von Präferenzen. In: Kölner Zeitschrift für Soziologie und Sozialpsychologie, 48, 546-559

Opp, K.-D./ Roehl, W., 1990: Der Tschernobyl-Effekt. Opladen

Opp, K.-D./ Voß, P./ Gern, Ch., 1993: Die volkseigene Revolution. Stuttgart

Oye, K. (Hg.), 1986: Cooperation under Anarchy. Princeton, N.J.

Parsons, T., 1986: Aktor, Situation und normative Muster. Frankfurt

Pies, I., 1993: Normative Institutionenökonomik. Tübingen

Popper, K. R., 1961: The Poverty of Historicism. London

Popper, K. R., 1962: Die Logik der Sozialwissenschaften. In: Kölner Zeitschrift für Soziologie und Sozialpsychologie, 14, 233-248

Popper, K. R., 1963: Conjectures and Refutations. New York, Evanston

Popper, K. R., 1973: Objektive Erkenntnis. Ein evolutionärer Entwurf. Hamburg

Popper, K. R., 1984: Logik der Forschung, 8. Aufl. Tübingen

Popper, K. R., 1992: Die offene Gesellschaft und ihre Feinde, Bd. 2, 7. Aufl. (zuerst 1945). Tübingen

Ramb, B.-T./ Tietzel, M. (Hg.), 1993: Ökonomische Verhaltenstheorie. München

Raub, W./ Voss, T., 1981: Individuelles Handeln und gesellschaftliche Folgen. Darmstadt, Neuwied

Richter, R., 1994: Institutionen ökonomisch analysiert. Tübingen

Riker, W. H., 1995: The Political Psychology of RC Theory. In: Polit. Psychology, 16, 23-44

Rosenberg, A., 1985: The Structure of Biological Science. Cambridge

Rosenberg, A., 1992: Economics - Mathematical Politics or Science of Diminishing Returns? Chicago, London

Roth, G., 1995: Das Gehirn und seine Wirklichkeit, 3. Aufl. Frankfurt

Schmid, M. 1982: Theorie sozialen Wandelns. Opladen

Schmid, M., 1993: Verhaltenstheorie versus Nutzentheorie. In: Journal for General Philosophy of Science, 24, 275-292

Schmid, M., 1996: Rationalität und Theoriebildung. Amsterdam, Atlanta

Schnabl, H., 1990: Biologische Evolution vs. Evolution von Firmen und Märkten - Ein Vergleich. In: Witt (Hg.), 1990, 154-188

Sen, A. K., 1973: Behaviour and the Concept of Preference. In: Economica, 40, 241-259

Sen, A. K., 1977: Rational Fools. In: Philosophy and Public Affairs, 6, 317-345

Simon, H. A., 1990: A Mechanism for Social Selection and Successfull Altruism. In: Science, 250, 1665-1668

124

Simon, H. A., 1991: Organizations and Markets. In: Journal of Economic Perspectives, 5, 25-44

Simon, H. A., 1993: Homo rationalis. Frankfurt, New York

Simon, H. A., 1995: Rationality in Political Behavior. In: Political Psychology, 16, 45-61

Smelser, N. J./ Swedberg, R. (Hg.), 1994: The Handbook of Economic Sociology. Princeton, N.J., New York

Sneed, J. D., 1979: The Logical Structure of Mathematical Physics, 2. Aufl. Dordrecht

Snidal, D., 1986: The Game *Theory* of International Politics. In: Oye (Hg.), 1986, 25-57

Spohn, W., 1994: Wie läßt sich Spieltheorie verstehen? In: Nida-Rümelin (Hg.), 1994, 197-238

Stanley, T. D., 1985: Positive Economics and Its Instrumental Defense. In: Economica, 52, 305-319

Stegmüller, W., 1983: Probleme und Resultate der Wissenschaftstheorie und Analytischen Philosophie, Bd. 1, 2. Aufl. Berlin u.a.

Stigler, G.J./ Becker, G.S., 1977: De Gustibus Non Est Disputandum. In: American Economic Review, 67, 76-90

Stinchcombe, A.L., 1991: The Conditions of Fruitfulness of Theorizing about Mechanism in Social Science. In: Philosophy of Social Science, 21, 367-388

Stoker, T.M., 1993: Empirical Approaches to the Problem of Aggregation over Individuals. In: Journal of Economic Literature, 31, 1827-1874

Sturm, R., 1995: Politische Wirtschaftslehre. Opladen

Suchanek, A., 1994: Ökonomischer Ansatz und theoretische Integration. Tübingen

Swedberg, R., 1994: Markets as Social Structures. In: Smelser/ Swedberg (Hg.), 1994, 255-282

Thaler, R. H., 1992: The Winner's Curse. Paradoxes and Anomalies of Economic Life. Princeton, N.J.

Tietzel, M., 1981: „Annahmen" in der Wirtschaftstheorie. In: Zeitschrift für Wirtschafts- und Sozialwissenschaften, 101, 237-265

Tietzel, M., 1985: Wirtschaftstheorie und Unwissen. Tübingen

Vanberg, V. 1993: Rational Choice vs. Adaptive Rule-following: On the Behavioral Foundations of the Social Sciences. In: Jahrbuch für Neue Politische Ökonomie, 12, 93-110

Voss, T., 1985: Rationale Akteure und soziale Institutionen. München

Wake, D. B./ Roth, G./ Wake, M. H., 1983: The Problem of Stasis in Organismal Evolution. In: Journal of Theoretical Biology, 101, 211-224

Westle, B., 1994: Politische Partizipation. In: Gabriel/ Brettschneider (Hg.), 1994, 137-173

Williamson, O. E., 1985: The Economic Institutions of Capitalism. New York

Wippler, R., 1994: Einheit der Sozialwissenschaften und disziplinäre Vielfalt. In: Ethik und Sozialwissenschaften, 5, 338-340

Witt, U., 1987: Individualistische Grundlagen der evolutorischen Ökonomik. Tübingen

Witt, U.(Hg.), 1990: Studien zur evolutorischen Ökonomik I. Berlin

Zanna, M. P. (Hg.), 1990: Advances in Experiment. Social Psychology, Bd. 23. San Diego u.a.

Zintl, R., 1990: Probleme des individualistischen Ansatzes in der neuen politischen Ökonomie. In: Göhler et al. (Hg.), 1990, 267-287

5. Anomalien in der Entscheidungstheorie. Empirische Evidenz und Konsequenzen

Sonja Haug

Zusammenfassung

Der Beitrag befaßt sich mit empirischen Gegenevidenzen zur klassischen Erwartungsnutzentheorie, die im Bereich der (sozial-)psychologischen und mikroökonomischen Forschung aufgedeckt wurden. Der Überblick über die wichtigsten Anomalien zeigt, daß grundlegende Annahmen der Theorie der rationalen Wahl als empirisch widerlegt zu betrachten sind. Hinsichtlich dieser Ergebnisse liegen unterschiedliche Reaktionen vor, auf die der Beitrag Bezug nimmt. Letztlich scheint eine Preisgabe der unrealistischen Annahmen über die Akteurspräferenzen unerläßlich zu sein, um der subjektiven Wahrnehmung von Alternativen und den Bedingungen des Entscheidens unter Unsicherheit und Risiko zu entsprechen. Damit gewinnen Überlegungen zur Anpassung des Entscheidungsmodells an die beobachteten Präferenzmuster, zu alternativen Entscheidungsregeln sowie zur Erweiterung der Theorie um subjektive und psychologische Elemente an zentraler Bedeutung.[1]

1. Einleitung

Als Gesetzmäßigkeit des Handelns und Entscheidens kann angenommen werden, daß Menschen angemessen, d.h. in Übereinstimmung mit der Situation, in der sie sich (ihrer Auffassung nach) befinden, handeln; dies ist die schwächste minimale Formulierung des Rationalitätsprinzips (Popper 1967: 359, 361). Eine Präzisierung findet das Rationalitätsprinzip in der Nutzentheorie. Die Nutzentheorie basiert auf zwei grundlegenden Annahmen. Erstens, daß Menschen nutzenmaximierend handeln und zweitens, daß eine Präferenzordnung besteht, die die Wahl der Alternative erlaubt, deren Nutzen hinsichtlich der Verwirklichung eines Ziels maximal ist. Formal kann dies in dem klassischen *Expected-Utility-Modell* (EU-, Erwartungsnutzen- oder Werterwartungsmodell) dargestellt werden, indem für alle Alternativen der erwartete Gesamtnutzen über alle Dimensionen (bzw. Attribute) durch Multiplikation des jeweiligen Nutzenwertes mit der Auftretenswahrscheinlichkeit ermittelt wird (Edwards 1992, Hirshleifer, Glazer 1992, Riker, Ordeshook 1973, Schoemaker 1982). Der EU-Wert für eine Alternative mit i Dimensionen wird mit folgender Formel berechnet, wobei p die Wahrscheinlichkeit für das Auftreten des Nutzens x ist: $EU = \Sigma \, p_i \, x_i$.

Allgemein kann gesagt werden, daß die Theorie der rationalen Wahl klare Aussagen über das Entscheidungsverhalten macht und auf strengen Annahmen über die Bedingungen menschlicher Entscheidungsfähigkeit basiert (Heap 1992: 6f, Luce 1992a: 188f, Schoemaker 1982: 531f, ausführlich: Eisenführ, Weber 1993). Hierzu gehören insbesondere die Axiome der Nutzentheorie nach von Neumann und Morgenstern (1947) sowie Savage (1954): Es wird davon ausgegangen, daß für jede Menge von Alternativen eine transitive Präferenzreihe gebildet werden kann, an deren Spitze die nutzenmaximierende Alternative steht *(Axiom der Vollständigkeit und der Transitivität)*. Die Attraktivität jeder Alternative ergibt sich aus der oben genannten Formel zur Berechnung des erwarteten Nutzens, wobei die in der

---

[1] Ich danke Karsten Weber, Volker Kunz und Stephan Ganter für hilfreiche Kommentare zu einer früheren Version. Einige der hier angesprochenen Themen werden in meiner Diplomarbeit ausführlich diskutiert (Haug 1995). Zur Vertiefung der formalen Aspekte der Entscheidungstheorie sei auf die angegebene Literatur verwiesen.

Wahrscheinlichkeitstheorie üblichen Regeln zur Kombination von Wahrscheinlichkeiten angewendet werden. Entscheidend für die folgenden Ausführungen ist die Annahme, daß Alternativen mit identischem Erwartungswert immer gleich attraktiv sind, unabhängig davon, ob die Auftretenswahrscheinlichkeiten als sicher oder riskant, als einstufige oder als mehrstufe Lotterie präsentiert werden und auch unabhängig von den damit implizierten Bewertungen der Alternativen. Diese Voraussetzung impliziert, daß Indifferenz zwischen zwei Alternativen durch unzählige Kombinationen von Wahrscheinlichkeiten und Bewertungen hergestellt werden kann *(Axiom der Kontinuität)*. Besteht Indifferenz zwischen zwei Alternativen, kann keine vor der anderen präferiert werden und sie können auch gegeneinander ausgetauscht werden, ohne daß sich eine Veränderung der Präferenzen ergibt. Die Präferenz für ein Attribut ist außerdem unabhängig davon, welche anderen Attribute in den Vergleich eingehen und welche Ausprägungen diese bei den Alternativen haben und ob weitere Umweltzustände oder Alternativen zum Auswahlset hinzukommen *(Axiom der Unabhängigkeit)*. Diese Forderung findet ebenso im *Sure-Thing-Prinzip* der subjektiven Erwartungsnutzentheorie ihren Ausdruck, das im wesentlichen mit dem Unabhängigkeits-Axiom der Erwartungsnutzentheorie identisch ist (Eisenführ, Weber 1993: 209, Schmidt 1995: 49, 67, 99). Daraus folgt auch, daß eine Präferenz zwischen zwei Lotterien sich nicht ändert, wenn beide mit ein- und derselben Lotterie verknüpft werden *(Axiom über die Reduktion zusammengesetzter Lotterien)*.

Theoretische Stringenz, Einfachheit, Klarheit und Eleganz der Annahmen zeichnen den Rational-Choice-Ansatzes aus. Es überrascht daher nicht, daß sich empirische Gegenevidenzen zu den eindeutigen Vorhersagen der Theorie finden lassen. Die Frage ist, ob die Modellierung menschlicher Entscheidungsakte tatsächlich „so einfach wie möglich und so realistisch wie nötig" gelungen ist (Esser 1993a: 139f, Lindenberg 1991: 49). Alle im folgenden betrachteten Anomalien beziehen sich darauf, daß Testpersonen in *Entscheidungsexperimenten* ihre Wahl tatsächlich nicht nach den Regeln der Nutzenmaximierung treffen; ein Sachverhalt, der darauf hindeutet, daß das Modell mit der Realität nicht immer übereinstimmt. Die damit implizierte Diskussion zielt insofern auf eine Kritik an der reduktionistischen Variante der neoklassischen Ökonomie, „die Entscheider als allwissende Nutzenmaximierer konzipiert" (Plümper 1996: 181). Allerdings sind inzwischen viele der voraussetzungsreichen Annahmen im Rahmen der sog. Behavioral-Decision-Forschung ausführlich diskutiert worden. Dabei wurden Modifikationen der ökonomischen (Entscheidungs-) Theorie vorgeschlagen, die Lösungen für zahlreiche Anwendungsprobleme bieten (s. Abschnitt 3 sowie ausführlich Abelson, Levi 1985, Arkes, Hammond 1986, Baron 1988, Bell, Raiffa,

Tversky 1988, Edwards 1992, Einhorn, Hogarth 1981, 1987, Feather 1982, Gilhooly 1990, Hammond, McClelland, Mumpower 1980, Hogarth 1980, 1990, Hogarth, Reder 1987, Janis, Mann 1977, Loomes, Sudgen 1982, Payne, Bettman, Johnson 1992, Slovic, Lichtenstein, Fischhoff 1988, Stevenson, Busemeyer, Naylor 1990, Yates 1990).

2. Anomalien der EU-Theorie

Verschiedene Anomalien des EU-Modells, d.h. die Verletzung bestimmter grundlegender Annahmen, machen die Anwendung des Konzepts in der empirischen Forschungspraxis problematisch. Der Begriff der Anomalie kann auf Kuhn (1991) zurückgeführt werden, der damit Phänomene bezeichnet, die innerhalb eines Forschungsparadigmas nicht zu erwarten und nicht erklärbar sind. Ein gehäuftes Auftreten von Anomalien wird nach Kuhn zu einer „wissenschaftlichen Revolution" führen, d.h. es kommt zur Ersetzung eines dominanten Forschungsparadigmas durch ein alternatives Paradigma. Anomalien werden hier, wie in der ökonomischen Theorie üblich, synonym zum Begriff des Paradoxons verwendet.[2]

In den nachfolgenden Abschnitten stelle ich eine Auswahl der in der einschlägigen Literatur am häufigsten diskutierten Anomalien vor (ausführlich hierzu: Abelson, Levi 1985, Baron 1988, Dawes 1988, Frey 1990, 1992, Payne 1982, Payne, Bettman, Johnson 1992, Schoemaker 1982, Sudgen 1992, Slovic, Fischhoff, Lichtenstein 1977, 1988, Stevenson, Busemeyer, Naylor 1990, Yates 1990). Als klassische Anomalien der EU-Theorie, die in der experimentellen Mikroökonomie nachgewiesen worden sind, gelten die Paradoxien von Allais (1953) und Ellsberg (1961). Weitere Anomalien werden bei Kahneman, Knetsch, Thaler (1991), Lee, Shleifer, Thaler (1990), Loewenstein, Prelec (1992), Loewenstein, Thaler (1989), Thaler (1992) und Wilcox (1994) diskutiert. Im Bereich der Sozialpsychologie wurden insbesondere von Kahneman und Tversky richtungsweisende Experimente durchgeführt. Eine Vielzahl der von ihnen nachgewiesenen Anomalien lassen sich als Entscheidung unter Risiko und Unsicherheit mit Hilfe der *Prospekt-Theorie* modellieren (s. 3.3).

---

[2] Vorschläge zu einer begrifflichen Abgrenzung von Anomalie und Paradoxon finden sich bei Güntzel und Weil (1992).

2.1. Das Allais-Paradox, der Certainty- und der Pseudocertainty-Effekt

Das *Allais-Paradox* beschreibt den Sachverhalt, daß eine Abschwächung der Präferenz für eine Alternative dadurch hervorgerufen werden kann, daß ein sicherer Gewinn durch einen wahrscheinlichen Gewinn mit gleichem Erwartungswert ersetzt wird. Eine sichere Alternative wird somit vor einer probabilistischen Alternative mit identischem Erwartungswert bevorzugt; ein Sachverhalt, der nach den Regeln der Erwartungsnutzentheorie nicht auftreten dürfte. Die Formulierung des Entscheidungsexperiments lautet folgendermaßen (Allais 1953, zit. nach Baron 1988: 328, eine andere Formulierung findet sich bei Dawes 1988: 163):[3]

Problem 1: Wählen Sie zwischen A: 1000 mit einer Wahrscheinlichkeit von 0,89
5000 mit einer Wahrscheinlichkeit von 0,10
0 mit einer Wahrscheinlichkeit von 0,01
B: 1000 mit Sicherheit
Problem 2: Wählen Sie zwischen C: 1000 mit einer Wahrscheinlichkeit von 0,10
0 mit einer Wahrscheinlichkeit von 0,90
D: 5000 mit einer Wahrscheinlichkeit von 0,11
0 mit einer Wahrscheinlichkeit von 0,89

Durch Einsetzen in die Erwartungsnutzenformel kann bei Alternative A ein Gewinn von 1390 (Einheiten) erwartet werden, bei B 1000, bei C 100 und bei D 550. Bei einer Anwendung der Maximierungsregel sollten alle Befragten A und D wählen. Tatsächlich stellte sich aber der paradoxe Effekt heraus, daß die Mehrzahl der Probanden die sichere Alternative B vorzieht, um dem Risiko zu entgehen, gar nichts zu gewinnen. Sind dagegen beide Alternativen unsicher, wird die offensichtlich bessere Alternative D auch von den meisten gewählt. Es hat also den Anschein, daß bei Problem 1 nicht der Erwartungswert die Entscheidung determiniert, sondern allein die Eigenschaft der *Sicherheit* einer Option den Ausschlag gibt. Dies widerspricht den Axiomen der Kontinuität und der Unabhängigkeit.

Das Allais-Paradox wurde mit alternativen Beträgen von Kahneman und Tversky repliziert, die das Ergebnis als *Certainty-Effekt* bezeichnen (Kahneman, Tversky 1979: 265, Sudgen 1992: 37). Auch der Certainty-Effekt beschreibt damit das Phänomen, daß sichere Alternativen generell bevorzugt werden. Der sog. *Pseudocertainty-Effekt* tritt dann auf, wenn tatsächlich

---

[3] Alle Texte der Entscheidungsexperimente wurden von mir übersetzt.

unsichere Ereignisse als sicher betrachtet werden und deshalb diese Alternativen bevorzugt werden (Slovic, Lichtenstein, Fischhoff 1988: 703, Tversky, Kahneman 1981: 455). In allen Fällen wird die vermeintlich sichere Alternative gewählt.

2.2. Das Ellsberg-Paradox (Ambiguitäts-Aversion)

Das *Ellsberg-Paradox* beruht ebenfalls auf einer Verhaltenstendenz, nach der unsichere Alternativen grundsätzlich gemieden werden (Ellsberg 1961: 654, Sudgen 1992: 45). Das Entscheidungsexperiment stellt sich wie folgt dar:

Aus einer Urne wird eine Kugel durch Zufall gezogen. In der Urne befinden sich 30 rote Kugeln und zusammen 60 schwarze und gelbe Kugeln. Es stehen die folgenden Gewinnmöglichkeiten zur Auswahl:

A: I   100$ bei einer roten Kugel, sonst nichts

II   100$ bei einer schwarzen Kugel, sonst nichts

B: III   100$ bei einer roten und 100$ bei einer gelben Kugel

IV   100$ bei einer schwarzen und 100$ bei einer gelben Kugel.

Alternative I impliziert eine Gewinnwahrscheinlichkeit von 0,30, d.h. ein 30%iges Risiko, zu verlieren, Alternative II grundsätzliche Unsicherheit (Ambiguität), weil jede Kombination von schwarzen und gelben Kugeln möglich ist (die schwarzen Kugeln können mit Wahrscheinlichkeiten von 0,01 bis 0,59 auftreten). Alternative III bietet mindestens eine Wahrscheinlichkeit von 0,31 und Alternative IV eine Wahrscheinlichkeit von 0,60, die 100$ zu gewinnen. Auch mit Wissen über die EU-Theorie ist eine Beachtung ihrer Regeln bei diesem Experiment nicht einfach: Savage selbst unterlag dem Paradox (Ellsberg 1961: 656) - und ließ sich dennoch nicht von der Nützlichkeit seines Unabhängigkeitsaxioms abbringen (Eisenführ, Weber 1993: 326): Wie die meisten Personen zeigte er die Tendenz, Ambiguität zu vermeiden und I vor II sowie IV vor III zu präferieren. Diese Tendenz verletzt das Sure-Thing-Prinzip, wonach die Wahl von I vor II und III vor IV erfolgen muß (Slovic, Lichtenstein, Fischoff 1988: 695).[4]

---

[4]   Das Sure-Thing-Prinzip entspricht dem Unabhängigkeitsaxiom, nach dem die Bewertung einer Konsequenz unabhängig davon sein muß, welches die in der entsprechenden Situation sonst noch möglichen Konsequenzen sind (s. 1). Dies ist, wie angemerkt, in diesem Beispiel nicht der Fall. Wenn p(R), p(S) und p(G) die Wahrscheinlichkeiten bezeichnen, eine rote Kugel (R), eine schwarze Kugel (S) oder eine gelbe Kugel (G) zu ziehen, und x für den gleichbleibenden Nutzen des Gewinns steht, dann gilt nach den Regeln des EU-Modells I > II dann und nur

In der Nachfolge des Ellsberg-Paradox liegen zahlreiche Versuche vor, eine Erklä-
rung für das paradoxe Verhalten in Ambiguitätssituationen zu finden (Curley, Yates,
Abrams 1986, Einhorn, Hogarth 1985, 1987, Levi 1990: 130, Sarin 1992: 154, 158,
Sudgen 1992: 46). Ambiguität bedeutet hier Unsicherheit in Bezug auf die genaue
Verteilung der schwarzen und gelben Kugeln. Zumeist wird eine Alternative mit
unsicheren Handlungsfolgen als riskante Option konzipiert (Kahneman, Tversky
1984: 341). Hier aber unterscheidet sich Unsicherheit von Risiko darin, daß die
Wahrscheinlichkeit der Handlungsfolgen nicht präzise angegeben ist. Daher kann das
Risiko nicht sicher bestimmt und der Erwartungswert nicht berechnet werden. Die
begriffliche Abgrenzung von Unsicherheit, Ambiguität und Risiko ist bei vielen
Autoren nicht sehr deutlich, aber es läßt sich zusammenfassen, daß Unsicherheit
einen handlungsblockierenden Zweifel für menschliche Entscheidungen darstellen
kann (Lipshitz, Strauss 1997: 150). Das Ellsberg-Paradox zeigt damit ein Beispiel für
eine Strategie der Entscheidung unter Unsicherheit, die *Ambiguitäts-Aversion*.

2.3.   Der Isolation-Effekt

Der *Isolation-Effekt* beruht auf dem Sachverhalt, daß die Aufmerksamkeit in
Entscheidungssituationen eher auf Unterschiede zwischen den Alternativen
als auf gleiche Komponenten gerichtet wird (Kahneman, Tversky 1979: 271).
Gezeigt wurde der Effekt mit Hilfe des folgenden zweistufigen Spiels:

Auf der ersten Stufe besteht eine 75%-ige Wahrscheinlichkeit, das Spiel ohne Ge-
winn zu beenden und eine 25%-ige Wahrscheinlichkeit, in die zweite Stufe zu ge-
langen.
Auf der zweiten Stufe haben Sie die Wahl zwischen
A: 4000 mit einer Wahrscheinlichkeit von 0,80
B: 3000 mit Sicherheit

Es läßt sich mit Hilfe der Formel für den Erwartungswert multipliziert mit
der Wahrscheinlichkeit von 0,25 für das Erreichen der zweiten Stufe berech-
nen, daß Alternative A besser als B ist (800 statt 750). Die meisten Personen
präfererieren aber B vor A. Die Probanden fassen das Entscheidungsproblem
offensichtlich als Wahl zwischen einer sicheren und einer unsicheren Alternative auf. Es wird dabei schlicht die erste Stufe ignoriert und die Alternative
B verdankt ihre Attraktivität der trügerischen Sicherheit, was auch als Pseu-

---

dann, wenn p(R)x > p(S)x. Entsprechend impliziert IV vor III die Präferenz p(S ∪
G)x > p(R ∪ G)x. Wenn die Wahrscheinlichkeiten additiv verknüpft sind, gilt p(S
∪ G)x = p(S)x + p(G)x (weil p(S ∩ G) = 0). Dann aber impliziert IV > IIII die
Präferenz p(S)x > p(R)x, was mit der vorherigen Ungleichung nicht mehr über-
einstimmt.

do-Sicherheit bezeichnet wird (s. 2.1). Dieses Verhalten widerspricht dem Axiom der Unabhängigkeit und dem Axiom über die Reduktion zusammengesetzter Lotterien.

2.4. Der Reflection-Effekt und der Framing- bzw. Wording-Effekt

Der *Reflection-Effekt* bezeichnet das Phänomen unterschiedlicher Präferenzmuster in Abhängigkeit von Entscheidungen über Gewinne oder Verluste (Kahneman, Tversky 1979: 268). Dieser Effekt widerspricht ebenfalls den Annahmen der Nutzentheorie. Die Formulierung des Entscheidungsexperiments, mit der sich diese Anomalie nachweisen läßt, lautet folgendermaßen:

Problem 1 mit positiven Aussichten (Prospects):
Wählen Sie zwischen A: 4000 mit einer Wahrscheinlichkeit von 0,80
                      B: 3000 mit Sicherheit
Problem 1: mit negativen Aussichten (Prospects):
Wählen Sie zwischen C: -4000 mit einer Wahrscheinlichkeit von 0,80
                      D: -3000 mit Sicherheit

Problem 2 mit positiven Aussichten (Prospects):
Wählen Sie zwischen A: 3000 mit einer Wahrscheinlichkeit von 0,02
                      B: 6000 mit einer Wahrscheinlichkeit von 0,01
Problem 2 mit negativen Aussichten (Prospects):
Wählen Sie zwischen C: -3000 mit einer Wahrscheinlichkeit von 0,02
                      D: -6000 mit einer Wahrscheinlichkeit von 0,01

Im Entscheidungsproblem 1 mit positiven Aussichten ist A die zwar riskante, aber bessere Alternative (3200 Gewinneinheiten gegenüber 3000 Einheiten). Sie wird von den wenigsten Befragten präferiert, was dem Certainty-Effekt entspricht. Im negativen Bereich aber ist die sichere Option D auch gleichzeitig die bessere Alternative (-3200 gegenüber -3000), was jedoch die wenigsten Probanden davon abhält, die schlechtere Alternative C zu wählen. Die Präferenzen der Befragten ändern sich damit von grundsätzlicher Risikoaversion im positiven Bereich zu Risikofreudigkeit im negativen Bereich, d.h. der Vorzeichenwechsel in der Experimentalbeschreibung impliziert eine Inversion der Präferenzordnung. Hinzu kommt, daß kleine Wahrscheinlichkeiten in der Regel überschätzt und hohe Wahrscheinlichkeiten unterschätzt werden. Dies zeigte sich in weiteren Entscheidungsaufgaben mit verschiedenen Wahrscheinlichkeiten, wie z.B. in Problem 2, bei dem der Reflection-Effekt ebenfalls auftritt. Obwohl die Erwartungswerte aller Alternativen mit 60 Einheiten ausgezeichnet sind, werden auch hier die Optionen B und C von den meisten Personen bevorzugt. Es findet somit eine Präferenzumkehr statt, die nicht mehr durch eine Ambiguitätsaversion erklärt werden kann (Kahneman, Tversky 1979: 269).[5] Ursächlich sind vielmehr mentale Framing-Prozesse.

Der *Framing-Effekt* besteht darin, daß Problemformulierungen, die die Aufmerksamkeit auf Gewinne oder Verluste lenken, die Verwendung eines jeweils speziellen Entscheidungsrahmens induzieren. Ein solcher Rahmen führt dazu, daß bei zwei identischen Entscheidungsaufgaben mit unterschiedlicher Formulierung die Versuchspersonen unterschiedliche Präferenzen zeigen. Dieser Effekt widerspricht dem Unabhängigkeitsaxiom, nach dem die Präferenzen - unabhängig von der Darstellung oder Wortwahl - stabil sind.

Das wohl berühmteste Entscheidungsproblem, bei dem Framing-Effekte beobachtet wurden, ist das Asian-Disease-Problem (Tversky, Kahneman 1981: 453):

Problem 1 (Rettung-/Gewinn-Frame):
Stellen Sie sich vor, daß die US-Regierung sich auf den Ausbruch einer ungewöhnlichen asiatischen Krankheit vorbereitet, von der erwartet wird, daß sie 600 Personen tötet. Zwei alternative Programme zur Bekämpfung dieser Krankheit wurden vorgeschlagen. Nehmen Sie an, daß die exakten wissenschaftlichen Schätzungen der Folgen der beiden Programme wie folgt sind:
A: 200 Personen werden gerettet.
B: Es gibt eine Wahrscheinlichkeit von 1/3, daß 600 Personen gerettet werden und eine Wahrscheinlichkeit von 2/3, daß niemand gerettet wird.

Problem 2 (Tod/ Verlust-Frame):
Stellen Sie sich vor, daß die US-Regierung sich auf den Ausbruch einer ungewöhnlichen asiatischen Krankheit vorbereitet, von der erwartet wird, daß sie 600 Personen tötet. Zwei alternative Programme zur Bekämpfung dieser Krankheit wurden vorgeschlagen. Nehmen Sie an, daß die exakten wissenschaftlichen Schätzungen der Folgen der beiden Programme wie folgt sind:
C: 400 Personen werden sterben.
D: Es gibt eine Wahrscheinlichkeit von 1/3, daß daß niemand sterben wird und eine Wahrscheinlichkeit von 2/3, daß 600 Personen sterben werden.

In allen Alternativen besteht der Erwartungswert nach der EU-Theorie in 200 geretteten Personen bzw. 400 nicht geretteten Personen, so daß keine Option

---

[5]   Eine Modellierung für diesen Sachverhalt sowie verschiedener anderer Präferenzumkehreffekte bietet die Prospekt-Theorie (s. 3.3).

attraktiver sein dürfte. Das typische empirische Präferenzmuster zeigt aber wie beim Reflection-Effekt eine Bevorzugung von A und D, d.h. die Präferenzen sind bei Gewinnen risikoavers und bei Verlusten risikofreudig (ausführlich hierzu: der Beitrag von Stocké in diesem Band).

2.5. Der Reference-Point-Effekt

Der *Reference-Point-Effekt* bezeichnet das Phänomen, daß die Beurteilung von Alternativen nicht nach ihrem absoluten Wert, sondern nach ihrem Wert bezüglich eines Referenzpunktes erfolgt, der den Verlauf der Nutzenfunktion bestimmt. Der Referenzpunkt ist der Punkt, der neutral beurteilt wird und demnach die Unterscheidung der Alternativen nach Gewinnen und Verlusten ermöglicht (Tversky, Kahneman 1981: 456). Wenn die Nutzenfunktion (wie es z.b. in der Prospekt-Theorie angenommen wird) im Gewinn- und Verlustbereich unterschiedlich verläuft, kann eine Veränderung des Referenzpunktes die Präferenzordnung und damit die Entscheidung wesentlich beeinflussen (Kahneman, Tversky 1979: 286). Ein typisches experimentelles Entscheidungsproblem, das den Reference-Point-Effekt nachweist, stellt sich wie folgt dar:

Stellen Sie sich eine Person vor, die mit Spekulationen bereits 2000 verloren hat. Nun besteht die Wahl zwischen   A: 1000 sicher zu gewinnen
B: 2000 mit einer Wahrscheinlichkeit von 0,5
0 mit einer Wahrscheinlichkeit von 0,5

Dieses Entscheidungsproblem kann als Wahl zwischen den Alternativen A und B betrachtet werden, wobei die Entscheidung im Gewinnbereich liegt, da beide Alternativen einen Erwartungswert von 1000 aufweisen. Andererseits könnte der Referenzpunkt aber auch so liegen, daß zwischen A (-1000) und B (-1000) entschieden wird, weil die vorherigen Verluste in die Entscheidung miteinbezogen werden. Die durchgeführten Experimente zeigen, daß sich die Präferenzmuster je nach Referenzpunktsetzung unterscheiden. Der Referenzpunkt kann generell dem Status Quo oder einem Anspruchslevel entsprechen, aber auch ein spezieller Frame kann den Referenzpunkt bestimmen (Tversky, Kahneman 1981: 456, Schoemaker 1982: 550). Insofern sind Referenz-Punkt-Effekte auch meistens gleichzeitig Reflection- und Framing-Effekte, die in Kombination mit Sunk-Cost- und Mental-Accounting-Effekten auftreten können (s.u.).

2.6. Mental-Accounting

Mental-Accounting ist ein Ausdruck für das Phänomen, daß Verluste im Geiste summiert werden. Es verletzt die Annahme der Nutzentheorie, daß jede Entscheidung eine von früheren Erlebnissen unabhängige Wahl ist, die sich nur am Erwartungswert der aktuellen Alternativen orientiert. Es zeigt sich aber, daß frühere Kosten durchaus mit einkalkuliert werden und deshalb z.B. für verschiedene Ausgaben nach subjektiven Kriterien unterschiedliche mentale „Konten" von Bedeutung sind, wie das folgende Beispiel zeigt (Tversky, Kahneman 1981: 457):

Problem 1:
Stellen Sie sich vor, Sie haben sich entschieden, ein Theaterstück anzusehen, das 10 Dollar Eintritt kostet. Als Sie das Theater betreten, bemerken Sie, daß Sie eine 10-Dollar-Note verloren haben. Würden Sie trotzdem 10 Dollar für die Theaterkarte ausgeben?

Problem 2:
Stellen Sie sich vor, Sie haben sich entschieden, ein Theaterstück anzusehen, das 10 Dollar Eintritt kostet und haben bereits eine Eintrittskarte gekauft. Als Sie das Theater betreten, bemerken Sie, daß Sie die Eintrittskarte verloren haben. Würden Sie 10 Dollar für eine weitere Theaterkarte ausgeben?

In beiden Entscheidungsproblemen beträgt der tatsächliche Verlust 10 Dollar. Die meisten Personen werden jedoch nur im ersten Fall eine Eintrittskarte kaufen und im zweiten Fall nicht. Eine Erklärung besteht darin, daß bei Problem 2 der gesamte Preis einer Karte auf 20 Dollar ansteigen würde, was vielen zu teuer erscheint, während der Verlust eines Geldscheines bei Problem 1 nicht im Zusammenhang mit dem Theaterbesuch gebracht wird und daher auch keine Auswirkungen auf die Entscheidung hat.

2.7. Sunk-Cost-, Endowment- und Opportunity-Cost-Effekte

Der von Thaler (1985: 47) beschriebene *Sunk-Cost-Effekt* bezieht sich auf ein zum Mental-Accounting ähnliches Phänomen. Auch hier beeinflussen entgegen den Annahmen der Nutzentheorie bereits ausgegebene Beträge die aktuellen Entscheidungswahlen. Ein Beispiel gibt die folgende Anekdote:

Ein Mann ist Mitglied in einem Tennisclub und bezahlt 300 Dollar Jahresbeitrag. Nach zwei Wochen bekommt er einen Tennisarm. Er spielt aber trotz der Schmerzen weiter, weil er die 300 Dollar nicht verschenken will.

Eine mögliche Erklärung für den Sunk-Cost-Effekt könnte eine generelle Tendenz zur Vermeidung von Verschwendung sein. Dies kann zu dem paradoxen (und allg. bekannten) Ergebnis führen, daß weitere Summen für nicht mehr lohnenswerte Investitionsobjekte ausgegeben werden, um frühere Ausgaben zu rechtfertigen (Arkes 1993: 6f).

Der in diesem Zusammenhang noch erwähnenswerte *Endowment-Effekt* besteht darin, daß durch Eigentum eine Trägheit in (ökonomischen) Entscheidungen hervorgerufen wird, die dazu führt, daß bessere Alternativen nicht in Anspruch genommen werden: Bereits im eigenen Besitz befindliche Gegenstände werden im Vergleich zu möglichen Gewinnen durch den Erwerb anderer Gegenstände im Wert überschätzt (Thaler 1980, 1985, Kahneman, Knetsch, Thaler 1991). Weil sich Personen häufig ungern von Gegenständen trennen, sind sie nicht bereit, diese für weit höhere Summen herzugeben, als sie für deren Erwerb ausgeben würden. Daher werden Opportunitätskosten, d.h. die aufgrund der Entscheidung gegen eine andere, eventuell bessere, Alternative anfallenden Kosten, unterschätzt *(Opportunity-Cost-Effekt)*. Es ist aber eine der grundlegenden Annahmen der neoklassischen Ökonomie, daß Opportunitätskosten mit direkten Kosten gleichgesetzt werden müssen. Zur Illustration führt Thaler folgendes Beispiel an:

Mr. R. hat in den 50er Jahren eine Kiste guten Wein für etwa 5 Dollar pro Flasche gekauft. Einige Jahre später bietet sein Weinhändler an, den Wein zum Preis von 100 Dollar pro Flasche zurückzukaufen. Er lehnt das Angebot ab, obwohl er noch nie mehr als 35 Dollar für eine Flasche Wein bezahlt hat.

Zusammengefaßt entspricht diese Anomalie dem häufig zu beobachtenden Sachverhalt, daß der Wert mancher langjähriger Besitztümer überschätzt und direkte Kosten im Verleich zu potentiellen Gewinnen ebenfalls überschätzt werden.[6]

---

[6] Diese Wirkungsweisen werden auch unter dem Stichwort „Loss-Aversion" behandelt. Thaler hat zur Modellierung solcher Effekte die Transaction-Utility-Theorie vorgeschlagen (1985).

3. Konsequenzen für die Entscheidungstheorie

Ein häufiger Einwand gegen das Prinzip der Erwartungswertmaximierung lautet, daß es hinsichtlich der Annahmen über die Präferenzen nicht falsifizierbar sei (Schmidt 1996: 52, Thaler 1992: 2). Demgegenüber zeigen die experimentell nachgewiesenen Anomalien, daß das einfache EU-Modell mit der Realität nicht übereinstimmen muß. Der Verdacht, daß die Nutzentheorie gleichwohl als immunisierte Theorie (Lakatos 1974) zu betrachten ist, liegt dennoch nahe, da trotz vielfältiger empirischer Gegenevidenzen die Theorie im Kern unangetastet weiterverfolgt wird bzw. in einigen Fachbereichen sogar einen Aufschwung erlebt (z.B. in der Soziologie, vgl. Diekmann 1996, Diekmann, Preisendörfer 1992, Bamberg, Schmidt 1993, 1994, Bamberg, Lüdemann 1996). Allerdings ist das Bild in der Forschungspraxis nicht einheitlich: Ausdrücklich zur Analyse und Untersuchung der entscheidungstheoretischen Anomalien wurde (seit Anfang 1997) sogar ein Sonderforschungsbereich eingerichtet (SFB 504 an der Universität Mannheim: Rationalitätskonzepte, Entscheidungsverhalten und Ökonomische Modellierung).

Welche Konsequenzen haben Anomalien für die Formulierung der Entscheidungstheorie? Letzten Endes bleiben mehrere Möglichkeiten: die Leugnung des Vorhandenseins von Anomalien, die Relativierung ihrer Relevanz für die Entscheidungstheorie, die Anpassung des Mikro-Modells an die Anomalien und die Veränderung der Parameter, die Infragestellung und gegebenenfalls auch die Revidierung des Mikro-Modells auf der Basis von kognitions- und sozialpsychologischen Erkenntnissen im Rahmen des Behavioral-Decision-Forschungsprogramms bzw. einer sozialwissenschaftlichen Orientierung oder schließlich die Behauptung, daß Anomalien auf der Mikroebene durch Aggregation auf der Makroebene bedeutungslos werden. Mit diesen Argumenten beschäftigen sich die nachfolgenden Abschnitte (zur Übersicht vgl. Abb. 1, in Anlehnung an Frey und Eichenberger 1989a: 86).

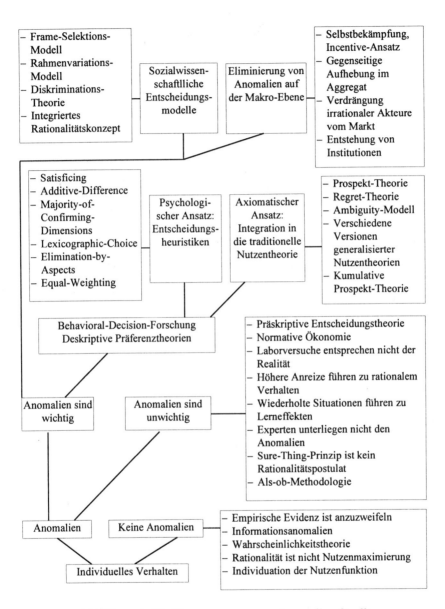

Abbildung 1: Die Konsequenzen von Anomalien für die
entscheidungstheoretisch orientierte Forschung

3.1. Zur Validität der experimentell nachgewiesenen Anomalien

Eine einfache Replik auf die experimentell begründete Kritik am EU-Modell ist die grundsätzliche Infragestellung der Anomalien. Das Hauptargument besteht darin, die empirische Evidenz der Experimente abzustreiten. Beispielhaft zeigt sich diese Position in der Diskussion des für die Anwendung der Entscheidungstheorie grundlegenden Problems der Präferenzumkehr.

Nach den Postulaten der Nutzentheorie ist eine Präferenzumkehr ausgeschlossen, da die Präferenzordnung vordefiniert ist. Demgegenüber kann aus den Ergebnissen der zitierten Untersuchungen geschlossen werden, daß Präferenzen durch die Präsentation des Entscheidungsproblems beeinflußt werden. So besteht der Präferenzumkehreffekt beim Asian-Disease-Problem darin, daß durch Framing eine bestimmte Nutzenfunktion induziert und damit eine bestimmte Präferenzordnung hervorgerufen wird. Angenommen wird, daß diese Präferenzunterschiede „within subjects" auftreten, d.h. eine Person ändert in Abhängigkeit von der Formulierung ihre Entscheidung. Geprüft wird der Effekt allerdings nur über die Auswertung relativer Häufigkeiten: Bisher wurden lediglich Unterschiede auf der Gruppenebene und nicht Präferenzumkehrungen durch Framing bei einzelnen Individuen beobachtet, da jede Experimentalgruppe nur eine Art der Formulierung vorgelegt bekam (Tversky, Kahneman 1981: 453). Tatsächlich wird also in den ursprünglichen Experimenten nicht die individuelle Präferenzumkehr getestet, sondern lediglich, ob sich die von den meisten Versuchspersonen bevorzugte Alternative ändert, wenn in der Aufgabenstellung ein Vorzeichenwechsel vorliegt.

Untersuchungen auf individueller Ebene lassen die tatsächliche Bedeutung der Präferenzumkehreffekte zumindest relativieren. Hershey und Schoemaker (1980: 413, 416) fanden keine Bestätigung einer allgemeinen Präferenzumkehr. Cohen, Jaffrey und Said (1985: 215, 219, 1987) konnten einen Reflection-Effekt bei einer Within-Subject-Analyse ebenfalls nicht nachweisen. Tatsächlich wurden in Replikationen oftmals nicht einmal Präferenzumkehreffekte „between subjects" gefunden. Fagley und Miller (1987) konnten beispielsweise überhaupt keine Framing-Effekte in ihren Untersuchungen feststellen. Insgesamt gibt es aber im Vergleich zur Bedeutung, die diesem Effekt in der Anomaliendiskussion beigemessen wird, nur sehr wenige Replikationsversuche (Bohm, Lind 1992: 356, Fagley, Miller 1990: 498, Kopp 1995, Miller, Fagley 1991, Maule 1989). Kaum eine Replikation erbringt dabei so starke Effekte wie sie in der Ausgangsstudie von Kahneman und Tversky nachgewiesen wurden (Levin u.a. 1985, Bottom, Studt 1993,

Fischoff 1983), zum Teil treten die Effekte nur unter bestimmten Bedingungen auf (Kopp 1995, Kühberger 1994, Wang 1996, Stocké in diesem Band). Die Existenz der entscheidungstheoretischen Anomalien wird häufig im Hinblick auf die Notwendigkeit des sparsamen Umgangs mit kognitiven Ressourcen (Hogarth 1980, Kahneman, Slovic, Tversky 1982, Nisbett, Ross 1980) und den Bedingungen der Entscheidung unter Unsicherheit (Einhorn, Hogarth 1985, 1987, Lipshitz, Strauss 1997, Plümper 1996) begründet, die nutzenmaximierende Entscheidungen unmöglich machen. Ein Einwand gegen diese Art der Kritik am EU-Modell lautet, daß diese Phänomene lediglich „Informationsanomalien" beschreiben, nicht aber Anomalien der Entscheidungstheorie (Brachinger 1991: 86, Schubert 1990: 497). Das Prinzip der Erwartungsnutzenmaximierung ist demzufolge richtig, aber die Wahrnehmung der Inputs ist subjektiv verzerrt. Ein ähnliches Argument besteht darin, daß zwischen „Anomalien im eigentlichen subjektiven Sinn des Bernoulli-Paradigmas und Anomalien in einem erweiterten objektivierten Sinn" unterschieden werden soll (Brachinger 1991: 91). Bernoulli-rational ist die Maximierung des subjektiv erwarteten Nutzens, unabhängig davon, ob die subjektiven Einschätzungen mit den objektiven Wahrscheinlichkeiten übereinstimmen.

Mitunter werden Entscheidungsexperimente auch als völlig ungeeignet zum Test der Nutzentheorie betrachtet. Der „Trick" in der Aufgabenstellung typischer Experimente liegt darin, daß die vorgelegten Alternativen gleiche Nutzenerwartungen haben. Im Falle des Asian-Disease-Problems würden entweder 400 Personen sicher sterben oder 600 Personen mit einer Wahrscheinlichkeit von 2/3 sterben, so daß nach Berechnung des Erwartungswertes zu erwarten ist, daß ebenfalls 400 Personen sterben werden. Das impliziert die Vorstellung, daß 600 mal mit einem Würfel, der zwei Seiten hat, die „gerettet" bedeuten, um das Leben einer jeden Person unabhängig gewürfelt wird. In dieser Perspektive hat jede Person eine Überlebenswahrscheinlichkeit von genau 1/3 und ist daher nach dem Würfeln zu einem Drittel lebendig. Diese Interpretation der Wahrscheinlichkeiten für Einzelereignisse ist aber unsinnig, denn bei einem Einzelereignis hat ein Wahrscheinlichkeitswert keine Bedeutung. Nach dem Gesetz der großen Zahl müßten 400 Personen sterben. Allerdings könnten ebenso alle sterben oder alle gerettet werden oder es könnte jede beliebige Verteilung dazwischen auftreten, weil bei diesem Experiment nur einmal über alle Kranken gewürfelt wird. Die auf diesen Beispielen beruhenden Effekte müssen daher keine Anomalien darstellen, wenn eine frequentistische Interpretation von Wahrscheinlichkeiten unterstellt wird (und nicht die in diesem Forschungsbereich dominierende Neo-Bayesianische Sichtweise, Gigerenzer 1991: 88ff). Demnach können durchaus Unterschiede zwischen der Einschätzung der Wahrscheinlichkeit von Einzelereignissen und der relativen Häufigkeit von Ereignissen „in the long run" bestehen. Urteilsverzerrungen und Entscheidungsanomalien infolge von Fehleinschätzungen der Bedeutung von Wahrscheinlichkeitsangaben dieser Art können durch alternative Präsentationen und Fragestellungen vermieden werden.

Eine zu dieser Perspektive ähnliches Argument, das gegen die empirische Evidenz der Anomalien der ökonomischen Entscheidungstheorie angeführt wird, besteht in der Aufhebung der strengen Annahmen der Nutzenmaximierung („Rationalität ist nicht Nutzenmaximierung"). Damit treffen die beobachteten Anomalien nicht mehr zu und die Entscheidungstheorie erscheint mit der psychologischen Annahme einer begrenzten Rationalität vereinbar (Esser 1993a: 227, Frey 1989: 77, Simon 1993).

Eine andere Art der Leugnung jeglicher Anomalien besteht in der „Erklärung" durch Unterstellung entsprechender Präferenzen. Hierzu gehören Versuche, psychische Kosten- und Nutzenaspekte und ideosynkratische Elemente in die Nutzenfunktion einzubringen, so daß jede Handlung post facto erklärbar wird. Verschiedene Experimente konnten immer wieder zeigen, daß individuelle Unterschiede in der Tendenz zu bestimmten Situationsinterpretationen und Handlungsentscheidungen bestehen (Hershey, Schoemaker 1980, Siegler 1990, Wright 1985). So ist der subjektive Wert von Geld (das „objektive" Nutzenmaß in den experimentellen Untersuchungen) nicht nur abhängig von der finanziellen Situation der Akteure. Subjektive Zufriedenheit mit dem bereits erreichten Niveau scheint ebenfalls wichtig zu sein (Yablonsky 1991). Derartige Phänomene können auf Persönlichkeitsunterschieden beruhen, zumindest jedoch auf variantenreichen Präferenzmustern, die sich z.B. in unterschiedlichen Formen von Risikoaversion oder Risikofreudigkeit zeigen können. Dies kann ein Anlaß für die Interpretation jeder Anomalie im Lichte „individuierter Präferenzen" sein (Schmidt 1996: 52). Allerdings wird die Theorie mit diesem sicher sehr verlockenden Verfahren immunisiert und verliert an Erklärungskraft (Kirchgässner 1991: 59, Schmidt 1996: 52, Schmitt 1996: 119).

3.2. Zur generellen Bedeutsamkeit der Anomalien

Das gehäufte Auftreten der Verhaltensparadoxa zeigt, daß mit der traditionellen Risikonutzentheorie vielfach keine adäquate Beschreibung des individuellen Entscheidungsverhaltens vorliegt (Eisenführ, Weber 1993: 345, Frey 1990: 170, Frey, Eichenberger 1989a: 88). Zwar gibt es, wie beschrieben, verschiedene Strategien die üblicherweise experimentell nachgewiesenen

Anomalien grundsätzlich infragezustellen, letztlich erscheint dies in Anbetracht der empirischen Evidenzen aber als ein eher zweifelhafter Versuch zur Rettung der Nutzentheorie. Gleichwohl gibt es bezüglich der generellen Bedeutsamkeit der beobachteten Anomalien sehr unterschiedliche Ansichten, die vor allem zu einer Kontroverse zwischen Verfechtern der präskriptiven und deskriptiven Entscheidungstheorie geführt haben: Die präskriptive Entscheidungstheorie dient als Unterstützung bei komplizierten Entscheidungsproblemen und wird daher nach Meinung ihrer Vertreter nicht von Anomalien beeinträchtigt. Eisenführ und Weber (1993: 326) vertreten vielmehr die Ansicht, daß gerade die drohende Irrationalität in Fällen, wie sie z.B. das Ellsberg-Paradox beschreibt, eine Begründung für die Notwendigkeit einer präskriptiven Entscheidungstheorie, die eine rationale Vorgehensweise garantiert, liefert.

Innerhalb der normativen Ökonomie werden Anomalien gemäß Definition aus dem Bereich der Analyse ausgeschlossen (Frey 1990: 170, Hogarth, Reder 1987: 6ff). Auf ähnliche Weise wird argumentiert, daß diejenigen Lebensbereiche, in denen Anomalien vermehrt auftreten, nicht mit Hilfe des ökonomischen Ansatzes zu analysieren seien. Gegenüber diesem Argument ist einzuwenden, daß eine Vielzahl ernstzunehmender Versuche zur Modellierung substantiell nicht-ökonomischer Fragestellungen mit Hilfe der Nutzentheorie vorliegen (Becker 1993, McKenzie, Tullock 1984). Anomalien sind daher wichtige Probleme für den Rational-Choice-Ansatz und die Ökonomie, sofern sie als Verhaltenswissenschaft verstanden wird (Frey 1990, 1992, Frey, Eichenberger 1989a, 1989b, 1994, Hogarth, Reder 1987).

Hier setzt allerdings das Argument an, daß aufgrund der üblicherweise sehr speziellen Problemstellungen in den experimentellen Designs und ihrer Formulierung als Gewinnspiele die Übertragbarkeit der Ergebnisse auf natürliche Situationen und damit die Generalisierbarkeit der nachgewiesenen Anomalien problematisch ist. So sind Entscheidungen über Leben und Tod (wie im Asian-Disease-Problem) sehr wichtig und irreversibel, insofern liegt risikoaverses Verhalten besonders nahe. Framing-Effekte treten deshalb auch besonders stark bei Fragen über Menschenleben auf (Slovic, Fischhoff, Lichtenstein 1982, Dawes 1988: 35). Allerdings sind solche Entscheidungen im Alltagsleben auch besonders selten; insofern sind die nachgewiesenen Framing-Effekte bei Fragen über Sterben oder Überleben keineswegs überraschend, aber vielleicht auch nicht beispielhaft für Alltagshandeln.

Ebenso untypisch für Alltagshandeln sind Gewinnspiele mit bekannten Wahrscheinlichkeiten. Nur in Situationen, in denen die Gewinnchancen bereits vorgegeben oder tatsächlich mit Hilfe der Wahrscheinlichkeitstheorie berechenbar sind, kann eine Risikoanalyse in der Weise stattfinden, wie in den Experimenten gefordert wird. In der Realität trifft dies aber lediglich für Lotterien und Glücksspiele zu. Weil aber die Nutzentheorie bisher nur selten in natürlichen Situationen angewendet wurde, ist die hier naheliegende Schlußfolgerung, daß sich die experimentell nachgewiesenen Anomalien nicht auf natürliche Ereignisse übertragen lassen, mit Vorbehalten zu betrachten.

Die Bedeutsamkeit der beobachteten Anomalien soll allerdings auch dahingehend zu relativieren sein, daß sie bei genügend hohen Anreizen, in wiederholten Situationen und insbesondere bei Konsultation von Experten nicht auftreten. Diese Argumente sind nicht gut begründet, kann ihnen doch entgegengehalten werden, daß sie bisher kaum bestätigt werden konnten (Frey 1990: 170, 1992: 177, Frey, Eichenberger 1989a: 88).

Zahlreiche entscheidungstheoretische Anomalien stellen Abweichungen vom Sure-Thing-Prinzip dar. Allerdings wird von den meisten Probanden selbst auf Nachfrage und eingeräumten Möglichkeiten zu einer Korrektur die in diesem Sinn gegebene Fehlerhaftigkeit ihrer Entscheidung nicht eingesehen. Das eigene Verhalten wird vielmehr als rational interpretiert (Brachinger 1991: 89ff). Dieser häufig zu beobachtende Sachverhalt legt die Einschätzung nahe, daß das Sure-Thing-Prinzip im Gegensatz zu den meisten anderen Axiomen der Entscheidungstheorie nicht als allgemeines Rationalitätspostulat akzeptabel ist.

Eine weiterhin von zahlreichen Autoren vertretenes Argument bezüglich der eingeschränkten Bedeutung der experimentell beobachteten Anomalien des EU-Modells enthält den Hinweis auf fehlende Alternativen zum ökonomischen Verhaltensmodell und auf dem Sachverhalt, daß die Theorie „nur" zur Erklärung gesellschaftlicher Prozesse dienen solle. Daher kann - auch bei Anerkennung von unvollständiger Information, begrenzter individueller Informationsverarbeitungskapazität usw. - die einfache Nutzentheorie im Sinne einer „Als-ob-Theorie" aufrechterhalten bleiben. Diese Position kann als Instrumentalismus oder auch Pragmatismus bezeichnet werden. Ob sie weiterführt, ist allerdings eine andere Frage (Kirchgässner 1993: 194, Kunz 1996: 86ff).

3.3. Zur Anpassung und Erweiterung des EU-Modells

Die deskriptive Entscheidungstheorie als ein Ansatz zur Modellierung realen Entscheidungsverhaltens wird vor allem im Rahmen der Behavioral-Decision-Forschung verfolgt. Dieser Forschungszweig beschäftigt sich mit unterschiedlichen Erweiterungen des Erwartungsnutzenmodells und integriert auch alternative Entscheidungsmodelle (s. 3.4). Weil es um die Beschreibung und Erklärung realen menschliches Entscheidungsverhaltens geht, ist hier die korrekte Erfassung der Präferenzen von zentraler Bedeutung.

Der hier zunächst naheliegende Umgang mit den dargestellten Anomalien besteht in ihrer Integration in eine erweiterte und angepaßte Form der Erwartungsnutzentheorie. Eine solche Anpassung des Modells an die beobachteten Präferenzmuster wird z.B. in der sehr bekannt gewordenen Prospekt-Theorie versucht. Daneben gibt es aber noch eine ganze Reihe von Modellen mit ähnlicher Zielrichtung, wie die Regret-Theorie (Loomes, Sudgen 1982), das Ambiguity-Modell (Einhorn, Hogarth 1985, 1987) und verschiedene generalisierte Nutzentheorien (Camerer 1988, 1992, Edwards 1992, Keller 1992, Leland 1994, Luce 1992, Machina 1987, Sarin 1990). Ein solches Vorgehen wird auch als „axiomatischer Ansatz" bezeichnet (Frey, Eichenberger 1994: 217).

Hier soll kurz auf eine Gruppe von Nutzentheorien näher eingegangen werden, die zur Klasse der *Subjective-Expected-Utility-Theorie* (SEU) zählen. Sie ist dadurch gekennzeichnet, daß die Wahrscheinlichkeiten von den objektiven bzw. vom Betrachter als objektiv unterstellten Wahrscheinlichkeiten abweichen können (Edwards 1955, Ramsey 1931, Savage 1954). Einem Ereignis kann damit von zwei verschiedenen Akteuren eine unterschiedliche subjektive Auftretenswahrscheinlichkeit zugewiesen werden. Ebenso kann die Bewertung eines Ereignisses nach subjektiven Kriterien erfolgen. Die wichtigsten Bestandteile der Theorie des subjektiv erwarteten Nutzens sind also die subjektive Nutzenfunktion und die subjektive Wahrscheinlichkeitsverteilung; die Maximierungsregel über eine Menge von Alternativen entspricht derjenigen der EU-Theorie (Simon 1993: 22).

Auch die *Prospekt-Theorie* gehört zu dieser Gruppe von modifizierten Nutzentheorien. Hierbei ist in ein Modell für Entscheidungen unter Risiko ein Framing-Prozeß integriert[7] (Kahneman, Tversky 1979, Tversky, Kahnemann 1981, vgl. auch Abelson, Levi 1985: 246ff, Baron 1988: 330ff, Dawes 1988: 34ff, Slovic, Lichtenstein, Fischhoff 1988: 701ff, Lattimore, Witte 1986:

---

[7] Der Vorgang des Framings entspricht einer Definition der Situation, die durch die jeweilige Problemformulierung automatisch hervorgerufen wird. Damit gehen Veränderungen der Präferenzen einher, wodurch Certainty-, Reflection-, und Reference-Point-Effekte erklärbar werden. Die subjektive Situationswahrnehmung impliziert die Nichtlinearität von Entscheidungsgewichten und entsprechender Nutzenfunktionen. So erscheinen die Handlungsalternativen unterschiedlich günstig, je nachdem, ob ein Verlust- oder ein Gewinn-Frame induziert wurde und es findet eine Präferenzumkehr statt (vgl. die weiteren Hinweise im Text).

127ff, Stocké in diesem Band, Yates 1990: 284ff). Es ergeben sich daher mehrere Differenzen zur herkömmlichen Nutzentheorie.

Der erste Unterschied liegt darin, daß Verluste und Gewinne bzw. Kosten und Nutzen nach der Prospekt-Theorie nicht absolut wahrgenommen werden, sondern nur relativ zu einem Referenzpunkt. Zweitens fällt die Nutzenfunktion v nicht linear aus, sondern ist s-förmig gestaltet (Kahneman, Tversky 1979: 277ff, Tversky, Kahneman 1981: 454). Sie weist, wie in der neoklassischen Ökonomie generell üblich, einen abnehmenden Grenznutzen auf; im positiven Bereich (Gewinn-Frame) ist sie jedoch nicht so steil wie im negativen Bereich (Verlust-Frame). Die Eigenschaft der Verlustaversion bei potentiellen Verlusten wird in einer konvexen Nutzenfunktion im Verlustbereich abgebildet; sie geht damit mit einer Tendenz zur Risikobereitschaft einher (Kahneman, Tversky 1984: 342). Jeder Nutzenwert wird - drittens - nicht mit der einfachen Auftretenswahrscheinlichkeit, sondern mit einer gewichteten Wahrscheinlichkeit multipliziert. Die Gewichtungsfunktion π ist ebenfalls nicht linear, sie stellt den Zusammenhang zwischen der Auftretenswahrscheinlichkeit und dem Entscheidungsgewicht, das dieser Wahrscheinlichkeit im Entscheidungsprozeß beigemessen wird, dar (Kahneman, Tversky 1979: 280ff, Tversky, Kahneman 1981: 454). Die Formel für den Erwartungswert einer Alternative sieht dann so aus: $V = \Sigma \; \pi(p_i) \; v(x_i)$.

Aufgrund verschiedener empirischer und formaler Defizite (hierzu: Fagley, Miller 1987, Cohen, Jaffray, Said 1985, 1987) stellten Tversky und Kahneman 1992 eine Erweiterung der Prospekt-Theorie vor: die kumulative Prospekt-Theorie (*„Cumulative Prospect Theory"*). Das Entscheidungsverhalten orientiert sich hier an folgendem Muster: risikoavers für Gewinne und risikobereit für Verluste mit hoher Wahrscheinlichkeit, risikofreudig für Gewinne und risikoavers für Verluste mit geringer Wahrscheinlichkeit. Dies entspricht dem Muster instabiler Risikobereitschaft nach Cohen, Jaffray und Said (1987: 10).

Darüber hinaus wird in der kumulativen Prospekt-Theorie eine Erweiterung vorgenommen, die die im Vergleich zur herkömmlichen Nutzentheorie bereits komplexe Prospekt-Theorie noch unübersichtlicher macht: für Gewinne und Verluste werden nicht nur unterschiedliche Nutzenfunktionen, sondern auch unterschiedliche Gewichtungsfunktionen postuliert. Der von Gigerenzer gestartete Generalangriff auf das „heuristics and biases"-Programm von Kahneman und Tversky (Kahneman, Slovic, Tversky 1982, Gigerenzer 1991, 1993, Gigerenzer, Hoffrage, Kleinbölting 1991) und die Kritik an der damit verbundenen Vorgehensweise trifft somit besonders auf die kumulative Prospekt-Theorie zu: Einige experimentell gewonnenen Effekte werden zugleich mit Ad-hoc-Erklärungen versehen, so daß die Theorie plausibel scheint, da sie die in vorliegenden Untersuchungen nachgewiesenen Anomalien erfolgreich relativiert. Insofern kann die Intention der psychologischen Entscheidungstheorien von Kahneman und Tversky auch als „debiasing" von identifizierten „biases" bezeichnet werden (Slovic, Lichtenstein, Fischhoff 1988: 683, Hammond, McClelland, Mumpower 1980: 47). Auf Grund dieser Vorgehensweise besticht die Prospekt-Theorie in ihren beiden Varianten zwar durch mathematische Eleganz, aber es werden keine Vorstellungen dahingehend entwickelt, welche Prozesse zu den integrierten Framing-Effekten führen; kurz: Es fehlt den Theorien an „Erklärungstiefe" (Yates 1990: 303, 344).

3.4. Alternative Entscheidungsmodelle und die Anwendung von Heuristiken

Die Revidierung der Nutzentheorie erfolgt im Rahmen der Behavioral-Decision-Forschung mittels einer Vielzahl von erweiterten oder vereinfachten Entscheidungsmodellen (vgl. Haug 1995). Das Satisficing-Modell wird im folgenden dargestellt; weitere Modelle sind z.b. das Additive-Difference-Modell (Tversky 1969), das Majority-of-Confirming-Dimensions-Modell (Russo, Dosher 1983), das Lexicographic-Choice-Modell (Encarnación 1987), die Lexicographic-Semiorder-Regel (Tversky 1969), das Elimination-by-Aspects-Modell (Tversky 1972a, 1972b), die Conjunctive-Rule (Abelson, Levi 1985), die Equal-Weighting- oder Equiprobable-Heuristic-Regel (Thorngate 1980); weitere Entscheidungsstrategien werden von Josephs, Giesler, Silvera (1994), Tversky, Sattath, Slovic (1988), Busemeyer, Townsend (1993) und Shafir, Tversky (1992) diskutiert. Die zentrale Gemeinsamkeit der Modelle innerhalb dieses „psychologischen Ansatzes" (Frey, Eichenberger 1994: 216) ist die Anerkennung kognitiver Kapazitätsgrenzen des Menschen. Dies impliziert die Aufgabe der Annahme perfekter Information und das Zulassen von Daumenregeln zur Entscheidungsfindung; eine Sichtweise, die nur in Ausnahmefällen den Weg in die Ökonomie gefunden hat (Hogarth, Reder 1987, Schoemaker 1982, Simon 1955, 1982, 1993, Winter 1964).

Die in diesem Rahmen diskutierten Entscheidungsstrategien sind heuristisch funktionierende Alternativen zum klassischen EU-Modell. Die Bezeichnung „Heuristik" wird dann verwendet, wenn kein Entscheidungsalgorithmus vorliegt, der bei korrekter Anwendung ein richtiges Ergebnis garantiert, sondern nach einer Faust- oder Daumenregel verfahren wird. Die EU-oder SEU-Regel ist dagegen ein Entscheidungsalgorithmus, da mit ihrer Hilfe in jedem Fall der Nutzen hinsichtlich des Ziels maximiert wird, d.h. die Wahl der (subjektiv) besten Alternative zwingend folgt. Es hat sich in Simulationen und Experimenten allerdings gezeigt, daß Heuristiken oftmals effiziente Methoden darstellen, um unter Zeitdruck und unvollständiger Information Entscheidungen zu treffen. Die kognitive Anstrengung wird demnach an die Komplexität des Entscheidungsproblems und das Anspruchsniveau angepaßt (Engemann, Radtke, Sachs 1989, Jungermann u.a. 1987, Payne, Bettman, Johnson 1988, 1990, 1992, 1993, Payne u.a. 1990, Thorngate 1980).

Nach Einschätzung der meisten Autoren steht fest, daß Entscheidungen mit Hilfe von unterschiedlichen Strategien modelliert werden können, die sich mehr oder weniger deutlich von der (S)EU-Regel unterscheiden (Abelson, Levi 1985: 259ff, Tversky, Kahneman 1990: 81f, Payne, Bettman, Johnson 1990: 150). Auch Hogarth (1980: 160) hält z.B. neben der Salienz der Information bei der Wahrnehmung die Wahl der Verarbeitungs- oder Entscheidungsregel für die zentrale Frage bei der Untersuchung der empirisch festgestellten „verzerrten" Entscheidungsergebnisse. Und es läßt sich tatsächlich zeigen, daß Individuen flexibel in der Wahl der Strategie sind (Payne, Bettman, Johnson 1993: 37). Oftmals werden dabei Regeln angewendet, die zu einer (im Hinblick auf das EU-Modell) suboptimalen Handlungswahl führen (Abelson, Levi 1985: 268, Payne, Bettman, Johnson 1993: 22ff). Daher gewinnt die Frage nach dem „Auslöser" für eine bestimmte Strategie, d.h. die Frage nach den Determinanten der Strategieselektion, an Bedeutung.

In den meisten Fällen wird hierbei eine Art Strategiewahl auf einer Metaebene unterstellt, die ihrerseits einer Kosten-Nutzen-Kalkulation unterliegt (Beach, Mitchell 1978). So wird die Benutzung der Entscheidungsregeln häufig in Verbindung mit Variablen des Entscheidungsproblems, wie Komplexität (d.h. Anzahl der Alternativen und Attribute), Zeitdruck, Störungen, Unterschiedlichkeit der Dimensionen und Informationsformat (d.h. Präsentation der Aufgabe) gebracht, wobei Aufwand und Ertrag gegeneinander abgewogen werden (Payne, Bettman, Johnson 1990: 129). Zum Aufwand- und Ertrags-Ansatz können auch Strategieselektionsmodelle im Bereich der Informationsverarbeitung (Gadenne 1993, Russo, Dosher 1983), der Einstellungsbildung (Fazio 1990) und der Modusselektion (Esser 1996, s. 3.6) gezählt werden. In allen Modellen erfolgt eine motivations- und situationsangemessene Verwendung von systematischer oder automatisch-heuristischer Informationsverarbeitung. Die R.A.W.F.S.-Heuristik („Reduction, Assumption-based Reasoning, Weighting Pros and Cons, Forestalling, Suppression") von Lipshitz und Strauss (1997: 158f) zeigt in Form eines Prozeßmodells, wie Entscheidungen unter verschiedenen Arten von Unsicherheit im Gegensatz zum traditionellen Modell der Entscheidungstheorie erfolgen können.

Handlungsstrategien können zwischen Personen und Situationen flexibel variieren und jeweils habituell angewendet oder neu erfunden werden. Diese realistische Sichtweise ist kennzeichnend für einen Ansatz, der Ent-

148

scheidungsstrategien als Adaption an Umweltbedingungen unter kognitiven und motivationalen Beschränkungen der Rationalität auffaßt (Payne, Bettman, Johnson 1988, 1990, 1992, 1993) und von einer „bounded rationality" der Akteure ausgeht (Simon 1982, Selten 1990).

In den „*Models of Bounded Rationality*" macht Simon (1982, 1987) den berühmt gewordenen Versuch, vor allem Erkenntnisse über die begrenzte Kapazität in der individuellen Informationsverarbeitung in die entscheidungstheoretische Analyse explizit einzubeziehen. Die *Satisficing-Regel* ist eine Heuristik, mit deren Hilfe unter Berücksichtigung der Informationsbeschaffungskosten eine „befriedigende" Alternative gefunden werden kann. Das Entscheidungsverhalten, das nach dieser Heuristik funktioniert, stellt im Sinne des EU-Modells eine Anomalie dar, da „Satisficing" statt „Maximicing" erfolgt: Erstens wird keine perfekte Informationslage angenommen. Darüber hinaus wird - zweitens - von einem Anspruchsniveau ausgegangen; dieser Schwellenwert muß mindestens erreicht werden, um eine Handlungsalternative als ausreichend zu betrachten. Die Regel lautet dann folgendermaßen (Simon 1955: 11):

1. Suche nach einem Set S' möglicher zukünftiger Zustände - einer Teilmenge aller tatsächlich möglichen Outcomes - so daß der Payoff $V_{(s)}$ auf alle Fälle befriedigend ist, d.h., oberhalb des Schwellenwertes $V_{(s)} = 0$ liegt.
2. Suche nach einer Verhaltensalternative a, deren sämtliche möglichen Outcomes in S' enthalten sind.

Von Bedeutung ist, daß die Satisficing-Regel nutzenmaximierendes Verhalten nicht ausschließt: Wenn das gesamte Spektrum der Alternativen und alle Informationen bekannt sind und auch beachtet werden (was aber sehr unwahrscheinlich ist), ist Satisficing identisch mit dem EU-Ansatz. Für alle übrigen Fälle wird hier unterstellt, daß die Alternativen sequentiell betrachtet werden und die erstbeste befriedigende Lösung akzeptiert wird, da Unsicherheit darüber besteht, ob eine bessere Alternative überhaupt existiert. Erst wenn keine befriedigende Alternative auf Anhieb gefunden wird, werden weitere Informationen in den Entscheidungsprozeß einbezogen und so das Set erweitert. Liegen mehrere Alternativen über dem angenommenen Schwellenwert, liegt die Vermutung nahe, daß dieser höher angesetzt wird, um in einem erneuten Durchgang zwischen den verbliebenen Alternativen entscheiden zu können. Der Ausgang der Entscheidung hängt somit vor allem vom jeweiligen Schwellenwert ab.

3.5. Eliminierung von Anomalien auf der Makro-Ebene?

Weder die Überlegungen von Simon noch die Formulierung alternativer Entscheidungsmodelle haben die Praxis der ökonomischen Mainstream-Forschung in den Wirtschafts- und Sozialwissenschaften wesentlich beeinflußt. Vielmehr weisen ihre Vertreter häufig darauf hin, daß Anomalien individuellen Verhaltens auf der gesellschaftlichen Ebene eliminiert werden und insofern für die Analyse *sozialer* Prozesse nur von untergeordneter Bedeutung sind (s. hierzu auch die Beiträge von Kunz und Plümper in diesem Band). So wird im Rahmen des „Incentive"-Ansatzes (Frey, Eichenberger 1994: 217) von einer Art individuellem Selbstbekämpfungs-Mechanismus gegenüber Anfälligkeiten zu paradoxem Verhalten ausgegangen. Eine ähnliche Begründung ergibt sich aus der Behauptung, daß irrational handelnde Akteure aus dem Markt gedrängt werden und auf diese Weise rationales Verhalten systematisch erzeugt wird (Frey 1990: 174f, 1992: 178, Frey, Eichenberger 1989a: 91f).

Darüber hinaus sollen eine Reihe weiterer Institutionen, wie öffentliche und private Verwaltungen, staatliche Regelungen, der demokratische Staat insgesamt und auch die Familie, die experimentell beobachteten Anomalien in sozialen Kontexten abschwächen (Frey 1990: 176, 1992: 183ff, Frey, Eichenberger 1989a: 94). Ebenfalls können Institutionen, wie z. B. Normen oder Traditionen oder auch Märkte, spontan als Reaktion auf individuelle Verhaltensanomalien entstehen und diese reduzieren, kompensieren oder eliminieren (Frey 1990: 177ff, 1992: 190, Frey, Eichenberger 1989a: 94, 1989b).

Die Vorhersagen sind allerdings nicht eindeutig: Unter bestimmten Bedingungen wird gleichfalls zugestanden, daß Institutionen wie die staatliche Steuergesetzgebung oder Verhandlungssysteme individuelle Entscheidungsanomalien auf der gesellschaftlichen Ebene noch verstärken können (Frey 1990: 176, 1992: 179). In diesem Fall wird die Anwendung der orthodoxen Nutzentheorie selbst zur ausschließlichen Erklärung von Makro-Phänomenen als wenig erfolgversprechend eingeschätzt (Frey, Eichenberger 1989a: 86).

3.6. Sozialwissenschaftliche Entscheidungsmodelle

Im Gegensatz zur rein ökonomisch orientierten Forschung sind nicht nur in der Psychologie, sondern auch in den Sozialwissenschaften vermehrt Bemühungen zu verzeichnen, dem Phänomen der begrenzten Rationalität gerecht zu werden. Die Anerkennung der Bedeutsamkeit von entscheidungstheoretischen Anomalien für die Anwendung der Nutzentheorie innerhalb der Sozialwissenschaften sowie die konzeptionelle Nähe des Framings von Entscheidungen, wie es im Rahmen der Behavioral-Decision-Forschung diskutiert wird, zu den einschlägigen Überlegungen im Rahmen des Symbolischen Interaktionismus (v.a. Goffman 1993) hat verschiedene Autoren veranlaßt, sozialpsychologische Erkenntnisse in die Entscheidungstheorie zu integrieren und die Erwartungsnutzentheorie um realistische Elemente unter expliziter Einbeziehung kognitionspsychologischer Annahmen zu erweitern. Ein Beispiel für ein sozialwissenschaftliches Framing-Modell soll im folgenden vorgestellt werden, das Modell zur Wahl von Alltagsroutinen, zur Definition der Situation und zur Modus- und Modell-Selektion von Esser (1990, 1991, 1993a, 1993b, 1996). Daneben bestehen aber auch andere Möglichkeiten, beispielsweise die Modelle von Heiner (1983, 1985, 1986), das Diskriminations-Modell von Lindenberg (1981, 1989), das Rahmenvariations-Modell von Kunz (1996) und das integrierte Rationalitätskonzept von Plümper (1996), das die Satisficing-Heuristik, die Prospekt-Theorie und das Signal-Rausch-Abstands-Theorem der Wahrnehmung zu einem einheitlichen Modell verbindet.

Nach Esser kann das an einem Frame orientierte Handeln folgendermaßen in ein mehrstufiges Modell der rationalen Wahl integriert werden:

1. *Kognition:* Auf der ersten Stufe erfolgt die Wahrnehmung der Situation durch Mustererkennung, d.h. durch Wahl eines Schemas (oder Skripts) aus den vorliegenden Wissensstrukturen aufgrund von Vergleichen der Informationen bzw. Signale mit den möglichen Repräsentationen der Situation (Esser 1991: 63).

2. *Evaluation:* Mit der Definition der „Relevanzstruktur" der Situation wird die Handlungswahl auf ein einziges Ziel hin orientiert. „Die Vereinfachung der Zielstruktur von Situationen erfolgt durch die Angabe *eines* die Situation kennzeichnenden übergreifenden Ziels" (Esser 1990: 238). Hinsichtlich der möglichen Realisation dieses Ziels ergeben sich bestimmte Kosten und Nutzen für die Bündel von Handlungsvektoren. Auf diese Weise können die einzelnen Handlungsoptionen mit Hilfe ihrer Erwartungsnutzenterme bewertet werden. Es erfolgt gegebenenfalls die Wahl einer bereits bekannten Handlungssequenz, d.h. einer Handlungsroutine oder eines Habits. Habits sind „Vereinfachungen der Struktur der Mittel" (Esser 1991: 65), die, sofern für die Situation eine passende Routine gespeichert ist, die Entscheidung erleichtern. Weitere Abwägungen werden damit überflüssig.

3. *Selektion* der Handlung mit dem höchsten SEU-Wert. Der Frame gibt das dominante Ziel in einer Situation an, nach dem sich die Beurteilung der

Handlungsalternativen und die Wahl der Handlung richtet und ist somit der handlungsentscheidende Faktor.

Das Framing-Modell von Esser soll (wie auch das Diskriminations-Modell von Lindenberg) eine Vereinfachung in der Zielstruktur der Akteure modellieren. Dabei unterliegt die Entscheidung für einen Frame ebenfalls einer rationalen Wahl (Esser 1991: 71f). Dazu werden die Nutzenerwartungen aus dem Handeln innerhalb des jeweiligen Frames benötigt und die subjektive Wahrscheinlichkeit, daß der jeweilige Frame auch vorliegt: Wenn diese für einen Frame p ist, dann ist sie für einen alternativen Frame entsprechend der Annahme der Komplementarität $1\text{-}p$. Die über die Wahrscheinlichkeitswerte modellierte Einschätzung der Gültigkeit eines Frames entspricht der subjektiven Sicherheit bei der Interpretation einer Situation; und diese wird erlernt und ist variabel: Die Definition der Situation hängt vom Bekanntheitsgrad ab, d.h. indirekt von der Lerngeschichte und von der Deutlichkeit der Symbole. Ist die Situation bekannt und eindeutig und sind die entsprechenden Symbole daher als signifikant erkannt, so wird die Wahrscheinlichkeit annähernd 1 und der entsprechende Frame wird in der Entscheidungs- und Handlungssituation verwendet. Die Merkmale der Situation, bestehend aus Nutzenerwartungen aus den möglichen Handlungen, werden so ausgewertet, daß eine Entscheidung über die Beibehaltung der aktuellen Sichtweise oder ein Perspektivenwechsel maximalen subjektiven Nutzen erbringt.

In einer neueren Version des Framing-Modells wird der Mechanismus der Frame- bzw. jetzt „Modell"-Selektion mit einer rationalen Wahl des Informationsverarbeitungs-Modus verknüpft (Esser 1996). Beide Selektionen erfolgen nach der SEU-Regel (bzw. in der hier dargestellten Modellierung eigentlich nach dem EU-Wert im Sinne der Entscheidungstheorie). Das Entscheidungsmodell für die Orientierung an einem Frame oder Modell kann dann folgendermaßen dargestellt werden (Esser 1996: 21): Ein Wechsel des Modells i zum Modell j findet unter der Bedingung SEU(i) > SEU(j) statt. Dabei gilt: SEU(i) = $(1\text{-}p)U_i$ - pU_j und SEU(j) = pU_j - $(1\text{-}p)U_i$, woraus die Schwellenwertfunktion U_j / U_i > $(1\text{-}p)/p$ folgt. Der Framewechsel hängt somit von einer geringen Überzeugung, daß das aktuelle Modell gilt, und von einem hohen potentiellen Nutzen des Handelns innerhalb des alternativen Frames ab.

Für die Erklärung der Wahl des Informationsverarbeitungs-Modus wird zwischen zwei zentralen Modi unterschieden, dem Rational-Choice-Modus *(rc)* und dem Automatic-Processing-Modus *(ap)*. Für den Wechsel zum rc-Modus aus dem ap-Modus wird ein zur Modellselektion analoger Mechanismus angenommen (Esser 1996: 23), d.h. rationales Entscheiden erfolgt, wenn

$U_j - cU_i > C/q$, wobei SEU(ap) = cU_i und SEU(rc) = $qU_j + (1 - q)cU_i - C$ ist. Von einer Verhaltensroutine im ap-Modus wird also nur unter der Bedingung abgewichen, daß die Sicherheit c gering ist, der kognitive Aufwand einer rationalen Entscheidung C nicht zu groß ausfällt, die Erwartung q, eine bessere Alternative zu finden, hoch und der relative Nutzen der alternativen Verhaltensoption ebenfalls hoch ist, d.h. es muß ausreichende Motivation bestehen. Dies steht in Einklang mit anderen Modellen der rationalen Strategieselektion (s. 3.4).

Das Frame-Selektions-Modell von Kunz (1996) stellt eine allgemeinere Formalisierung einer rationalen Wahl von Orientierungsrahmen dar. Die Wahl eines neuen Frames erfolgt, wenn dieser mit hoher Wahrscheinlichkeit Nutzen bringt. Dabei müssen auch Kosten berücksichtigt werden, die nicht nur wie im Modell von Esser aus den Alternativkosten, d.h. dem entgangenem Gewinn aus dem alternativen Frame, bestehen, sondern aus Informationskosten oder psychischen Kosten der Dissonanzreduktion. Die Formel für eine Entscheidung für den Frame i im Vergleich zu j sieht dann folgendermaßen aus (Kunz 1996: 164): $\pi U(F_i) - (1-\pi)U(F_j) - C_i > (1-\pi)U(F_j) - \pi U(F_i) - C_j$. Die Sicherheit, mit der ein Orientierungsrahmen gilt, wiegt auch in diesem Modell einen eventuell höheren Nutzen eines alternativen Frames auf, so daß eine gewisse Änderungsresistenz von Einstellungen erklärbar ist.

4. Schlußbemerkung

Zusammenfassend kann festgestellt werden, daß das traditionelle Menschenbild des Homo Oeconomicus bei Vertretern des Rational-Choice-Paradigmas in den Sozialwissenschaften zunehmend einer realistischeren Modellierung weicht. Die Ersetzung des Homo Oeconomicus durch das sogenannte RREEMM-Modell („Resourceful, Restricted, Evaluating, Expecting, Maximizing Man", Esser 1993a: 239, Lindenberg 1985: 100) stellt eine der wesentlichen Konsequenzen aus den empirisch nachgewiesenen Anomalien der klassischen EU-Theorie dar. Notwendig für die Anwendung eines Entscheidungsmodells sind aber in jedem Falle Brückenannahmen über die Ziele, Bedürfnisse, Präferenzen, die theoretisch (Lindenberg 1996) oder empirisch gewonnen werden können (Kelle, Lüdemann 1995). Gilleßen und Mühlau (1994: 37ff) geben einige Hinweise, nach welchen Kriterien die Formulierung von Brückenanahmen unter der Methode der abnehmenden Abstraktion (Lindenberg 1991) erfolgen kann.

Literaturverzeichnis

Abelson, R. P./ A. Levi, 1985: Decision Making and Decision Theory. In: Lindzey, G./ E. Aronson (Hg.): Handbook of Social Psychology, Bd. 1: Theory and Method. New York, 231-309

Allais, M., 1953: Le Comportement de l'homme rationnel devant le risque: Critique des postulats et axiomes de l'école americaine. In: Econometrica, 21, 503-546

Arkes, H. R., 1993: Some Practical Judgement and Decision-Making Research. In: Castellan, N. J. (Hg.): Individual and Group Decision Making. Current Issues. Hillsdale, New Jersey, 3-17

Arkes, H. R./ K.R. Hammond (Hg.), 1986: Judgment and Decision Making: An Interdisciplinary Reader. Cambridge

Bamberg, S./ P. Schmidt, 1993: Verkehrsmittelwahl - eine Anwendung der Theorie geplantes Verhalten. In: Zeitschrift für Sozialpsychologie, 25-37

Bamberg, S./ C. Lüdemann, 1996: Eine Überprüfung der Theorie des geplanten Verhaltens in zwei Wahlsituationen mit dichotomen Handlungsalternativen: Rad vs. PKW und Container vs. Hausmüll. In: Zeitschrift für Sozialpsychologie, 32-46

Baron, J., 1988: Thinking and Deciding. Cambridge

Bazermann, H. M., 1984: The Relevance of Kahneman and Tversky's Concept of Framing to Organizational Behavior. In: Journal of Management, 10, 333-343

Beach, L.R./ T. R. Mitchell, 1987: Image Theory: Principles, Goals, and Plans in Decision Making. In: Acta Psychologica, 66, 201-220

Becker, G. S., 1993: Der ökonomische Ansatz zur Erklärung menschlichen Verhaltens, 2.Aufl. Tübingen

Bell, D. E./ H. Raiffa/ A.Tversky, 1988: Decision Making: Descriptive, Normative and Prescriptive Interactions. Cambridge

Bettman, J. R./ P. Kakkar, 1977: Effects of Information Presentation Format on Consumer Information Acquisition Strategies. In: Journal of Consumer Research, 3, 233-240

Bohm, P./ H. Lind, 1992: A Note on the Robustness of a Classical Framing Result. In: Journal of Economic Psychology, 13, 355-361

Bottom, W. P./ A. Studt, 1993: Framing Effects and the Distributive Aspect of Integrative Bargaining. In: Organizational Behavior and Human Decision Processes, 56, 459-474

Brachinger, H. W., 1991: Das Erwartungsnutzenmodell: Sein Anomaliebegriff und die "Vernünftigkeit" seiner Prämissen. In: Jahrbuch für Nationalökonomie und Statistik, 208, 81-93

Busemeyer, J. R./ J. T. Townsend, 1993: Decision Field Theory: A Dynamic-Cognitive Approach to Decision Making in an Uncertain Environment. In: Psychological Review, 100, 432-459

Camerer, C. F., 1988: An Experimental Test of Several Generalized Utility Theories. In: Journal of Risk and Uncertainity, 2, 61-104

Camerer, C. F., 1992: Recent Tests of Generalizations of Expected Utility Theory. In: Edwards, W. (Hg.): Utility Theories: Measurements and Appplications, Boston: Kluwer, 207-251

Clotfelter, C. T./ P. J. Cook, 1991: Lotteries in the Real World. In: Journal of Risk and Uncertainty, 4, 227-232

Cohen, M./ J. Jaffray/ T. Said, 1987: Experimental Comparison of Individual Behavior under Risk and under Uncertainty for Gains and for Losses. In: Organizational Behavior and Human Decision Processes, 39, 1-22

Cohen, M., J. Y. Jaffray and T. Said, 1985: Individual Behavior under Risk and under Uncertainty: An Experimental Study. In: Theory and Decision, 18, 203-228

Curley P./ J. F. Yates/ R. A. Abrams, 1986: Psychological Sources of Ambiguity Avoidance. In: Organizational Behavior and Human Decision Processes, 38, 230-256

Dawes, R. M., 1988: Rational Choice in an Uncertain World. San Diego

Diekmann, A., 1996: Anwendungen und Probleme der Theorie rationalen Handelns im Umweltbereich. In: Diekmann, A./ C.C. Jaeger (Hg.): Umweltsoziologie, Sonderheft 36 der Kölner Zeitschrift für Soziologie und Sozialpsychologie, 88-118

Diekmann, A./ P. Preisendörfer, 1992: Persönliches Umweltverhalten. Diskrepanzen zwischen Anspruch und Wirklichkeit. In: Kölner Zeitschrift für Soziologie und Sozialpsychologie, 44, 226-251

Druwe, U./ V. Kunz (Hg.), 1994: Rational Choice in der Politikwissenschaft. Grundlagen und Anwendungen. Opladen

Druwe, U./ V. Kunz (Hg.), 1996: Handlungs- und Entscheidungstheorie in der Politikwissenschaft. Opladen

Edwards, W., 1955: The Prediction of Decisions Among Bets. In: Journal of Experimental Psychology, 50, 201-214

Edwards, W. (Hg.)., 1992: Utility Theories: Measurements and Applications. Boston

Edwards, W./ D. van Winterfeldt, 1988: Decision Analysis and Behavioral Research

Einhorn, H. J./ R. M. Hogarth, 1981: Behavioral Decision Theory: Processes of Judgment and Choice. In: Annual Review of Psychology, 32, 53-88

Einhorn, H. J./ R. M. Hogarth, 1985: Ambiguity and Uncertainty in Probabilistic Inference. In: Psychological Review, 92, 433-461

Einhorn, H. J./ R. M. Hogarth, 1987: Decision Making under Ambiguity. In: Hogarth, R.M./ M.W. Reder (Hg.): Rational Choice. Chicago, 41-66

Eisenführ, F./ M. Weber, 1993: Rationales Entscheiden. Berlin, Heidelberg

Ellsberg, D., 1961: Risk, Ambiguity, and the Savage Axioms. In: Quarterly Journal of Economics, 75, 643-669

Encarnacion, J., 1987: Preference Paradoxes and Lexicographic Choice. In: Journal of Economic Behavior and Organization, 8, 231-248

Engemann, A./ M. Radtke/ S. Sachs, 1989: A Computer Simulation System for Individual Decision Processes. In: Upmeyer, A. (Hg.): Attitudes and Behavioral Decisions. New York, 125-148

Esser, H., 1990: "Habits", "Frames" und "Rational Choice". In: Zeitschrift für Soziologie, 19, 231-247

Esser, H., 1991: Alltagshandeln und Verstehen. Zum Verhältnis von erklärender und verstehender Soziologie am Beispiel von Alfred Schütz und "Rational Choice". Tübingen

Esser, H., 1993a: Soziologie. Allgemeine Grundlagen. Frankfurt, New York

Esser, H., 1993b: Rationality of Everyday Behavior: A Rational Choice Rekonstruction of the Theory of Action by Alfred Schütz. Rationality and Society, 5, 7-31

Esser, H., 1996: Die Definition der Situation. In: Kölner Zeitschrift für Soziologie und Sozialpsychologie, 48, 1-34

Fagley, N./ P. M. Miller, 1987: The Effects of Decision Framing on Choice of Risky v Certain Options. In: Organizational Behavior and Human Decision Processes, 39, 264-277

Fagley, N./ P. M. Miller, 1990: The Effect of Framing on Choice. Interactions With Risk-Taking Propensity, Cognitive Style, and Sex. In: Personality and Social Psychology Bulletin, 16, 496-510

Fazio, R. H., 1990: Multiple Processes by which Attitudes Guide Behavior: The MODE Model as an Integrative Framework. In: Zanna, M. P. (Hg.): Advances in Experimental Social Psychology, Bd. 23. San Diego, 75-109

Feather, N. T. (Hg.)., 1982: Expectations and Action Expectancy-Value Models in Psychology. New Jersey

Fischhoff, B., 1983: Predicting Frames. In: Journal of Experimental Psychology: Learning, Memory, and Cognition, 9, 103-116

Frey, B., 1989: Möglichkeiten und Grenzen des ökonomischen Denkansatzes. In: Schäfer, H. B./ K. Wehrt (Hg.): Die Ökonomisierung der Sozialwissenschaften: Sechs Wortmeldungen, Frankfurt, 69-101

Frey, B.S., 1990: Ökonomie ist Sozialwissenschaft. München

Frey, B.S., 1992: Economics As a Science of Human Behaviour. Boston

Frey, B.S./ R. Eichenberger, 1989a: Zur Bedeutung entscheidungstheoretischer Anomalien für die Ökonomik. In: Jahrbuch für Nationalökonomie und Statistik, 206, 81-101

Frey, B.S./ R. Eichenberger, 1989b: Anomalies and Institutions. In: Journal of Institutional and Theoretical Economics, 145, 423-437

Frey, B.S./ R. Eichenberger, 1994: Economic Incentives Transform Psychological Anomalies. In: Journal of Economic Behavior and Organization, 23, 215-234

Gadenne, V., 1993: Deduktives Denken und Rationalität. In: Hell, W./ K. Fiedler/ G. Gigerenzer (Hg.): Kognitive Täuschungen, Heidelberg, 161-189

Gigerenzer, G., 1991: How to Make Cognitive Illusions Disappear: Beyond "Heuristics and Biases". European Review of Social Psychology, 2, 83-115

Gigerenzer, G., Hoffrage, U./ H. Kleinbölting, 1991: Probabilistic mental models: A Brunswikian theory of confidence. Psychological Review, 98, 506-528

Gigerenzer, G., 1993: Die Repräsentation von Information und ihre Auswirkung auf statistisches Denken. In: Hell, W./ K. Fiedler/ G. Gigerenzer (Hg.): Kognitive Täuschungen. Heidelberg, 99-128

Gilhooly, K. G., 1990: Decision Making and Judgement. In: Eysenck, M. W. (Hg.): The Blackwell Dictionary of Cognitive Psychology, Oxford, 88-93

Gilleßen, C./ P. Mühlau, 1994: Grundzüge strukturell- individualistischer Theoriebildung, in: Druwe, U./ V. Kunz: Rational Choice in der Politikwissenschaft, Opladen, 26-52

Goffman, E., 1993: Rahmen-Analyse, 3.Aufl., Frankfurt

Güntzel, J./ S. Weil, 1992: Paradoxa, Dilemmata und Anomalien in der ökonomischen Theorie. In: Jahrbuch für Nationalökonomie und Statistik, 210, 3-4, 302-314

Hammond, K. R./ G. H. McClelland/ Mumpower, 1980: Human Judgment and Decision Making. New York

Haug, S., 1995: Frameselektion und Strategieselektion. Erweiterte Modelle rationaler Handlungsentscheidungen (unveröff. Diplomarbeit). Mannheim,

Heap, S. H., 1992: Rationality. In: Heap, H. et al. (Hg.): The Theory of Choice. Oxford, 3-25

Heiner, R. A., 1986: Uncertainty, Signal-Detection Experiments, and Modeling Behavior. In: Langlois (Hg.): Economics as a Process. Cambridge, 59-116

Heiner, R. A., 1983: The Origin of Predictable Behavior. In: American Economic Review, 560-595

Heiner, R. A., 1985: Origin of Predictable Behavior: Further Modeling and Applications. In: The American Economic Review, 75, 391-396

Hershey, J. C./ P. J. H. Schoemaker, 1980: Prospect Theory's Reflection Hypothesis: A Critical Examination. In: Organizational Behavior and Human Performance, 25, 395-418

Hirshleifer, J./ A. Glazer, 1992: Price Theory and Applications, 5. Aufl. Englewood Cliffs, New York

Hogarth, .R. (Hg.)., 1990: Insights in Decision Making. Chicago

Hogarth, R., 1980: The Psychology of Decision. Chichester

Hogarth, R./ M. Reder, 1987: Rational Choice. The Contrast between Economics and Psychology. Chicago and London

Janis, I. L./ L. Mann, 1977: Decision Making. New York

Josephs, R. A., R. B. Giesler and D. H. Silvera, 1994: Judgment by Quantity. In: Journal of Experimental Psyhcology: General, 123, 21-32

Kahneman, D./ A.Tversky, 1979: Procpect Theory: An Analysis of Decision under Risk. In: Econometrica, 47, 263-291

Kahneman, D./ A Tversky, 1984: Choice, Values and Frames. In: American Psychologist, 39, 342-350

Kahneman, D./ J. L. Knetsch/ R. H. Thaler, 1991: The Endowment Effekt, Loss Aversion, and Status Quo Bias. In: Journal of Economic Perspectives, 5, 193-206

Kahneman, D./ Slovic P./ A. Tversky (Hg.), 1982: Judgment Under Uncertainty: Heuristics and Biases, Aufl. 1991. Cambridge

Kelle, U./ C. Lüdemann, 1995: Rational Choice und das Problem der Brückenannahmen. In: Kölner Zeitschrift für Soziologie und Sozialpsychologie, 47, 249-267

Keller, R. L., 1992: Properties of Utility Theories and Related Empirical Phenomena. In: Edwards, W. (Hg.): Utility Theories: Measurements and Applications. Boston, 3-26.

Kirchgässner, G., 1991: Homo Oeconomicus. Tübingen

Kirchgässner, G., 1993: Hält sich der Homo Oeconomicus an Regeln? In: Jahrbuch für Neue Politische Ökonomie, Bd. 12, 181-209

Kopp, J., 1995: Zur Stabilität von Framing-Effekten bei Entscheidungssituationen - eine Replikation und Modifikation des 'Asian disease problem' von Kahneman und Tversky. In: Zeitschrift für Sozialpsychologie, 26, 107-118

Kühberger, A., 1995: The Framing of Decisions: A New Look at Old Problems. In: Organizational Behavior and Human Decison Processes, 62, 230-240

Kuhn, T., 1991: Die Struktur wissenschaftlicher Revolutionen, 2. rev. Aufl. Frankfurt

Kunz, V., 1996: Empirische Ökonomik. Handlungstheoretische Grundlagen der Erklärung politischer und sozialer Prozesse. Marburg

Kunz, V., 1997: Theorie rationalen Handelns. Konzepte und Anwendungsprobleme. Opladen

Lakatos, I., 1974: Falsifikation und die Methodologie wissenschaftlicher Forschungsprogramme. In: Lakatos, I./ A. Musgrave (Hg.): Kritik und Erkenntnisfortschritt. Braunschweig, 89-190

Lattimore P./ A. Witte, 1986: Models of Decision Making under Uncertainty: The Criminal Choice. In: Cornish, D. B./ R. V. Clarke (Hg.): The Reasoning Criminal. New York, 129-155

Lee, C. M. C./ A. Shleifer/ R. H. Thaler, 1990: Close-End Mutual Funds. In: Journal of Economic Perspetives, 4, 4, 153-164

Leland, J. W., 1994: Generalized Similarity Judgments: An Alternative Explanation for Choice Anomalies. In: Journal of Risk and Uncertainty, 9, 151-172

Leventhal, H./ A. J. Tomarken, 1986: Emotion: Today's Problems. In: Annual Review of Psychology, 37, 565-610

Levi, I., 1990: Hard Choice Decision Making Under Unresolved Conflict, 3. Aufl. Cambridge

Levin, I. P./ R. D. Johnson/ C. P. Russo/ P. J. Deldin, 1985: Framing Effects in Judgement Tasks with Varying Amounts of Information. In: Organizational Behavior and Human Decision Processes, 36, 362-377

157

Lindenberg, S., 1981: Rational, Repetitive Choice: The Disrimination Model versus the Camilleri-Berger Model. In: Social Psychology Quarterly, 44, 312-330

Lindenberg, S., 1985: An Assessment of the New Political Economy: Its Potential for the Social Sciences and for Sociology in Particular. In: Sociological Theory, 3, 99-114

Lindenberg, S., 1989: Choice and Culture: The Behavioral Basis of Cultural Impact on Transactions. In: Haferkamp, H. (Hg.): Social Structure and Culture. Berlin, 175-200

Lindenberg, S., 1990: Homo Socio-oeconomicus: the emergence of a General Model of Man in the Social Sciences. In: Journal of Institutional and Theoretical Economics, 146, 727-748

Lindenberg, S., 1991: Die Methode der abnehmenden Abstraktion. In: Esser, H./ K. G. Troitsch (Hg.): Modellierung sozialer Prozesse Sozialwissenschaften. Bonn, 29-78

Lindenberg, S., 1996: Die Relevanz theoretischer Brückenannahmen. In: Kölner Zeitschrift für Soziologie und Sozialpsychologie, 48, 126-140

Lindenberg, S./ B. Frey, 1993: Alternatives, Frames, and Relative Prices: A Broader View of Rational Choice Theory. In: Acta Sociologica, 36, 191-205

Lipshitz, R./ O. Strauss, 1997: Coping with Uncertainty: A Naturalistic Decision-Making Analysis. In: Organizational Behavior and Human Decision Processes, 69, 149-163

Loewenstein, G./ D. Prelec, 1992: Anomalies in Intertemporal Choice: Evidence and an Interpretation. In: The Quarterly Journal of Economics, 573-597

Loewenstein, G./ R. H. Thaler, 1989: Intertemporal Choice. In: Journal of Economic Perspectives, 3, 181-193

Loomes, G./ R. Sudgen, 1982: Regret Theory: An Alternative Theory of Rational Choice under Uncertainty. In: The Economic Journal, 92, 805-824

Luce, D. R., 1992: Rational Versus Plausible Accounting. Equivalences in Preference Judgments. In: Edwards, W. (Hg.): Utility Theories. Boston, 187-205

Machina, M. J., 1987: Choice Under Uncertainty: Problems Solved and Unsolved. In: Journal of Economic Perspectives, 1, 121-154

Maule, J. A., 1989: Positive and Negative Decision Frames. In: Montgomery, H./ O. Svenson (Hg.): Process and Structure in Human Decision Making. Chichester, 163-180

McKenzie, R. B./ G. Tullock, 1984: Homo Oeconomicus. Frankfurt, New York

McNeil, B. J., S. G. Pauker and A. Tversky, 1988: On the Framing of Medical Decisions. In: Bell, D.E./ H. Raiffa/ A. Tversky (Hg.): Decision Making. Cambridge, 562-568

Miller, P. M./ N. Fagley, 1991: The Effects of Framing, Problem Variations and Providing Rationale on Choice. In: Personality and Social Psychology Bulletin, 17, 517-522

Nisbett, R./ L. Ross, 1980: Human Inference: Strategies and Shortcomings of Social Judgement. Englewood Cliffs, New Jersey.

Payne, J. W., 1976: Task Complexity and Contingent Processing in Decision Making: An Information Search and Protocol Analysis. In: Org. Beh. and Human Perf., 16, 366-387

Payne, J., 1982: Contingent Decision Behavior. In: Psychological Bulletin, 92, 382-402

Payne, J. W./ J. R. Bettman/ E. J. Johnson, 1988: Adaptive Strategy Selection in Decision Making. In: Journal of Experimental Psychology, 14, 534-552

Payne, J. W./ J. R. Bettman/ E. J. Johnson, 1990: The Adaptive Decision Maker: Effort and Accuracy in Choice. In: Hogarth, R. M. (Hg.): Insights in Dec. Making. Chicago, 129-153

Payne, J. W., Bettman, J. R./ E. J. Johnson, 1992: Behavioral Decision Research: A Constructive Processing Persepective. In: Annual Review of Psychology, 43, 87-131

Payne, J. W./ J. R. Bettman/ E. J. Johnson, 1993: The Use of Multiple Strategies in Judgment and Choice. In: Castellan, N. J. (Hg.): Individual and Group Decision Making. Current Issues. Hillsdale, New Jersey, 19-39

Payne, J. W./ E. J. Johnson/ J. R. Bettman/ E. Coupey, 1990: Understanding Contingent Choice: A Computer Simulation Approach. In: IEEE Transactions on Systems, Man and Cybernetics, 20, 296-309

Plümper, T., 1996: Entscheidung unter Unsicherheit und die Rationalität von Routinen. In: Druwe, U./ V. Kunz (Hg.): Handlungs- und Entscheidungstheorie in der Politikwissenschaft. Opladen, 177-205

Popper, K. R., 1967: The Rationality Principle. In: Miller, D. (Hg.), 1983: A Pocket Popper, 357-365

Ramsey, F. P., 1931: Truth and Probability. In: Ramsey, F.P.: The Foundations of Mathematics and Other Logical Essays. London

Riker, W. H./ P. C. Ordeshook, 1973: An Introduction to Positive Political Theory. Engelwood Cliffs, New Jersey

Rothman, A. J./ P. Salovey/ C. Antone/ K. Keough/ C. Martin, 1993: The Influence of Message Framing on Intentions to Perform Health Behaviors. In: Journal of Experimental Social Psychology, 29, 408-433

Russo, E. J./ B. A. Dosher, 1983: Strategies for Multiattribute Binary Choice. In: Journal of Experimental Psychology: Learning, Memory and Cognition, 9, 676-696

Sarin, R. K., 1990: Analyticsal Issues in Decision Methodology. In: Horowitz, I. (Hg.): Organization and Decision Theory. Boston

Savage, L. J., 1954: The Foundations of Statistics. New York:

Schmidt, T., 1995: Rationale Entscheidungstheorie und reale Personen. Marburg

Schmidt, T., 1996: Klassische Erwartungsnutzentheorie: Status, Anwendbarkeit, Perspektiven. In: Druwe, U./ V. Kunz (Hg.): Handlungs- und Entscheidungstheorie in der Politikwissenschaft. Opladen, 42-55

Schmitt, A., 1996: Ist es rational, den Rational Choice-Ansatz zur Analyse politischen Handelns heranzuziehen?. In: Druwe, U./ V. Kunz (Hg.): Handlungs- und Entscheidungstheorie in der Politikwissenschaft. Opladen, 106-125

Schoemaker, P. J. H., 1982: The Expected Utility Model: Its Variants, Purposes, Evidence and Limitations. In: Journal of Economic Literature, 20, 529-563

Schubert, R., 1990: Das Fehlen von Versicherungsnachfrage - Eine entscheidungstheoretische Anomalie?. In: Jahrbuch für Nationalökonomie und Statistik, 207, 496-509

Selten, R., 1990: Bounded Rationality. In: Journal of Institutional and Theoretical Economics, 146, 649-658

Shafir, E./ A. Tversky, 1992: Thinking through Uncertainity: Nonconsequential Reasoning and Choice. In: Cognitive Psychology, 24, 449-474

Siegler, R., 1990: How Content Knowledge, Strategies, and Individual Differences interact to Produce Strategy Choices. In: Schneider, W./ F. E. Weinert (Hg.): Interactions Among Aptitudes, Strategies, and Knowledge in Cognitive Performance. New York, 73-89

Simon, H. A., 1955: A Behavioral Model of Rational Choice. In: Simon, H. A., 1979: Models of Thought, New Haven and London, 7-20

Simon, H. A., 1982: Models of Bounded Rationality, Bd. 2. Cambridge

Simon, H. A., 1987: Rationality in Psychology and Economics. In: Hogarth, R. M./ M. E. Reder (Hg.): Rational Choice. Chicago, 25-40

Simon, H. A., 1993: Homo rationalis. Die Vernunft im menschlichen Leben. Frankfurt, New York

Slovic, P./ B. Fischhoff/ S. Lichtenstein, 1977: Behavioral Decision Theory. In: Annual Review of Psychology, 28, 1-39

Slovic, P./ B. Fischoff/ S. Lichtenstein, 1982: Response Mode, Framing, and Information-Processing Effects in Risk Assessment. In: Hogarth R. (Hg.): New Directions for Methodology of Social And Behavioral Science: Question Framing and Response Consistency. San Francisco, 21-36

Slovic, P./ S. Lichtenstein/ B. Fischoff, 1988: Decision Making. In: Atkinson, R.C., R.J. Herrenstein/ G. Lindzey/ R.C. Luce (Hg.): Stevens' Handbook of Experimental Psychology, 2. Aufl., Bd. 2. New York, 673-738

Stevenson, M. K./ J. R. Busemeyer and J. C. Naylor, 1990: Judgement and Decison-making Theory. In: Dunnette M. C./ L. M. Hough (Hg.): Handbook of Industrial and Organizational Psychology, Bd. 1, 2. Aufl. Alto, 283-374

Sudgen, R., 1992: How People Choose. In: Heap H./ M. Hollis/ B. Lyons/ R. Sudgen/ A. Weale (Hg.): The Theory of Choice. Oxford, 36-51

Thaler, R. H., 1980: Toward A Positive Theory Of Consumer Choice. In: Journal of Economic Behavior and Organization, 1, 39-60

Thaler, R. H., 1985: Mental Accounting And Consumer Choice. In: Marketing Science, 4, 3, 199-214

Thaler, R. H., 1992: The Winner's Curse. Paradoxes and Anomalies of Economic Life. New York

Thaler, R. H./ E. J. Johnson, 1990: Gambling With The House Money And Trying To Break Even: The Effects Of Prior Outcomes On Risky Choice. In: Management Science, 36, 643-660

Thorngate, W., 1980: Efficient Decision Heuristics. In: Behavioral Science, 25, 219-225

Tversky, A., 1969: Intransitivity of Preferences. In: Psychological Review, 76, 31-48

Tversky, A., 1972a: Choice by Elimination. In: Journal of Mathematical Psychology, 9, 341-37

Tversky, A., 1972b: Elimination by Aspect A Theory of Choice. In: Psychological Review, 78, 281-299

Tversky, A./ D. Kahneman, 1981: The Framing of Decisions and the Psychology of Choice. In: Science, 211, 453-458

Tversky, A./ D. Kahneman, 1987: Rational Choice and the Framing of Decisions. In: Hogarth, R. M./ M. W. Reder (Hg.): Rational Choice. Chicago, 67-94

Tversky, A./ D. Kahneman, 1990: Rational Choice and the Framing of Decisions. In: Cook, K. S./ M. Levi: The Limits of Rationality. Chicago, 60-89 (zuerst: Journal of Business, 1986)

Tversky, A./ D. Kahneman, 1992: Advances in Prospect Theory: Cumulative Representation of Uncertainty. In: Journal of Risk and Uncertainty, 5, 297-323

Tversky, A./ Sattath/ P. Slovic, 1988: Contingent Weighting in Judgement and Choice. In: Psychological Review, 95, 371-384

Tversky, A./ R. H. Thaler, 1990: Preference Reversal. In: Journal of Economic Perspectives, 4, 201-211

von Neumann, J./ O. Morgenstern, 1947: Theory of Games and Economic Behavior, 2. Aufl. Princeton

Wang, X. T., 1996: Framing Effects: Dynamics and Task Domains. In: Organizational Behavior and Human Decision Processes, 68, 145-157

Wilcox, N. T., 1994: On a Lottery Pricing Anomaly: Time Tells the Tale. In: Journal of Risk and Uncertainty, 8, 311-324

Winter, S. G., 1964: Economic "Natural Selection" and the Theory of the Firm. In: Yale Economic Essays, 4, 225-272

Wright, G., 1985: Decisional Variance. In: Wright, G. (Hg.): Behavioral Decision Making. New York, 43-59

Yablonsky, L., 1991: The Emotional Meaning of Money. Gardner

Yates, F. J., 1990: Judgment and Decision Making. Englewood Cliffs, New Jersey

6. Die Bedeutung von Anomalien für die Theorieentwicklung. Eine Diskussion am Beispiel der Kooperation im finiten Gefangenendilemma

Thomas Plümper

Zusammenfassung

Anomalien sind Beobachtungen, die theoretisch generierten Erwartungen nicht entsprechen. Sie stehen deshalb in einem schlechten Ruf, weil sie als Falsifikation einer Theorie angesehen werden. Die bekannteste Anomalie der Spieltheorie ist die Beobachtung, daß 'reale' Akteure in einem zeitlich begrenzten Gefangenendilemma (PD) kooperieren. Die orthodoxe Spieltheorie kommt dagegen zu dem Schluß, daß allein Defektion in einem finiten PD rational ist. In diesem Beitrag werden auf der Grundlage von Robert Axelrods Konfliktmaß Faktoren eingeführt, mit deren Hilfe positive Aussagen über die Wahrscheinlichkeit von Kooperation gemacht werden können. Dennoch wird nicht für die Ersetzung der Spieltheorie durch den hier diskutierten Ansatz plädiert, da dieser die Zahl der benötigten Theorieelemente im Vergleich zur orthodoxen Spieltheorie erhöht. Die Stärke des hier vorgeschlagenen Ansatzes liegt vielmehr darin, eine Erweiterung der orthodoxen Spieltheorie im Sinne der Methode der abnehmenden Abstraktion zu sein.[1]

---

[1]   Eine erste Fassung dieses Beitrags entstand am Max-Planck-Institut für Gesellschaftsforschung, dessen Direktoren Fritz W. Scharpf und Renate Mayntz ich für die guten Arbeitsbedingungen danke. Matthias Mohr hat wesentlich zur Vermeidung von ungerechtfertigter Kritik der 'Orthodoxie' beigetragen.

1.   Anomalien im Rational-Choice-Ansatz

Anomalien stehen seit der Forderung Karl Poppers, falsifizierte Theorien aufzugeben, in einem schlechten Ruf, da das Auftreten einer Anomalie als Falsifikation verstanden werden muß. Dies gilt zumindest dann, wenn Anomalien im Anschluß an Richard Thaler definiert werden als Beobachtungen von realen Phänomenen, die nicht mit aus einer Theorie generierten Erwartung übereinstimmen (Thaler 1992a: 2). Die Forderung Poppers hat sich in der anschließenden Diskussion mit Thomas Kuhn, Imre Lakatos und Paul Feyerabend allerdings als sehr voraussetzungsvoll erwiesen. Vor allem Kuhn und Lakatos haben deshalb auf weitreichende Einschränkungen dieses Grundsatzes gedrängt. Lakatos beispielsweise plädiert, Theorien nur dann aufzugeben, wenn bereits eine bessere Theorie entwickelt wurde (Lakatos 1978: 35). Eine Theorie gilt ihm als besser, wenn sie die gleiche Erklärungsreichweite besitzt und Anomalien vermeidet. Weiterhin ist es gemäß Lakatos pragmatisch, beim Auftreten einer Anomalie nicht sofort nach einer neuen Theorie zu suchen. Vielmehr sollen zunächst die Zusatzannahmen ersetzt und die Kernannahmen beibehalten werden.

Siegwart Lindenberg hat mit der Methode abnehmender Abstraktion ein noch zurückhaltenderes Verfahren des Umgangs mit Anomalien vorgeschlagen (Lindenberg 1992). Er nimmt Lakatos Unterscheidung zwischen Kern- und Zusatzannahmen einer Theorie auf, empfiehlt im Falle des Auftretens aber zunächst die Ergänzung der Theorie um weitere Annahmen und Hypothesen. Diese sollen das Abstraktionsniveau der Theorie reduzieren, um realen Phänomenen besser entsprechen zu können. Allerdings werden nach dieser Methode formulierte Theorien aller Wahrscheinlichkeit nach weniger generell und gleichzeitig komplizierter sein. Einerseits nimmt die Erklärungsreichweite und Generalisierbarkeit der Annahmen, Hypothesen und Aussagen ab, andererseits erhöht sich die Erklärungskraft für den Einzelfall. Dabei müssen die Geltungsbedingungen von Zusatzannahmen eindeutig spezifiziert werden, um die in den Kernannahmen vorhandene Prognosefähigkeit und die Testbarkeit der Theorie nicht aufzugeben.

Implizit geht dieses Verfahren davon aus, daß eine Theorie nicht unbedingt besser ist, wenn sie mehr Phänomene erklären kann und weniger Anomalien aufweist. Schließlich muß der Gewinn in Erklärungskraft durch eine größere Komplexität und eine niedrigere Erklärungsreichweite der Theorie erkauft werden. Vielmehr ist eine Theorie nach Lindenberg erst dann unstrittig besser, wenn sie mehr Phänomene mit gleich vielen oder gleich viele Phänomene mit weniger Theorieelementen erklären kann. Kann eine Theorie mehr

Phänomene lediglich mit einer größeren Anzahl von Theorieelementen erklären, ist sie nicht notwendigerweise besser. Daraus ergibt sich eine folgenreiche Konsequenz: Eine neue Theorie sollte eine alte nur dann vollständig ersetzen, wenn sie - nach Lakatos - die bisher bestehenden Anomalien und alle von der Theorie bislang hinreichend erklärten Phänomene erklärt, gleichzeitig sollte sie - nach Lindenberg - nicht wesentlich komplexer und schwerer zu handhaben sein. Zusammengenommen ist dies eine sehr anspruchsvolle Bedingung, die nur in wenigen Fällen erfüllt wird. Deshalb ist Lindenbergs Forderung, Theorien durch Anpassung der Zusatzannahmen fortzuentwickeln, auch überzeugend (vgl. hierzu auch den Beitrag von Gsänger in diesem Band).

Ein Ansatz, in dem es regelmäßig zum Auftreten von Anomalien kommt, ist die Rational-Choice-Theorie. Trotzdem hat diese Theorie in den letzten fünfzehn Jahren in allen sozialwissenschaftlichen Disziplinen an Bedeutung gewonnen. Handlungs- und Entscheidungstheorien sind zu einer echten Alternative konkurrierender sozialwissenschaftlicher Paradigmen geworden:

"There is one paradigm in social science that offers the promise of bringing a greater theoretical unity among disciplines than has existed until now. This is the paradigm of rational action. It is a paradigm on which economic theory rests. It is the basis for expanding domain of public choice within political science. It is the paradigm of the burgeoning field of law and economics. Rationality is a base line from which deviations are discovered dominates the field of cognitive psychology. Social exchange theory is one of the manifestations of this paradigm in sociology." (Coleman 1989: 5)

Trotz oder wegen dieser Erfolge formierte sich in den letzten zehn Jahren ein erheblicher Widerstand gegen den angeblichen 'Imperialismus' der Ökonomie (dazu: Zimmerling 1994). Die zahlreichen Anomalien des Ansatzes liefern den Kritikern der 'ökonomischen Methode' dabei gute Argumente gegen die Vertreter der Rational-Choice-Ansätze. Diese allerdings leugnen die hohe Zahl der Anomalien allerdings in der Regel nicht (Elster 1979, 1983, 1989). Zu den gegenwärtig bekannten und von den Rational-Choice-Theoretikern anerkannten Anomalien des Ansatzes gehören Umkehreffekte und Intransitivitäten bei den Präferenzen, Besitztumseffekte, logische Fehler im Kalkül der Akteure, die Abhängigkeit des Kalküls von Referenzpunkten, die relative Unterschätzung von Opportunitätskosten im Vergleich zu direkten Kosten, Risikovermeidung und die Verzerrung von sehr kleinen und sehr großen Wahrscheinlichkeiten – um es bei einer unvollständigen aber bereits eindrucksvoll langen Liste zu belassen (Esser 1996: 2).

Sollte der Rational-Choice-Ansatz also aufgegeben werden, wie die Kritiker fordern? Die Vertreter der Rational-Choice-Ansätze weisen dieses Ansinnen erwartungsgemäß vehement zurück und führen dabei vier Argumente ins Feld (vgl. hierzu auch die Beiträge von Haug und Kunz in diesem Band):

1. Sobald Anomalien auftreten, liegt das zugrunde liegende Verhalten jenseits des Beobachtungsgebietes der Ökonomie.
2. Die meist experimentell gewonnen Anomalien der ökonomischen Entscheidungstheorie lassen sich nicht auf realweltliche Phänomene übertragen.
3. Die experimentell beobachteten Anomalien haben keine Relevanz, da nicht-maximierendes Verhalten einzelner Akteure langfristig durch einen Verlust an Wettbewerbs- oder Durchsetzungsfähigkeit bestraft wird.
4. Anomalien treten zwar im Verhalten einzelner Akteure aus, in der Analyse sozialer Phänomene werden sie jedoch durch die Vielzahl der Beobachtungen 'wegaggregiert'.

Zumindest die ersten drei Argumente sind letztlich nicht gut begründet. Gegen das erste Argument ist einzuwenden, daß die Ökonomie ihre Methode in den letzten Jahren und Jahrzehnten mit großem Erfolg in andere sozialwissenschaftliche Forschungsgebiete exportiert hat (Becker 1982). Da die Ökonomie den Anspruch erhebt, mit dem methodologischen Individualismus die beste Annäherung an menschliches Verhalten formuliert zu haben, müssen ihre Annahmen und Axiome auch innerhalb der sozialwissenschaftlichen Disziplinen jenseits der Nationalökonomie sinnvoll sein. Gegen dieses Argument spricht weiterhin, daß systematische Anomalien nicht zuletzt auch im ökonomischen Vehalten von Akteure auftreten (Thaler 1992b). Das Argument ist deshalb wenig plausibel.

Gegen das zweite Argument spricht die oftmals nachgewiesene Möglichkeit, 'anomale' Ergebnisse der Entscheidungsexperimente auf ökonomische, politische und soziale Phänomene zu übertragen. Die Beobachtungen und Ergebnisse der Experimente haben realweltliche Entsprechungen und sie haben diese nicht zuletzt auch in der Ökonomie (Thaler 1992b). Auch dieses Argument ist deshalb nicht stichhaltig.

Gegen das dritte Argument spricht, daß zwar einige, aber keineswegs alle anomalen Verhaltensweisen von anderen Akteuren ausgebeutet werden können. Vor allem Bruno Frey und Reiner Eichenberger halten die experimentell beobachteten Anomalien nicht nur für relevant (Frey, Eichenberger 1989; in diesem Sinne bereits Smith 1976), sie identifizieren zugleich unterschiedliche institutionelle Modalitäten der Umsetzung der auf der individuellen Ebene angesiedelten Anomalien auf soziale Makro-Phänomene. Einige dieser Modalitäten beugen einer Ausbeutung durch Dritte vor. Selbst nicht-maximie-rendes Verhalten kann deshalb evolutionär stabil ist (Thaler 1992: 50).

Als gut begründet muß dagegen das vierte Argument angesehen werden. Das Aggregationsprinzip führt letztlich zu einem vergleichbar hohen Maß an Erklärungsrelevanz und Prognoserichtigkeit des Rational-Choice-Ansatzes. 'Richtige' Analysen auf der Grundlage falscher Annahmen ergeben sich daraus, daß eine große Anzahl von Akteuren sich im Mittel nutzenmaximie-rend verhält, selbst wenn einzelne Akteure sich abweichend oder 'irrational' verhalten. Gleichzeitig zeigen sich Abweichungen von einer Durchschnitts-annahme in zwei Richtungen: Während einige Akteure weniger stark als erwartet auf einen Stimulus ansprechen, reagieren andere Akteure stärker als erwartet. Das Aggregationsprinzip mittelt demnach abweichendes, anomales Verhalten aus.

Sind Anomalien also zwar experimentell nachweisbar, aber wegen des Ag-gregationseffektes für den Forschungsalltag irrelevant? Auch diese Schluß-folgerung neoklassischer Ökonomen (Friedman 1953) geht zu weit. Zum einen gibt es Anomalien, die nicht wegaggregiert werden (Thaler 1992a, 1992b), und zum anderen gibt es Forschungsgebiete, in denen das Aggregati-onsprinzip nicht anwendbar ist. Zwar weisen die Vertreter des Rational-Choice-Ansatzes oftmals darauf hin, daß sie nur aggregierte Phänomene erklären wollen. Doch diese Behauptung ist nur zum Teil zutreffend: Sie gilt nicht für die Spieltheorie als relevanten Teil des Rational-Choice-Ansatzes.[2]

Der Wegfall des Aggregationsprinzips in den spieltheoretischen Analysen verhindert, daß etwaige Anomalien durch Aggregation analytisch irrelevant werden. Da aber aus der logischen Umkehrung des Aggregationsprinzip folgt, daß Rational-Choice-Ansätze ihre Erklärungsrelevanz und ihre Progno-serichtigkeit verlieren, wenn das Aggregationsprinzip wegfällt, muß die Eig-nung der Spieltheorie zu positiven Aussagen skeptisch bewertet werden. Diese Einschätzung wird auch von der Mehrheit der Spieltheoretiker geteilt:

„(Game theory) is a normative (prescriptive) theory rather than a positive (descriptive) theory. At least formally and explicitly it deals with the question of

---

[2]   Zwar ist der Rückgriff auf das Aggregationsprinzip auch bei der Analyse strategi-scher Interaktionen prinzipiell möglich (indem nämlich eine Vielzahl strategi-scher Interaktionen aggregiert wird), doch tatsächlich findet diese Methode bei der Modellierung entsprechender Situationen im Forschungsalltag kaum Anwen-dung, da hier üblicherweise die Analyse einzelner Situationen im Mittelpunkt steht.

how each player should act in order to promote his own interest most effectively in the game and not with the question of how he (or persons like him) will actually act in a game of this particular type." (Harsanyi 1977: 6; vgl. auch Raiffa 1982: 21; Rapoport 1992: 74)

Vor diesem Hintergrund wird anschließend die vermutlich bekannteste Anomalie der Spieltheorie diskutiert: Kooperation im finiten Gefangenendilemma. An diesem Beispiel wird gezeigt, daß die Spieltheorie in Richtung einer positiven Theorie entwickelt werden kann.

2.   Kooperation im finiten Gefangenendilemma

Ein Gefangenendilemma ist eine strategische Situation, in der alle Akteure einen individuellen Anreiz haben, nicht zu kooperieren, obwohl sich jeder einzelne Akteur besser stünde, wenn alle Akteure tatsächlich kooperieren als wenn alle Akteure defektieren. Notiert man kooperative Strategien mit C und unkooperative Strategien mit D und geht man von lediglich zwei Akteuren aus, ergibt sich für beide Akteure die Präferenzordnung DC>CC>DD>CD, wobei der erste Buchstabe die eigene Strategie und der zweite Buchstabe die Strategie des Interaktionspartners beziffert.

Geht man wie die Rational-Choice-Ansätze und wie die Spieltheorie davon aus, daß alle Akteure ihren individuellen Nutzen zu maximieren trachten, ist Defektion im Gefangenendilemma die dominante Strategie. Unabhängig von der gewählten Option des Interaktionspartners hat jeder Akteur einen Anreiz zu defektieren. Der analytische Reiz des Gefangenendilemma liegt gerade darin, daß gegenseitige Defektion DD die Nash-Gleichgewichtslösung darstellt, obgleich sich der Nutzen jedes einzelnen Akteurs durch Kooperation erhöht. Das Nash-Gleichgewicht ist nicht pareto-optimal.

Doch obwohl die Spieltheorie den Akteuren im Gefangenendilemma Defektion nahelegt, läßt sich kooperatives Verhalten einiger Akteure sowohl in der Realität als auch in sozialpsychologischen Experimenten beobachten (Andreoni 1995: 891). Allerdings rufen diese Befunde nicht in jedem Fall einen Erklärungsnotstand für die Spieltheorie hervor, da diese Kooperation in einem Gefangenendilemma immer dann begründen kann, wenn die folgenden Bedingungen erfüllt sind:

1. Alle Akteure gehen davon aus, daß sich die Interaktion mit den gleichen Akteuren unendlich oft wiederholt.
2. Die Akteure müssen ihrem zukünftigen Nutzen im Vergleich zu ihrem aktuellen Nutzen einen hinreichend hohen Stellenwert beimessen. In der

Sprache der Spieltheorie ausgedrückt: der Diskontierungsfaktor darf nicht zu klein werden.

3. Die Akteure müssen davon ausgehen, daß auch ihr Interaktionspartner rational (im Sinne der ökonomischen Verhaltensannahmen) ist und sich nicht unendlich oft ausbeuten läßt.

Unter diesen Bedingungen ist Kooperation im Gefangenendilemma rational und somit keine Anomalie (Axelrod 1984). Allerdings ist die erste Annahme ausgesprochen voraussetzungsvoll. Die Akteure müssen in eine zeitlich unbegrenzte Interaktion ohne wechselnde Akteure verwickelt sein, damit ein Spiel als infinit gilt. Wenn das Spiel zwar einerseits wiederholt wird, aber andererseits endlich ist, oder wenn das Spiel zwar unendlich ist, doch die Akteure wechseln, gehen die Spieltheoretiker davon aus, daß die Akteure mittels einer 'backward induction' (Rückwärtsinduktion) vom Ende des Spieles bis zu, nächsten anstehenden Zug kalkulieren. Da Defektion immer in der vorletzten kalkulierten Interaktion rational wird, ist nicht-kooperatives Verhalten letztlich auch in der ersten Interaktion rational. Nur eine unmittelbare Defektion im ersten Zug schützt die Akteure nachhaltig vor der unvermeidlichen Defektion des Interaktionspartners. Dieses Prinzip stellt extrem hohe Anforderungen sowohl an die Kalkulationsfähigkeit als auch an den Informationsstand der Akteure.

3.   Begrenzte Rationalität und Rückwärtsinduktion

Ein in vielen Forschungsbereichen erprobtes und zugleich realistisches Entscheidungsmodell basiert auf der Annahme begrenzter Rationalität (Simon 1957, 1985, 1993), das eine im Vergleich zu Standardmodellen abweichende Konzeption der Kalkulation von Zeit und Zeiträumen nahelegt. Da begrenzt rationale Akteure unter Komplexität kalkulieren und handeln müssen und über keine vollständigen Informationen verfügen, wird die Sammlung von Informationen zu einem relevanten Kostenfaktor. Dies hat bedeutende Implikationen. Immer wenn die Akteure erwarteten, daß ihre Gewinne aus einer möglichen Verhaltensänderung niedriger ausfallen als die Kosten, die in der Gegenwart anfallen, um andere Optionen zu prüfen, ist es rational, daß die Akteure die ungewisse ferne Zukunft ignorieren (Plümper 1995, 1996). Die Länge des von den Akteuren tatsächlich kalkulierte Ausschnitts hängt damit wesentlich von der Bedeutung der Entscheidung ab. Nur elementare und irreversible Entscheidungen werden in langer Frist kalkuliert, während die Akteure ihrem Alltagshandeln nur einen kurzen Kalkulationshorizont zuweisen. Die Befähigung der Akteure, Zeit und vor allem die Dauer von Interaktionen zu kalkulieren, ist begrenzt. Es erscheint plausibel anzunehmen, daß der Kalkulationshorizont um so kürzer ist, je unwichtiger die Interaktion dem jeweiligen Akteur erscheint.

In wiederholten Interaktionen reduziert ein zeitlich begrenzter Kalkulationshorizont die Befähigung der Akteure, frühzeitig – etwa zum Zeitpunkt der ersten Interaktion – auf ein Ende des Spieles zu reagieren. Immer wenn das wahrscheinliche Ende einer Interaktion jenseits des Kalkulationshorizontes der Akteure liegt bzw. wenn das Spiel mit einer hohen Wahrscheinlichkeit unter gleichen Bedingungen fortgesetzt wird, gehen die Akteure von einer infiniten Interaktion aus. Dies wird um so wahrscheinlicher, je komplexer die Situation ist und je unsicherer die Zukunft wird. Dieser Verschluß der Backward Induction wird durch experimentelle Ergebnisse bestätigt: Amos Tversky und Daniel Kahneman haben herausgearbeitet, daß geringe Wahrscheinlichkeiten von realen Akteuren systematisch ignoriert werden (Tversky, Kahneman 1979, 1992).

Das nahende Ende einer Interaktion wird von den Akteuren in komplexen Situationen erst spät, manchmal erst kurz vor Abbruch der Interaktion wahrgenommen und ins Kalkül gezogen. Dies erweckt bei einem Beobachter den Eindruck, als würden die Akteure das Spiel in drei Phasen unterteilen. Zunächst etablieren sie eine Kooperation, dann verteidigen sie die Kooperation und endlich brechen sie diese ab (Selten 1990: 655).[3] Dieses Verhalten kann jedoch einfacher durch einen begrenzten Kalkulationshorizont der Akteure erklärt werden. Die Vernachlässigung der fernen Zukunft durch die Akteure hat dann zur Folge, daß das Ende einer Interaktion erst zu einem späten Zeitpunkt zu einer relevanten Information wird. Selbst wenn die Akteure hinreichend sicher von einem Interaktionsabbruch ausgehen, ignorieren sie diese Information. Ein Spiel muß nicht unbegrenzt wiederholt werden, damit sich die Akteure in einem PD kooperativ verhalten. Ein Spiel kann bereits als infinit gelten, wenn sich die Interaktionen (aus Sicht der Akteure) absehbar länger wiederholen als die Akteure kalkulieren. *Funktional infinit* sind Interaktionen bereits dann, wenn sie sich hinreichend oft wiederholt werden und innerhalb des Kalkulationshorizontes der Akteure voraussichtlich nicht enden.

---

[3] Seltens 3-Phasen-Konzept (Selten 1990) ist behavioristisch. Es sagt nichts darüber aus, warum Akteure ihre Interaktionen in drei Phasen einteilen, wovon die Übergänge zwischen den einzelnen Phasen bestimmt werden und unter welchen Bedingungen ein solches 'Drei-Phasen-Modell' überhaupt zu erwarten ist.

Das Prinzip der Rückwärtsinduktion ist hier nicht wegen seiner Unplausibilität aufgegeben worden. Vielmehr ermöglicht die Einführung der Annahme begrenzter Rationalität die Formulierung einer positiven Spieltheorie, weil die Länge des Kalkulationshorizonts Aufschluß über die Wahrscheinlichkeit von Kooperation gibt: Je länger der Kalkulationshorizont der Akteure sein muß, damit sich Kooperation für die Akteure auszahlt, desto unwahrscheinlicher ist Kooperation.

4. Konflikt und Kooperation im Gefangenendilemma

Reale Situationen weisen oftmals eine so hohe Komplexität auf, daß Akteure nicht oder nur eingeschränkt langfristig kalkulieren. Zwar sind ihnen die Optionen bekannt und sie können die kurzfristigen Konsequenzen ihrer möglichen Handlungen durchaus auch kalkulieren, doch die langfristigen Konsequenzen sind nicht mehr oder nur unter erheblichen Ressourceneinsatz zu evaluieren. Die Akteure verfolgen deshalb zwangsläufig eine implizite Strategie des *Satisficing*, in der sie einen Mindestanspruch an das Ergebnis ihrer Handlungen haben und nur solange nach einer besseren Handlungsalternative suchen, wie sie ihre Ansprüche nicht erreichen (Simon 1957, 1993; Heiner 1983). Insbesondere in Situationen, in denen die Sammlung von Informationen kostenintensiv ist und die Akteure unter Komplexität entscheiden müssen, geben sich Akteure frühzeitig mit möglicherweise suboptimalen Ergebnissen zufrieden. Diese werden dann - solange den Akteuren der Nutzen dieser Handlungen hinreichend hoch erscheint - in stabiles Verhalten überführt (Plümper 1996).

Wenn die Akteure - veranlaßt von der Komplexität der Situation und der nur unter erheblichen Kosten zu erlangenden Informationen - lediglich einen relativ kurzen Zeitraum zu betrachten, kann sich ein iteriertes Gefangenendilemma zu einem Koordinationsspiel transformieren, selbst wenn es nicht infinit wiederholt wird. Das folgende Modell einer derartigen Transformation basiert auf zwei Annahmen: Erstens lassen sich die Akteure nicht kontinuierlich ausbeuten und verfolgen deshalb eine *Tit-for-tat-Strategie*. Und zweitens gehen beide Interaktionspartner davon aus, daß ihr jeweiliger Partner eine reziproke Strategie wählt, also ebenfalls tit-for-tat spielt.

Nutzen in einmaliger Interaktion   Nutzen bei zweimaliger Interaktion

	C	D
C	6;6	2;7
D	7;2	3;3

	C	D
C	12;12	5;10
D	10;5	6;6

Abbildung 1: Transformation eines PD in ein Koordinations-Spiel
durch Iteration

Abbildung 1 verdeutlicht die Kalkulation eines Akteurs in einem Gefangenen-dilemma, dessen Auszahlungsmatrix für eine Interaktion links wiedergegeben ist. Wenn a) der Akteur von einer Wiederholung der Interaktion mit demselben Interaktionspartner ausgeht, b) zwei Züge zugleich der maximale Kalkulationshorizont des Akteurs sind, und c) der Akteur davon ausgeht, daß diese beiden Bedingungen auch bei seinem Interaktionspartner erfüllt sind, transformiert sich die Kalkulation des Akteurs in die rechte Matrix: Beide Akteure erzielen einen Nutzen von jeweils 12 Einheiten, wenn beide kooperieren; kooperieren sie nicht, bekommt jeder 6 Einheiten; ein einmal ausgebeuteter Akteur bekommt 5 Einheiten, und der erfolgreiche Trittbrettfahrer bekommt 10 Einheiten [(7+3)]. Der Ausbeuter bekommt also weniger als er bei stabiler gegenseitiger Kooperation bekäme. Dieses Spiel ist nicht länger ein Gefangenendilemma, sondern ein wesentlich leichter kooperativ aufzulösendes Versicherungs-Spiel (Assurance-Game). In dieser Situation kann sich eine stabile Kooperation relativ leicht einstellen, obwohl Kooperation für keinen der Akteure die dominante Strategie darstellt. Anders als in einem Gefangenendilemma ist nämlich auch Defektion keine dominante Strategie, da das Versicherungsspiel zwei Gleichgewichte bei gegenseitiger Defektion und bei gegenseitiger Kooperation aufweist. Eine solche Situation ist immer dann leicht zu lösen, wenn die Akteure ihre Strategie sequentiell wählen oder wenn sie kommunizieren können.

Falls sich in einem Versicherungsspiel gegenseitige Kooperation einstellt, wird diese solange aufrechterhalten, wie die Struktur des Spieles erhalten bleibt und kein Akteur seinen Kalkulationshorizont ändert. Dies gilt jedoch nur, wenn und solange beide Akteure von einer Fortsetzung der Interaktion ausgehen. Die Kooperation der beiden Interaktionspartner bricht unmittelbar zusammen, wenn mindestens ein Akteur zu einem gegebenen Zeitpunkt erkennt, daß die gegenseitige Interaktion innerhalb des von ihnen kalkulierten Zeitraumes enden wird. Die Kooperation endet ebenfalls, wenn mindestens ein Akteur seinen Kalkulationshorizont verkürzt. In diesem Fall transformiert sich das Spiel zu einem asymmetrischen Spiel, in dem der Spieler mit dem langen Kalkulationshorizont die Präferenzordnung CC>DC>DD>CD und der Spieler mit dem kurzen Kalkulationshorizont die Präferenzordnung DC>CC>DD>CD aufweist. Dieses namenlose Spiel hat ebenso wie das Gefangenendilemma, dem es ähnelt, nur ein Nash-Gleichgewicht bei gegenseitiger Defektion DD.

Ausgehend von der im vorangehenden Abschnitt begründeten Konzeption der funktional infiniten Iteration wird die Dauer der Interaktion aufschlußreich. Tatsächlich erlaubt die Kenntnis der Nutzenfunktion einer gegebenen Interaktion Aussagen darüber zu treffen, wie langfristig die Akteure die Interaktion mindestens betrachten müssen und wie langfristig die Interaktion tatsächlich sein muß, damit die Situation kooperativ aufgelöst werden kann. Es kann davon ausgegangen werden, daß die Wahrscheinlichkeit von Kooperation steigt, je kürzer der mindestens zu kalkulierende Zeitraum ist. Wenn sich ein Gefangenendilemma für die Akteure erst dann in ein Koordinationsspiel transformiert, wenn sie sieben Interaktionen kalkulieren, ist die Wahrscheinlichkeit von Kooperation geringer, als wenn bereits vier kalkulierte Interaktionen ausreichen.

Auf diese Weise wird die Konflikthaftigkeit einer Situation zu einer erklärenden Variable des Verhaltens der Akteure. Dies kann durch einen Vergleich von Abbildung 1 (oben) und Abbildung 2 (unten) verdeutlicht werden. In der folgenden Abbildung ist der Kooperationsgewinn niedriger und der Anreiz zum Trittbrettfahren höher als in Abbildung 1. Im Ergebnis reicht deshalb selbst eine dreimalige Interaktion nicht aus, um das Spiel von einem Gefangenendilemma zu einem Koordinations-Spiel zu transformieren:

Nutzen in einmaliger Interaktion				Nutzen bei dreimaliger Interaktion		
	C	D			C	D
C	4;4	0;7		C	12;12	6;13
D	7;0	3;3		D	13;6	9;9

Abbildung 2: Gescheiterte Transformation eines PD
durch zu kurzfristige Kalkulation

Trotz der Iteration des Spieles bleibt die Situation unverändert ein Gefangenendilemma, in dem Defektion die dominante Strategie und gegenseitige Defektion das Nash-Gleichgewicht ist.

Einmaliges Trittbrettfahren in einer derart konfliktuellen Situation erhöht
den Nutzen so sehr, daß sich anschließend die potentiellen Verluste ausblei-
bender Kooperation leicht verkraften lassen. In diesem Beispiel können sich
die Akteure nur dann rational kooperativ verhalten, wenn sie eine mindestens
viermalige Wiederholung der Interaktion erwarten.

Gehen wir davon aus, daß der Kalkulationshorizont variiert und die Wahrscheinlichkeit von Kooperation größer wird, je kleiner der Kalkulationshorizont sein kann, um Kooperation noch zuzulassen, folgt (trivialerweise): Je
größer der Konflikt zwischen den Akteuren ist, desto unwahrscheinlicher
wird Kooperation.

Der Ausmaß des Konfliktes in sozialen Situationen läßt sich mittels der
Konfliktmatrix von Axelrod bestimmen (Axelrod 1970; Hausken, Mohr
1996), in der die möglichen Interaktionsergebnisse in einem XY-Diagramm
abgebildet werden. In dieser Darstellungsweise ist das Konfliktmaß sowohl
am Verhältnis der schraffierten zur karierten Fläche als auch an dem Winkel
α zu erkennen: Mit zunehmendem Konflikt steigt das Verhältnis der schraffierten Fläche relativ zu der karierten Fläche und der Winkel α wird größer.

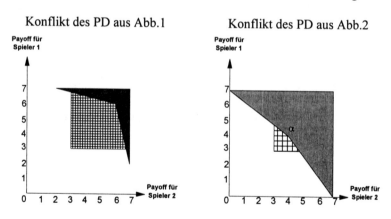

Abbildung 3: Konflikt in zwei ungleich konfliktuellen PDs

Ein Gefangenendilemma ist maximal konfliktuell, wenn der Nutzen, den ein
defektierender Akteur erzielt, nur geringfügig unter dem gemeinsamen Nutzen zweier kooperierender Akteure liegt, und wenn der Nutzen beider Akteu-

re bei nicht-kooperativem Verhalten nur geringfügig unter dem Nutzen der beiden Akteure bei gegenseitigem kooperativem Verhalten liegt. In solchen Situationen nähert sich der Winkel α 180^0 an und das karierte Quadrat wird beinahe vollständig von dem schraffierten Feld bedeckt. Ein Gefangenendilemma ist minimal konfliktuell, wenn der Nutzen des Trittbrettfahrers nur geringfügig über dem Nutzen aus gegenseitiger Kooperation liegt und wenn der Nutzen eines ausgebeuteten Akteurs nur geringfügig unter dem Nutzen liegt, den zwei nicht-kooperierende Akteure erzielen. In diesem Fall nähert sich Winkel α 90^0 an und das karierte Quadrat ist beinahe vollständig sichtbar.

Für die maximierendes Verhalten unterstellende orthodoxe Spieltheorie besteht - im Gegensatz zu dieser Konzeption - zwischen stark und schwach konfliktuellen Situationen kein Unterschied. Akteure verhalten sich in PD-Situationen unabhängig davon, ob der Anreiz zu Defektion groß oder klein ist, gleichermaßen unkooperativ. Nur für begrenzt rationale und nicht in jedem Fall maximierende Akteure variiert die Wahrscheinlichkeit der Kooperation erheblich mit der Konflikthaftigkeit der Situation (Tsebelis 1990; Wood, McLean 1995: 714).

5. Diskontierung und Kooperationswahrscheinlichkeit

Dieses einfache Modell läßt sich nun in einem zweiten Schritt realitätsnäher gestalten, indem die Annahme aufgegeben wird, daß die Akteure künftige und aktuelle Gewinne gleichwertig einschätzen. Stattdessen wird die Annahme eingeführt, daß die Akteure Gewinne (und Verluste) um so niedriger bewerten, je weiter die Auszahlungen in der Zukunft liegen. Die durchaus denkbare Möglichkeit, daß Akteure künftigen Nutzen höher einschätzen als gegenwärtigen, wird hier vernachlässigt.

Mithilfe des aus der Ökonomie vertrauten Instruments der Abdiskontierung künftiger Auszahlungen (δ) lassen sich die beiden Gefangenendilemmata aus Abbildung 1 und 2 weiter diskutieren. Da der Diskontparameter definitionsgemäß die Zukunft relativ zur Gegenwart (und die späte Zukunft relativ zur nahen Zukunft) abwertet, muß sich die erforderliche Mindestzahl von Interaktionen, die zur Kooperation im Gefangenendilemma führt, notgedrungen weiter erhöhen. Entsprechend der hier vertretenen Konzeption wird Kooperation unwahrscheinlicher, wenn davon ausgegangen wird, daß die Akteure künftigen Nutzen niedriger einschätzen als den gegenwärtigen (Axelrod 1984). Je niedriger die Akteure ihren künftigen Nutzen relativ zum gegenwärtigen Nutzen einschätzen, desto unwahrscheinlicher wird Kooperation im Gefangenendilemma. Dies resultiert aus der wachsenden Bedeutung langfristiger Kooperation relativ zu einmaligem Trittbrettfahren. Die Annahme, Akteure können maximal einmal trittbrettfahren, setzt allerdings voraus, daß alle Akteure eine Tit-for-tat-Strategie wählen. Unter dieser Bedingung sind dauerhaftes und langfristiges Trittbrettfahren ausgeschlossen. Wenn aber die Abdiskontierung der Zukunft groß wird (wenn δ klein wird), erhöht sich die Wahrscheinlichkeit künftiger gegenseitiger Defektion.

Abbildung 4 zeigt die Nutzenfunktion für Akteure unter der Bedingung stabiler Kooperation (C) und für den Trittbrettfahrer (D) unter der Bedingung einmaliger Ausbeutung bei Tit-for-tat-Strategien. Wenn in der in Abbildung 2 beschriebenen Situation jeder künftige Zug mit jeweils 10% abdiskontiert wird ($\delta=0,9$), beträgt die Zahl der für Kooperation notwendigen mindestens zu kalkulierenden Züge 5.

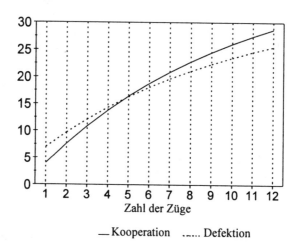

— Kooperation   ..... Defektion

Abbildung 4: Die Nutzenfunktion des Spieles aus Abb. 2 bei einer
Abdiskontierung um 10%

Die Wahrscheinlichkeit, daß sich eine stabile gegenseitige Kooperation entwickelt, ist demnach deutlich geringer als ohne Abdiskontierung des künftigen Nutzens. Bei einer größeren Abdiskontierung von 30% ($\delta=0,7$) kommt keine Kooperation mehr zwischen Akteuren zustande, die eine Tit-for-tat-Strategie verfolgen.

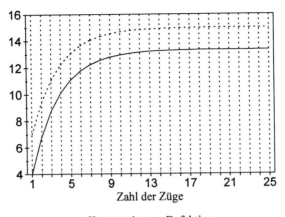

Abbildung 5: Die Nutzenfunktion des Spieles aus Abb. 2 bei einem Diskontierungsfaktor von 30%

Kooperation ist bei einem Diskontfaktor δ=0,7 ausgeschlossen, da der Limes der Funktion fortgesetzter Kooperation 13,33 beträgt, während der Limes aus fortgesetzter gegenseitiger Defektion bei einmaliger Ausbeutung 15 beträgt. Zu keinem Zeitpunkt übersteigt der kalkulierte Nutzen langfristiger Kooperation den Nutzen einmaliger Defektion und anschließender Nicht-Kooperation. Kooperation ist ausgeschlossen, solange die Zukunft nicht wichtiger wird oder sich die Konflikthaftigkeit der Situation reduziert.

Die Kalkulation des dauerhaft kooperativen Verhaltens weist die folgende Form auf:

$$U_k = R + \delta R + \delta^2 R + \delta^3 R + \ldots + \delta^n R \qquad (1)$$

Die Kalkulation des einmaligen Trittbrettfahrens und der sich daran anschließenden dauerhaften gegenseitigen Defektion

$$U_d = T + \delta P + \delta^2 P + \delta^3 P + \ldots + \delta^n P \ . \qquad (2)$$

Damit Kooperation möglich ist, muß die folgende Bedingung erfüllt sein:

$$R \cdot \frac{1-\delta^{n+1}}{1-\delta} > T + P \cdot \delta \left[\frac{1-\delta^n}{1-\delta} \right] \ , \qquad (3)$$

wobei R der Payoff für einen Akteur bei gegenseitiger Kooperation, T der Payoff für einen Trittbrettfahrer (in einer Periode) und P der Payoff für einen

175

Akteur bei gegenseitiger Defektion (in der Periode 2 bis n) sowie n die Anzahl der Zeitperioden darstellt. Wenn n sehr groß wird, läßt sich die Ungleichung umformen

$$\delta > \frac{T-R}{T-P} \quad , \text{für n}=\infty \; . \tag{4}$$

Der letzte Diskontierungsfaktor, der Kooperation in dem konfliktuellen Spiel aus Abbildung 2 noch zuläßt, ist $\delta=0{,}75$. Bis zu diesem Punkt erhöht sich die Mindestzahl der von den Akteuren mindestens zu kalkulierenden Züge, damit sie für Kooperation votieren.

In einem weniger konfliktuellen Gefangenendilemma (wie beispielsweise in Abbildung 1) führt erst eine weit höhere Abdiskontierung dazu, daß Kooperation für die Akteur nicht rational ist. In dem nur wenig konfliktuellen Gefangenendilemma muß die Abdiskontierung auf 75% ($\delta=0{,}25$) steigen, damit Kooperation dauerhaft suboptimal wird.[4]

6. Fazit: Die Bedeutung von Anomalien für die Theorieentwicklung

Auf der Grundlage der Annahme begrenzte Rationalität läßt sich die ohnehin empirisch nicht belegte These, alle finiten Gefangenendilemmata endeten unweigerlich in gegenseitiger Defektion, nicht aufrecht erhalten. Vielmehr können schwach konfliktuelle Gefangenendilemma immer dann kooperativ aufgelöst werden, wenn sich einmaliges Trittbrettfahren innerhalb ihres Kal-

---

[4] Ähnliche Ergebnisse über die Wahrscheinlichkeit von Kooperation lassen sich durchaus auch in anderen nicht-trivialen Spielen simulieren. Ob sich Akteure innerhalb eines Battle-of-the-Sexes Spieles leicht oder schwer auf einen einheitlichen Standard einigen können, hängt wesentlich damit zusammen, wie das Verhältnis von Kooperationsgewinnen zu den divergierenden Interessen verteilt ist. Eine Battle-Situation, in der durch Kooperation nur wenig zu gewinnen ist aber die Interessengegensätze fundamental sind, wird weit weniger wahrscheinlich kooperativ aufgelöst werden als eine Situation, in der viel zu gewinnen ist und die Interessengegensätze nur gering sind. Der Konflikt in BoS-Situationen entspricht

$$\kappa = \frac{P_1 - P_2}{P_1 - R} \quad ,$$

wenn P_1 der Payoff eines Akteurs bei der von ihm präferierten Koordination, R der Payoff für den Akteur bei der von ihm präferierten Nichtkoordination sowie P_2 der Payoff des Akteurs bei der von ihm nicht-präferierten Koordination ist.

kulationshorizontes für die Akteure nicht auszahlt. Der Kalkulationshorizont muß dabei hinreichend lang sein, damit der Nutzen stabiler gegenseitiger Kooperation oberhalb des Nutzens einmaligen Trittbrettfahrens liegt; er muß aber gleichzeitig so kurz sein, daß die Akteure ein mögliches Ende der Interaktion ignorieren.

Mittels der Brückenannahme, daß die Länge der mindestens zu kalkulierenden Iterationen Aufschluß gibt über die Wahrscheinlichkeit der Kooperation, erlaubt die Einbettung der Spieltheorie in die Konzeption begrenzter Rationalität positive Aussagen über die Kooperationswahrscheinlichkeit in einer gegebenen strategischen Konstellation. Dies macht die orthodoxe Spieltheorie, die ohne diese Zusatzinstrumente auskommt, aber nicht überflüssig. Schließlich wird der Zuwachs an Erklärungsrelevanz durch die Aufnahme von zwei neuen Theorielementen erkauft. Im Vergleich zur orthodoxen Spieltheorie müssen die Konflikthaftigkeit der Situation sowie der Diskontierungsfaktor zusätzlich bekannt sein, um Aussagen über die Wahrscheinlichkeit von Kooperation in strategischen Situationen machen zu können. Das Konzept der begrenzten Rationalität kann die auf der Maximierungsannahme beruhende Rational-Choice-Ansätze gut ergänzen und immer, wenn die analysierte Situation es den Akteuren erschwert, vollständige Informationen zu erwerben, auch partiell ersetzen. Aber es ist voreilig, vielfach erprobte und einfache Theorien durch kompliziertere Theorien mit niedriger Erklärungsreichweite zu ersetzen, selbst wenn dadurch einige Anomalien weniger auftreten. Das Auftreten von Anomalien sollte also nicht dazu verleiten, eine Theorie leichtfertig für falsch zu erklären und sie vorschnell aufzugeben. Schließlich gilt: Je rigider eine Theorie in ihren Annahmen ist, je knapper ihr Einsatz an Theorieelementen und je umfassender ihr Erklärungshorizont, desto wahrscheinlicher ist das Auftreten von Anomalien. Möglichst parsimonische Theorien zu formulieren ist aber ein vordringliches Anliegen der Wissenschaft. Anomalien mögen da störend erscheinen. Sie sind aber nicht unerwünschte, sondern im Sinne des wissenschaftlichen Fortschritts ebenso unvermeidliche wie *erwünschte Begleiterscheinungen* von positiven Theorien.

Literaturverzeichnis

Andreoni, J., 1995: Cooperation in Public Goods Experiments: Kindness or Confusion? In: American Economic Review, 85, 891-904

Axelrod, R., 1970: Conflict of Interest, Chicago, Markham

Axelrod, R., 1984: The Evolution of Cooperation, Basic Books, New York

Becker, G. S., 1982: Der ökonomische Ansatz zur Erklärung menschlichen Verhaltens. Mohr, Tübingen

Coleman, J. S., 1989: Editorial Introduction. In: Rationality and Society, 1, 5-9

Coleman, J. S./ Fararo, T. J. (Hg.), 1992: Rational Choice Theory. Advocacy and Critique. Newbury Park

Druwe, U./ Kunz, V. (Hg.), 1994: Rational Choice in der Politikwissenschaft: Grundlagen und Anwendungen. Opladen

Druwe, U./ Kunz, V. (Hg.), 1996: Handlungs- und Entscheidungstheorie in der Politikwissenschaft. Eine Einführung in Konzepte und Forschungsstand. Opladen

Elster, J., 1979: Ulysses and the Sirens. Cambridge

Elster, J., 1983: Sour Grapes. Cambridge

Elster, J., 1989: The Cement of Society. Cambridge

Esser, H., 1996: Die Definition der Situation. In: Kölner Zeitschrift für Soziologie und Sozialpsychologie, 48, 1-34

Frey, B. S./ Eichenberger, R., 1989: Should Social Scientists care about Choice Anomalies? In: Rationality and Society, 1, 101-122

Friedman, M., 1953: Essays in Positive Economics. Chicago

Harsanyi, J. C., 1977: Rational Behaviour and Bargaining Equilibrium in Games and Social Situations. Cambridge

Hausken, K./ Mohr, M., 1996: Conflict, Interest and Strategy. The Risk-Limit Approach to Conflict. Max-Planck-Institut für Gesellschaftsforschung, Discussion Paper

Heiner, R. A., 1983: The Origins of Predictable Behavior. In: American Economic Review, 73, 560-595

Lakatos, I., 1979: The Methodology of Scientific Resaerch Programms. Cambridge

Lindenberg, S., 1992: The Method of Decreasing Abstraction. In: Coleman/ Fararo (Hg.), 1992, 3-20

Plümper, T., 1995: Quasi-rationale Akteure und die Funktion internationaler Institutionen. In: Zeitschrift für internationale Beziehungen, 2, 49-77

Plümper, T., 1996: Entscheidung unter Unsicherheit und die Rationalität von Routinen. In: Druwe/ Kunz (Hg.), 1996, 177-206

Raiffa, H., 1982: The Art and Science of Negotiations. Cambridge

Rapoport, A., 1992: Game Theory Defined: What it is and what it is not. In: Rationality and Society, 4, 74-82

Selten, R., 1990: Bounded Rationality. In: Journal of Institutional and Theoretical Economics, 146, 649-658

Shoemaker, P. J. H., 1982: The Expected Utility Model. Its Variants, Purposes, Evidence and Limitations. In: Journal of Economic Literatur, 20, 529-563

Simon, H. A., 1985: Human Nature in Politics. The Dialogue of Psychology with Political Science. In: American Political Science Review, 79 , 293-304

Simon, H. A., 1993: Homo Rationalis: Die Vernunft im menschlichen Leben. Frankfurt

Smith, V. L., 1976: Experimental Economics. Induced Value Theory. In: American Economic Review, 66, 274-279

Thaler, R. H., 1992a: The Winner's Curse. Paradoxes and Anomalies of Economic Life. Princeton

Thaler, R. H. (Hg.), 1992b: Behavioral Finance. New York

Tsebelis, G., 1986: A General Model of Tactical and Inverse Tactical Voting. In: British Journal of Political Science, 16, 395-404

Tversky, A./ Kahnemann, D., 1979: Prospect Theory. An Analysis of Decision under Risk. In: Econometrica, 47, 263-291

Tversky, A./ Kahnemann, D., 1992: Advances in Prospect Theory. Cumulative Representation of Uncertainty. In: Journal of Risc and Uncertainty, 5, 297-323

Wood, S./ McLean, I., 1995: Recent Work in Game Theory and Coalition Theory. In: Political Studies, 43, 703-717

Zimmerling, R., 1994: Rational Choice Theorie: Fluch oder Segen für die Politikwissenschaft? In: Druwe/ Kunz (Hg.), 1994, 14-25

7. Kooperation als Handlungsgrund im einfachen Gefangenendilemma

Thomas Schmidt

Zusammenfassung

In diesem Beitrag werden zunächst einige zentrale Argumente untersucht, die sich in der Literatur zum Problem der rationalen Entscheidung im einfachen (also nichtiterierten) Gefangenendilemma (GD) finden. Ein besonderes Augenmerk bei der Rekonstruktion und Bewertung der Diskussion wird auf das Verhältnis von Dominanz- und Symmetrieargument gelegt. Die genaue Analyse zeigt zweierlei: Erstens ist das Symmetrieargument logisch inkorrekt, und daher ist Defektion unter der Voraussetzung, daß alle für die individuellen Bewertungen der Alternativen relevanten Aspekte in den Präferenzen repräsentiert sind, rational. Zweitens immunisiert sich die orthodoxe Rational-Choice-Theorie mit der genannten Voraussetzung gegen Anomalien, die sich aufgrund kooperativen Verhaltens in realen Interaktionssituationen ergeben. Abschließend wird eine modifizierte Konzeption des GD skizziert, in der Kooperation als Handlungsgrund möglich ist.

1. Einleitung

Das Gefangenendilemma (GD) ist sowohl im Kontext theoretischer Untersuchungen zum Zusammenhang von Rationalität und Moralität (vgl. etwa Sen 1974, Baier 1977, Sen 1977a und Nida-Rümelin 1994a) und zu Grundlagen der Theorie rationaler Entscheidungen (Lewis 1979, Sobel 1985) als auch in empirischen Studien in Ökonomie, Sozial- und Politikwissenschaft (klassisch ist z. B. die Arbeit von Olson 1965) ein vieldiskutiertes Konzept. Dem Anspruch nach kann das GD zur Beschreibung und Analyse gewisser Typen von Interaktionssituationen verwendet werden.

In der vorliegenden Arbeit sollen zunächst die Elemente der orthodoxen Konzeption des GD möglichst genau charakterisiert werden. Eine präzise Definition dessen, was ein orthodoxes GD ausmacht, ermöglicht es, einige zentrale „Lösungsversuche" des Gefangenendilemmas, die in der Literatur vorgeschlagen wurden, logisch und begrifflich zu analysieren. Das Ergebnis dieser Entwirrung von Argumenten steht zunächst im Einklang mit der Rational-Choice-Orthodoxie: Da alle Versuche, das Dominanzargument auszuhebeln, als defizitär erwiesen werden können, ist es im orthodoxen GD rational zu defektieren.

Es stellt sich jedoch auch heraus, daß diese orthodoxe Konsequenz von der problematischen Voraussetzung abhängt, daß alle für die individuellen Bewertungen der Alternativen relevanten Aspekte in den individuellen Präferenzen repräsentiert sind. Diese Bedingung ist problematisch, da sie die orthodoxe Rational-Choice-Theorie gegen Anomalien (wie etwa kooperatives Verhalten in GD-Situationen) immunisieren kann. Orthodoxe Rationalitätstheorie, so soll gezeigt werden, hat den „harten Kern" ihrer theoretischen Annahmen mit einem „Schutzgürtel" umgeben, der die Theorie unfalsifizierbar macht (für die Begriffe des „harten Kerns" und des „Schutzgürtels" vgl. Lakatos 1978: 47ff sowie den Beitrag von Mensch in diesem Band).

Um diesem Problem zu entgehen, werden abschließend bestimmte Veränderungen der orthodoxen Auffassung des GD vorgeschlagen. Insbesondere soll Raum für Überlegungen zum Verhältnis von Rationalität und praktischer Vernünftigkeit geschaffen werden, die durch die orthodoxe Immunisierungsstrategie abgeblockt werden. Die Ausführungen werden primär methodologischer Art sein: Es soll erwiesen werden, in welcher Weise Kooperation als Handlungsgrund im einfachen GD einschlägig sein *kann*.

2. Das orthodoxe Gefangenendilemma und seine Lösung

Üblicherweise wird das GD durch eine mehr oder weniger starke Abwandlung der folgenden Geschichte eingeführt: „Two suspects are taken into custody and separated. The district attorney is certain that they are guilty of a specific crime, but he does not have adequate evidence to convict them at a trial. He points out to each prisoner that each has two alternatives: to confess to the crime the police are sure they have done, or not to confess. If both do not confess, then the district attorney states he will book them on some very minor trumped-up charge such as petty larceny and illegal possession of a weapon, and they will both receive minor punishment; if they both confess they will be prosecuted, but he will recommend less than the most severe sentence; but if one confesses and the other does not, then the confessor will get 'the book' slapped at him" (Luce, Raiffa 1957: 95).

Nennen wir die Gefangenen 1 und 2, so können die Gefängnisjahre in folgender Tabelle wiedergegeben werden („(x, y)" steht für „x Jahre für Gefangenen 1 und y Jahre für Gefangenen 2"):

Gefangener 2

		nicht Gestehen	Gestehen
Gefangener 1	nicht Gestehen	(1, 1)	(10, 1/2)
	Gestehen	(1/2, 10)	(8,8)

Abbildung 1: Das Gefangenendilemma

Man geht bei der Konstruktion dieses Beispiels von einigen weiteren Voraussetzungen aus: Erstens wird angenommen, daß sich die Gefangenen bei der Entscheidung für oder gegen „Gestehen" *ausschließlich* für die Dauer des je eigenen Gefängnisaufenthalts interessieren, die sie zu minimieren trachten. Diese Annahme schließt insbesondere aus, daß sich etwa Gefangener 1 Gedanken darüber machen muß, ob sich 2's Kumpanen gegen ihn zusammenrotten würden, sollte er sehr viel früher aus dem Gefängnis kommen als 2. Kurz: Es gibt keine externen Sanktionen.

Um von dieser und anderen Schwierigkeiten absehen zu können, ist es sinnvoll, das GD formaler auf eine Weise darzustellen, die von der konkreten Situation der Gefangenen abstrahiert (in den Bezeichnungen folgen wir weitgehend Holler, Illing 1993: 2f). Mit N bezeichnen wir die *Menge der Spieler* (Akteure), $N = \{1, 2\}$. Jeder Spieler hat zwei mögliche *reine Strategien* (Handlungsoptionen), für Spieler i sind dies k_i und d_i („k" steht für „Kooperation" bzw. „nicht Gestehen" und „d" für „Defektion" bzw. „Gestehen"). $S_i = \{k_i, d_i\}$ ist die Menge der Strategien von i. Die Menge der möglichen Paare reiner Strategien $S = \{(k_1, k_2), (d_1, d_2), (k_1, d_2), (d_1, k_2)\}$ wird *Strategienraum* genannt. Für die Beschreibung des GD einzig relevant sind nun die Angaben über die S_i, aus denen sich $S = S_1 \times S_2$ ergibt, sowie die *individuellen Präferenzen,* die 1 und 2 über den Strategiepaaren haben. Die Präferenzen können übersichtlich wie folgt notiert werden:

1:    $(d_1, k_2) > (k_1, k_2) > (d_1, d_2) > (k_1, d_2)$

2:    $(k_1, d_2) > (k_1, k_2) > (d_1, d_2) > (d_1, k_2)$

Mit dieser Darstellung des GD löst man sich von der konkreten Situation der beiden Gefangenen, von der in der ursprünglichen Geschichte scheinbar enthaltenen Kardinalität der Konsequenzen bzw. Kardinalisierbarkeit der Präferenzen (wenn man von Gefängnisjahren spricht, könnte man etwa zu sagen versucht sein, der Unterschied zwischen zwei und vier Jahren sei halb so schlimm wie der zwischen vier und acht Jahren und dergl.) sowie von inhaltlichen Voraussetzungen über die Präferenzen. Insbesondere ist darüber, ob die individuellen Präferenzen in einem zu spezifizierenden Sinne altruistisch oder egoistisch sind, nichts gesagt. Weiterhin ist es wichtig zu sehen, daß eine Interaktionssituation vom Typ des GD im Rahmen orthodoxer Entscheidungstheorie alleine durch den Strategienraum S und die Angaben über die individuellen Präferenzen beschrieben wird. Insbesondere fordert die Orthodoxie:

(*)   *Alle für die Vorlieben, Wertungen usw. der Akteure relevanten Aspekte sind durch die individuellen Präferenzen wiedergegeben.*

Wie sollte sich ein rationaler Akteur, der sich in einer durch S und die angegebene Präferenzordnung charakterisierten Situation befindet, entscheiden? Wenn er sich überlegt, was er tun sollte, so wird er folgendes feststellen: Das relativ zu seinen Präferenzen bessere Ergebnis wird erzielt, wenn er gesteht bzw. sich für d entscheidet – *unabhängig davon, wie sich der andere entscheidet.* Nicht-Kooperation (d bzw. Gestehen) ist in diesem Sinne eine *strikt dominante* Strategie. (Eine Strategie heißt genau dann strikt dominant, wenn ihre Konsequenzen für alle möglichen Umstände – bzw. Entscheidungen der anderen Akteure – besser sind als die der anderen Strategien; vgl. z. B. Holler, Illing 1993: 6 und Kern, Nida-Rümelin 1994: 22.)

Nun kann sich der einzelne Akteur aber weiter überlegen, daß dies auch für den anderen Akteur gilt. Auch der andere wird sich also – wenn er diesem Argument folgt – für d entscheiden. Wenn man aber davon ausgehen kann, daß beide dasselbe tun, so wäre es auf jeden Fall besser, sich für k zu entscheiden. Wenn man sich nun wiederum überlegt, daß auch der andere diese Überlegungen ausführen wird, landet man wieder bei d usw. So besehen scheinen die Überlegungen jedes der beiden Akteure in einem hoffnungslosen Zirkel enden zu müssen, der unklar läßt, welches die rationalerweise zu wählende Option ist. Diese Schlußfolgerung zieht zum Beispiel Watkins: „I am claiming, not that rational self-interest does dictate [cooperation], but

183

only that it does not dictate [defection]: the prisoners *are* in a dilemma; there is no determinate solution to their optimization problem." (Watkins 1974: 73; in Watkins 1985 hat er seine Auffassung revidiert.) Es sei zunächst festgehalten, daß die eben durchgeführte Rekonstruktion der Überlegungen des Akteurs im GD noch zu unscharf ist, um eine genaue Prüfung zuzulassen und es zu erlauben, eine derart starke Konsequenz zu ziehen. Darüber hinaus gibt es einschlägige Überlegungen, die zu etablieren scheinen, daß die These der nichteindeutigen Rationalität im GD zu einem Widerspruch geführt werden kann. Das entsprechende Argument geht auf Davis (1977: 52) zurück: Angenommen, es gäbe keine rationale Entscheidung in einer GD-Situation. Dann hat man keine Möglichkeit, etwas über die Strategiewahl des anderen vorauszusehen – selbst wenn man weiß, daß der andere (ebenfalls) rational ist. Insbesondere gilt nicht, daß zwei rationale Akteure notwendig dieselbe Option wählen. Daher sollte ich die dominante Strategie wählen, welche somit rational ist. Dies ist jedoch ein Widerspruch zu der Voraussetzung, daß es keine eindeutig rationale Wahl gibt. (Dieses Argument hängt in gewisser Weise vom Verhältnis von Dominanz- und Symmetrieargument ab, welches wir erst weiter unten diskutieren werden.)

Es sollen nun die Überlegungen, die die Gefangenen anstellen, in der Form klarer Argumente präzisiert werden. Defektion (*d*) wurde nahegelegt durch das folgende Argument, auf das wir uns mit dem Namen *Dominanzargument* beziehen werden und das hier aus der Sicht von Gefangenem 1 dargestellt wird (der Ausdruck „für mich" in den Prämissen heißt „relativ auf meine Präferenzen" – wie oben ausgeführt wurde, heißt dies nicht, daß egoistische Präferenzen angenommen werden):

(D1) 2 entscheidet sich entweder für *d* oder für *k*.
(D2) Wenn sich 2 für *k* entscheidet, so erziele ich das für mich bessere Ergebnis, wenn ich *d* wähle.
(D3) Wenn sich 2 für *d* entscheidet, so erziele ich das für mich bessere Ergebnis, wenn ich *d* wähle.
(D4) Also erziele ich das bessere Ergebnis, wenn ich *d* wähle.
(D5) Rationalität schreibt vor, diejenige Handlung auszuführen, mit der ich das für mich bessere Ergebnis erziele.
(D6) Also schreibt Rationalität Defektion vor.

Die Überlegungen, die Akteur 1 im Anschluß an die in der Form des Dominanzarguments präzisierten angestellt hat, lassen sich in einem zweiten Argument zusammenfassen, das wir in Anlehnung an die Literatur *Symmetrieargument* nennen.

(S1) 2 ist wie ich (1) rational.
(S2) Rationalität schreibt Akteuren in derselben Situation dieselbe (eindeutig bestimmte) Handlung vor.
(S3) 2 ist in derselben Situation wie ich.
(S4) Also führt 2 dieselbe Handlung aus wie ich.
(S5) Also führen entweder beide k aus, oder beide führen d aus.
(S6) (k,k) ist für beide besser als (d,d).
(S7) Also schreibt Rationalität Kooperation vor.

In annähernd dieser Form findet sich das Argument etwa bei Rapoport: „[...] if rationality prescribes [confessing], then it must also prescribe [confessing for the other]. At any rate because of the symmetry of the game, rationality must prescribe *the same choice to both*. But if both choose the same, then [both not confessing] is clearly the better. Therefore I should [not confess]." (Rapoport 1966: 141 ff).

Die Konklusionen beider Argumente widersprechen sich. Es bietet sich an, vier mögliche Auswege aus diesem Konflikt zu unterscheiden:

Ausweg 1. Beide Argumente sind nicht so aufgeschrieben, daß man ihnen ohne weiteres ansieht, ob sie im strengen formallogischen Sinne korrekt sind. (Korrektheit sei hier im üblichen logischen Sinne verstanden: Ein Argument heißt korrekt, wenn es unmöglich ist, daß seine Konklusion unter der Voraussetzung der Wahrheit seiner Prämissen falsch ist. Ein Argument heißt schlüssig, wenn darüber hinaus alle Prämissen wahr sind.) Man könnte also der Auffassung sein, daß der Widerspruch der Konklusionen nur ein Scheinwiderspruch ist und daß es unter Umständen noch ganz andere Erwägungen gibt, die im Zusammenhang der Entscheidungsfindung in einer GD-Situation zu berücksichtigen sind. Beispiele für Begriffe, die in dieser Weise andere Aspekte aufnehmen, sind „Kooperation", „Vertrauen", „Moralität" usf. Alle konzeptuellen Erweiterungen dieser und anderer Art bringen jedoch Aspekte mit ins Spiel, die bei der Definition dessen, was ein GD ausmacht, durch die oben eingeführte Bedingung (*) explizit ausgeschlossen sind. Alle relevanten Bewertungsaspekte, so diese orthodoxe Voraussetzung, „stecken in den individuellen Präferenzen". Daher sind Argumente, die die Unvollständigkeit der in der Präferenzstruktur gegebenen Information belegen sollen, im Rahmen der orthodoxen Konzeption des GD ausgeschlossen.

Ausweg 2. Zweitens könnten wir die Schlüssigkeit des Symmetriearguments annehmen (bzw. zu zeigen versuchen) und die des Dominanzarguments anzweifeln. Dies ist etwa Davis' Position in Davis (1977, 1985). Da jedoch *prima facie* die Prämissen des Dominanzarguments alle plausibel erscheinen und da auch die Korrektheit nur schwer angezweifelt werden kann, ist zu fragen, was bei ihm eigentlich noch schief gehen kann. Der hier einschlägige argumentative Schritt ist der folgende. Da aus dem Symmetrieargument zu folgen scheint, daß es unmöglich ist, daß zwei rationale Personen im GD verschiedene Handlungen ausführen, seien die Prämissen (D2) und (D3) aus dem Dominanzargument unvollständig (für eine ensprechende Analyse vgl. Campbell 1985: 15). Sie müssen wie folgt ergänzt werden:

(D2') Wenn sich 2 für k entscheidet, erziele ich das für mich bessere Ergebnis, wenn ich d wähle, sofern d dann überhaupt noch eine mögliche Option für mich ist.

(D3') Wenn sich 2 für d entscheidet, erziele ich das für mich bessere Ergebnis, wenn ich d wähle, sofern d dann überhaupt noch eine mögliche Option für mich ist.

Wenn das Symmetrieargument schlüssig ist, so ist der zweite Teil der Prämisse (D2') aus dem in dieser Weise modifizierten Dominanzargument (unter Umständen) falsch. In diesem Fall mag das Dominanzargument zwar korrekt sein, es ist aber jedenfalls nicht schlüssig.

Das in Klammern stehende „unter Umständen" soll signalisieren, daß noch nicht klar ist, ob das Symmetrieargument wirklich so stark ist, daß es impliziert, daß der andere Akteur nicht defektieren *kann*, wenn ich kooperiere. Dem steht die Definition des GD gegenüber, nach der sich beide Gefangenen *frei* entscheiden können. In einem höchst merkwürdigen Sinne werden die beiden Akteure durch das Symmetrieargument ihrer Freiheit beraubt. Wenn man sich in dieser Weise mit Recht auf den Freiheitsbegriff berufen kann, dann würde folgen, daß die Voraussetzung dieses zweiten Auswegs (nämlich daß das Symmetrieargument schlüssig ist) falsch sein muß. Warum dem so sein sollte – an welcher Stelle des Symmetriearguments der Fehler liegt – ist damit jedoch noch nicht gesagt.

Unter Umständen könnte man eine Debatte über den Freiheitsbegriff vermeiden, indem man auf den *Möglichkeitsbegriff* rekurriert. Es wäre dann zu fragen, ob der Möglichkeitsbegriff, der beim Symmetrieargument im Spiele ist, derselbe ist, der in den modifizierten Prämissen (D2') und (D3') des Dominanzarguments auftaucht. Nun ist jedoch nicht zu sehen, wie diese Frage im Rahmen der für das GD einschlägigen Begriffe entschieden werden könnte. Eine Klärung der Debatte scheint auf diesem Wege nicht zu erwarten zu sein. Zu diesem Schluß kommt auch Davis: „So far as the matter has been pursued here, the answer depends on the notion of a 'possible outcome' which resists formal definition. This may show the [symmetry] argument invalid. Alternatively, it may show that there is something about the idealized notion of a rational agent which just cannot be captured by a formal theory. The latter would have significant implications for the whole enterprise of formal decision theory, and it is to be hoped that the correct verdict is neither of these two extremes." (Davis 1977: 58).

Ausweg 3. Ein dritter Ausweg schließlich, der sich ebenfalls in der Literatur findet, beruht auf der Ansicht, daß (S1) unvollständig formuliert ist, und daß diese Prämisse genauer heißen müßte:

(S1') Ich (1) bin rational und *ich weiß*, daß 2 auch rational ist.

So wird etwa bei (Davis 1977: 53) die entsprechende Prämisse seines „basic argument for cooperation" eingeführt. Man kann diese Prämisse auch dahingehend verstärken, daß die Rationalität beider Akteure *gemeinsames Wissen* ist: Jeder weiß, daß jeder weiß, ..., daß jeder rational ist. Selbst wenn man die Korrektheit des Symmetriearguments akzeptiert, kann man nun mit einiger Berechtigung behaupten, daß (S1') für *reale* Situationen nie erfüllt ist. Man kann nie *wissen*, ob der oder die andere rational ist. Diesen Punkt versucht sich Hardin für seine Argumentation zunutze zu machen: „A sophisticated player knows one can know no such thing about one's unknown adversary, not least because one would probably not put absolute trust in anyone, but surely not in an unknown and presumably self-interested adversary." (Hardin 1982: 151f).

Dieser Hinweis auf die Unmöglichkeit einer solchen Situation ist zwar zutreffend, löst aber den Widerspruch zwischen den Konklusionen der beiden Argumente nicht auf. Das *praktische* Dilemma mag zwar nicht auftreten, auf *theoretischer* Seite jedoch ist der Widerspruch nach wie vor ungelöst. Dies ist leicht zu sehen, wenn man sich klarmacht, daß aus der Korrektheit des Symmetrie- und des Dominanzarguments die (logische) Widersprüchlichkeit der Satzmenge {D1, ..., D5, S1, ..., S6} folgt. Wenn alle diese Prämissen der beiden Argumente wahr wären, so wäre es *logisch unmöglich*, daß man weiß, daß der andere rational ist. Diese Konsequenz widerspräche allen vernünftigen Intuitionen.

Ausweg 4. Aus der vorstehenden Argumentation ergibt sich, daß keiner der bislang untersuchten Auswege überzeugt. Es soll nun – in Anlehnung an ähnliche in der Literatur vorgebrachte Einwände – gezeigt werden, daß das

Hauptproblem schlicht darin liegt, daß das Symmetrieargument im logischen Sinne nicht korrekt ist. Die hinter diesem Einwand stehende Vorstellung ist, daß im Symmetrieargument ungerechtfertigterweise Rationalitätserwägungen zweimal angewandt werden: einmal bei der Einschränkung der Menge der möglichen Strategiepaarungen auf $\{(d, d), (c, c)\}$, und ein anderes Mal in der Anwendung auf eben diese Menge. Watkins formuliert diesen Punkt so: „[1]'s prediction concerning [2] should fall out as a consequence (if indeed it *is* a consequence) of his analysis of what anyone should do in [1]'s situation and hence what anyone do in [2]'s analogous situation." (Watkins 1985: 70).

Ein entsprechendes Argument hat Ken Binmore mit seiner *Fallacy of the Twins* vorgetragen: „This fallacy argues that, since it is common knowledge that both players are rational, therefore both will make the same choice. The final outcome will therefore be either D = (*defect, defect*) or C = (*cooperate, cooperate*). Since both players prefer C to D, so the story goes, it follows that rationality requires C to be chosen. The fallacy lies in the final sentence. Rationality may perhaps restrict the final outcome to the set $S = \{C, D\}$. But it does not therefore follow that C is a feasible choice for rational players, because it is possible that rationality may restrict the final outcomes to a smaller set than S." (Binmore 1993: 137)

Formaler kann man dieses Argument in folgender Weise darstellen: Eine Rationalitätskonzeption kann durch eine Funktion f dargestellt werden, die (Entscheidungs-) Situationen in Handlungstypen abbildet. Die beiden Situationen im GD seien S_1 und S_2 (S_1 ist die Entscheidungssituation von Gefangenem 1, S_2 die von 2). Da wir erwarten, daß die Rationalitätskonzeption eine eindeutige Handlungsempfehlung gibt und da sich S_1 und S_2 in relevanter Hinsicht nicht unterscheiden, können wir folgern, daß

$$f(S_1) = f(S_2) \in \{k, d\}$$

(dies entspricht Prämisse (S2) aus dem Symmetrieargument). Da nun beide Akteure dieselbe Handlung ausführen, folgt, daß es nur zwei mögliche Strategiekombinationen gibt: (k, k) und (d, d). Die Entscheidungssituationen mit einem derart eingeschränkten Strategienraum seien S_1' und S_2'. Aufgrund von Pareto-Inklusivität gilt nun

$$f(S_1') = f(S_2') = k.$$

Es ist aber nicht zu sehen, wie hieraus

$$f(S_1) = f(S_2) = k$$

folgen sollte. Daher ist das Symmetrieargument nicht korrekt. Durch diese Argumentation haben wir zu der orthodoxen Lösung des GD zurückgefunden: Im orthodoxen GD (nach der oben eingeführten Definition) ist Defektion rational.

3. Das Gefangenendilemma als Anomalie

In diesem Abschnitt soll unter Bezugnahme auf Begriffe aus der wissenschaftstheoretischen Debatte gezeigt werden, daß und in welcher Weise das GD als eine *Anomalie* anzusehen ist. Thomas S. Kuhn definiert eine *awareness of anomaly* als „the recognition that nature has somehow violated paradigm – induced expectations that govern science." (Kuhn 1970: 52f.)

In welcher Weise kann denn, so kann man fragen, die „Natur" das „Paradigma" orthodoxer Entscheidungstheorie verletzen? Rapoport kennzeichnet die Spieltheorie mit Recht als einen Bereich, in dem es zunächst vor allen Dingen um *Abstraktionen* geht: „A key word [...] is *abstracted*. It implies that only the essential aspects of a situation are discussed in game theory rather than the entire situation with its pecularities, ambiguities, and subtleties. If, however, the game theoretician is asked 'What *are* the essential aspects of decisions in conflict situations?' his only honest answer can be 'Those which I have abstracted.'" (Rapoport 1966: 5)

Gerade weil spieltheoretische Modelle Abstraktionen sind, möchte man bei ihrer Entwicklung dennoch *sinnvoll* von realen Situationen abstrahieren. Ohne den Begriff „sinnvoll" an dieser Stelle inhaltlich präzise füllen zu können, fragen wir uns, was die orthodoxe Konzeption des GD und ihre „Lösung" über reale Situationen zu sagen hat. Wenn eine reale Zwei-Personen-Interaktionssituation sinnvoll durch ein orthodoxes GD abstrahiert werden kann, und wenn beide Akteure rational sind, so defektieren sie. Dies kann etwas klarer in folgender Aussage ausgedrückt werden: Die Menge von Sätzen bestehend aus

(i)   Das orthodoxe GD ist eine sinnvolle Abstraktion der (realen) Situation *S*;

(ii)   Die beiden Akteure in *S* sind rational;

(iii)   (Mindestens) einer der Akteure in *S* kooperiert;

ist *logisch inkonsistent*. Oder: Es ist (logisch) unmöglich, daß eine rationale Person in einer orthodoxen GD-Situation kooperiert. (In diesem Zusammenhang spricht Nida-Rümelin auch von einer *petitio pricipii* bei der orthodoxen Konzeption des GD, vgl. Nida-Rümelin 1993: 183.)

Was bedeutet dies für die Anwendbarkeit der orthodoxen Konzeption des GD? Nehmen wir an, wir möchten eine reale Interaktionssituation analysieren, von der wir annehmen, daß (i) die beiden Akteure rational sind und (ii) daß die Situation sinnvoll als orthodoxes GD beschrieben werden kann. Wir beobachten nun, wie sich die Akteure verhalten, und stellen fest, daß sie kooperieren. Was folgt hieraus? Wir müssen (i) oder (ii) aufgeben. Zunächst scheint natürlich einiges dafür zu sprechen, die Annahme der Rationalität der Akteure fallenzulassen. Wenn Personen in „echten" GD-Situationen kooperieren, dann sind sie eben irrational.

Wenn sich die Fälle von Kooperation in GD-Situationen jedoch häufen, so sollte man skeptisch werden. Es ist zu fragen, was eine empirisch oder normativ verstandene Rationalitätstheorie leisten kann, die einen Großteil menschlichen Verhaltens als irrational einstuft. (Dieses Unbehagen beruht letztendlich auf der methodologischen Überzeugung, daß sich Theorien sowohl an allgemeinen Prinzipien als auch an Einzelurteilen zu messen haben, wie sie in John Rawls' Konzeption des „reflective equilibrium" zum Ausdruck kommt, vgl. Rawls 1971: 48.) Man sollte bei systematisch auftretenden Konflikten zwischen Theorie und Beobachtung an der Rationalitätsannahme festhalten und es als Ziel der Theorie begreifen, das beobachtete Verhalten als rational zu rekonstruieren.

Wenn man dies akzeptiert, so wird (ii) aufzugeben sein. Wenn Menschen in einer Interaktionssituation kooperieren, dann hat es sich eben nicht um ein GD gehandelt. Man hat also bei der Abstraktion einen Fehler gemacht. Wo aber? Man kann davon ausgehen, daß es relativ problemlos möglich ist, eine reale Situation als eine zu identifizieren, in der zwei Akteuren je zwei Handlungsoptionen offenstehen, in der die Konsequenzen von den Entscheidungen beider abhängen und in der die individuellen Präferenzen über Konsequenzen die für das GD relevante Struktur haben. Einzig verletzt werden kann dann die Bedingung (*): Bei der Abstraktion hat man sich darüber getäuscht, daß alle für die Entscheidung relevanten Informationen in den Präferenzen enthalten sind.

In der Tat haben empirische Studien gezeigt, daß Personen in „GD-Situationen" oftmals kooperieren (der *locus classicus* ist Rapoport, Chammah 1965). Nach dem eben ausgeführten Argument ist jedoch unklar, was mit dem Ausdruck „Gefangenendilemma" genau gemeint ist, wenn reale (und rationale) Akteure in einer „Gefangenendilemma"-Situation kooperieren: Es kann sich nicht um ein orthodoxes GD gehandelt haben. Wenn aber Bedingung (*) verletzt ist, dann ist die Frage zu stellen, wie eine modifizierte Konzeption eines GD aussehen könnte. Welche über die individuellen Präferenzen hinausgehenden Aspekte könnten noch für die Entscheidungsfindung relevant sein? Wir werden auf diese Frage im letzten Teil dieser Arbeit eingehen (vgl. hierzu auch den Beitrag von Plümper in diesem Band).

Zunächst kommen wir zurück zu der zu Anfang dieses Abschnitts aufgestellten These, daß das (orthodoxe) GD als eine Anomalie anzusehen ist. Nach dem Gesagten kann nun genauer formuliert werden: es ist logisch unmöglich, daß das GD in seiner orthodoxen Konzeption eine sinnvolle Abstraktion von realen Interaktionssituationen ist, in denen rationale Personen kooperieren. Der „harte Kern" orthodoxer Rationalitätstheorie wird durch den „Schutzgürtel" der Prämisse (*) unfalsifizierbar gemacht. Die dargestellte „Weginterpretation" von Verletzungen des orthodoxen Rationalitätsparadigmas stellt jedoch nur eine *ad hoc*-Modifikation dar: Es ist nicht mehr klar, was die Theorie nach der Modifikation überhaupt noch zu sagen hat.

Bevor wir zu der angekündigten Beantwortung der Frage kommen, durch was die Prämisse (*) unter Umständen vernünftigerweise zu ersetzen ist, soll im nächsten Abschnitt auf einige weitere Schwierigkeiten orthodoxer Rationalitätstheorie im Zusammenhang des GD hingewiesen werden.

4. Weitere Probleme der orthodoxen Auffassung des Gefangenendilemmas

In diesem Abschnitt werden drei Punkte benannt, die unabhängig von empirischen Untersuchungen und der Unfalsifizierbarkeitsthese des letzten Abschnitts Probleme der orthodoxen Auffassung des GD darstellen.

(1) Schon im zweiten Teil dieser Arbeit wurde die Frage angesprochen, über welches Wissen die Akteure in einer GD-Situation verfügen müssen. Da sie – realiter – nie wissen können, ob bzw. daß der jeweils andere rational ist, beschränkt sich das relevante Wissen offenbar auf die Kenntnis der Interaktionsstruktur (d.h. der Matrix) und der Präferenzen. Im Anschluß an die Überlegungen des letzten Abschnitts müssen wir jedoch auch fordern, daß die Akteure wissen, daß Interaktionsstruktur und Präferenzen die einzigen Konstitutiva für die entsprechende Situation sind, m.a.W.: daß Prämisse (*) erfüllt ist. *Um zu wissen, daß man sich in einem (orthodoxen) GD befindet, muß man um die Wahrheit von Bedingung (*) wissen.* Es ist nicht zu sehen, wie derartiges Wissen in realen Situationen je gegeben sein sollte.

(2) Es ist zu fragen, wie der Präferenzbegriff unter der Voraussetzung der Bedingung (*) zu verstehen ist. Die beiden einzigen *prima facie* verständlich und klar zu formulierenden Präferenzkonzepte hat schon Leonard Savage genannt, der einen introspektiven von einem beobachtungsbezogenen Präferenzbegriff unterscheidet. Savage wendet sich gegen die erste dieser Möglichkeiten: „I think it of great importance that preference, and indifference [...] be determined, at least in principle, by decisions between acts and not by response to introspective questions" (Savage 1954: 17). Die Entscheidungstheorie hat sich Savages Sichtweise in dieser Frage angeschlossen: Die sog. *revealed preference*-Konzeption, die den Präferenzbegriff im Rekurs auf Wahl- bzw. Entscheidungsverhalten expliziert, ist fast untrennbar mit orthodoxer Entscheidungstheorie verbunden (vgl. hierzu etwa Sen 1977b: 323). Ohne an dieser Stelle weiter ins Detail gehen zu können, sei darauf verwiesen, daß die *revealed preference*-Konzeption in neuerer Zeit einer Reihe von Einwänden ausgesetzt wurde, die darauf verweisen, daß es unmöglich ist, ohne die Voraussetzung substantieller Interpretations*constraints* von Beobachtungsdaten auf (subjektive) Präferenzen zu schließen (vgl. hierzu Davidson 1985, Hurley 1989: Kap. 4, Broome 1991, und Schmidt 1995: Kap. 5).

(3) Ein dritter Punkt schließlich betrifft die Frage, über welchen Objekten die individuellen Präferenzen definiert sind. In der Spieltheorie sind zwei verschiedene Konzeptionen gebräuchlich, die aber im orthodoxen Rahmen nicht unterschieden werden. Luce und Raiffa etwa gehen davon aus, daß die *Konsequenzen* („outcomes") die Objekte individueller Präferenzen sind (Luce, Raiffa 1957: 43f.). Holler und Illing andererseits definieren die Präferenzen auf der Menge der *Strategiekombinationen* (Holler, Illing 1993: 4). Der orthodoxe Spieltheoretiker wird sich über diese anscheinende Spitzfindigkeit aufregen: Der Clue der Spieltheorie sei ja gerade, daß Strategiekombinationen auf *eindeutige* Weise Konsequenzen zugeordnet werden können. Aus der *Ein*deutigkeit der Zuordnung von Strategiekombinationen zu Konsequenzen folgt jedoch nicht deren *Einein*deutigkeit. Letztere wird aber in der orthodoxen Rational-Choice-Theorie vorausgesetzt, da Handlungen ausschließlich über Konsequenzen individuiert werden. Es bietet sich jedoch an, es durch Aufgabe der Annahme der Eineindeutigkeit zu ermöglichen, daß *verschiedene* Handlungen zu *derselben* Konsequenz führen können. Somit können Präferenzen über Konsequenzen von Präferenzen über Strategiekombinationen unterschieden werden (vgl. auch Nida-Rümelin 1994b: 17f). Mit Bezug auf die Frage, an welcher Stelle die orthodoxe Konzeption des GD zu modifizieren ist, haben wir hier einen Ansatzpunkt gefunden.

5. Kooperation als Handlungsgrund

Blicken wir kurz auf die bisherigen Überlegungen zurück. Als Ergebnis des dritten Abschnitts kann festgehalten werden, daß zur Revision des orthodoxen GD die Frage zu beantworten ist, durch was die Prämisse (*) zu ersetzen ist. Im letzten Abschnitt haben wir einen Hinweis auf eine mögliche Antwort dadurch bekommen, daß Präferenzen über Konsequenzen und Präferenzen über Strategiekombinationen unterschieden werden können.

Als ein erster Schritt auf dem Weg zu einer modifizierten Konzeption des GD bietet sich daher an, die das GD konstituierenden Präferenzen als Präferenzen über Konsequenzen zu interpretieren. Wenn man auf diese Weise vorgeht, so stellen sich unmittelbar zwei Fragen: (i) Da die Idee der Revision des GD gewesen war, zu ermöglichen, daß rationale Akteure in einer GD-Situation kooperieren, ist zu fragen, welche Konsequenzen die Uminterpretation des Präferenzbegriffs für das Dominanzargument hat. (ii) Da durch die Trennung von Konsequenzen und Strategiepaaren Raum für einen neuen Präferenzbegriff – über Strategiepaaren – geschaffen wurde, ist zu fragen, welche Rolle letztere bei der rationalen Entscheidungsfindung im modifizierten GD spielen.

Ad (i). Die entscheidenden Prämissen aus dem Dominanzargument, die nach der Uminterpretation des Präferenzbegriffs revidiert werden müssen, sind (D2), (D3) und (D4). Eine Möglichkeit des Einhakens bietet etwa (D2), die nun umgeschrieben werden könnte zu

(D2*) Wenn sich 2 für *k* entscheidet, so erziele ich *das mit Bezug auf meine Präferenzen über Konsequenzen bessere Ergebnis*, wenn ich *d* wähle,

oder, allgemeiner, zu

(D2**) *Ceteris paribus* gilt: Wenn sich 2 für *k* entscheidet, so erziele ich das bessere Ergebnis, wenn ich *d* wähle.

(In beiden Fällen muß natürlich (D3) analog umgeschrieben werden). Entsprechend müßte dann auch (D4) modifiziert werden:

(D4*) Also erziele ich *ceteris paribus* das bessere Ergebnis, wenn ich *d* wähle.

Eine andere Möglichkeit wäre, bei (D5) einzuhaken. Interpretiert man den Ausdruck „für mich besser" aus (D5) stets unter Bezugnahme auf Präferenzen über Konsequenzen, so könnte auch (D5) durch eine *ceteris paribus*-Klausel abgeschwächt werden.

Unabhängig davon, an welcher Stelle man das Dominanzargument zu blockieren versucht, stellt sich die Frage, wie die *ceteris paribus*-Klausel zu interpretieren ist. Dies führt zur zweiten der genannten Fragen.

Ad (ii). Wenn es für die praktische Rationalität einer Entscheidung in einer GD-Situation relevante Erwägungen gibt, die von den Präferenzen über Konsequenzen unabhängig sind, so ist zu fragen, welcher Art diese Faktoren sein können und wie sie mit der Rationalität der Entscheidung zusammenhängen. Oben wurden zwei mögliche Faktoren genannt: Zum einen kann man versuchen, *intrinsische Eigenschaften* von Handlungen in einem rationalen Beurteilungskriterium zu berücksichtigen. Derlei Vorgehen ist sicherlich möglich und unter Umständen auch sinnvoll, im gegenwärtigen Kontext jedoch scheint durch solch einen argumentativen Schachzug der Beliebigkeit Tür und Tor geöffnet zu werden.

Eine Alternative dazu ist, sich auf einen bestimmten Aspekt zu beziehen, der damit zu tun hat, daß im GD Einzelhandlungen Teile von Strategiepaaren werden. Genauer: Es gibt Kontexte, in denen wir es für vernünftig halten, eine bestimmte Handlung auszuführen, weil sie sich in einen bestimmten strukturellen Zusammenhang einordnen läßt, für den wir uns zuvor entschieden haben. Aus diesem Grund kann diese Auffassung praktischer Rationalität auch als „Strukturelle Rationalität" bezeichnet werden (dieser Terminus wurde von Nida-Rümelin vorgeschlagen, vgl. insbesondere Nida-Rümelin 1993, 1994b).

Diese Auffassung kann am Beispiel des GD präzisiert werden: Die der Tatsache, daß orthodoxe Entscheidungstheorie in GD-Situationen Defektion vorschreibt, zuwiderlaufende Intuition hängt wesentlich damit zusammen, daß wir – wiederum: *ceteris paribus* – Kooperation als etwas Wünschenswertes ansehen. Eine *prima facie*-Präferenz für Kooperation ist jedoch im orthodoxen GD aus begrifflichen Gründen ausgeschlossen. In einer GD-Situation des modifizierten Typs ist es eine alleine durch die Struktur der Interaktionssituation bestimmte Eigenschaft der Einzelhandlung „Kooperation", daß sie Teil einer Kombination von Handlungen sein kann, die zusammengenommen kollektive Kooperation – kollektive Rationalität – konstituieren. Darüberhinaus scheint „Kooperation" die einzige unter Umständen wünschenswerte Eigenschaft einer Handlung im GD zu sein, der man nicht durch eine Umordnung der Präferenzen Rechnung tragen könnte. Dies liegt daran, daß sich die Eigenschaft einer Handlung, die kooperative Alternative zu sein, aus der Struktur der Interaktionssituation ergibt, wobei letztere durch die Präferenzen definiert ist. Die modifizierte Konzeption des GD läßt es zu, daß Kooperation ein (*prima facie*-) Handlungsgrund sein *kann*. (Es kann hier nicht die *normative* Frage diskutiert werden, unter welchen Umständen Kooperation *tatsächlich* einen guten Handlungsgrund darstellt.)

In dieser Arbeit muß die selbstverständlich naheliegende Frage offen bleiben, in welchem Fall denn nun der *prima facie*-Grund Kooperation stark genug ist, um die *ceteris paribus*-Klausel des modifizierten Dominanzarguments wirksam werden zu lassen. Zum einen gilt, daß die hier vorgestellte Konzeption noch nicht ausgearbeitet genug ist, um eine eindeutige Antwort zuzulassen. Andererseits scheint es jedoch gar nicht wünschenswert zu sein, eine eindeutige Beantwortung dieser Frage zu fordern. Wenn sie beantwortet wäre, wäre das „Problem des GD" für alle Situationen eindeutig gelöst. Wollen wir dies? Roy Sorensen schreibt hierzu: „[...] an adequate analysis of a longstanding problem must 'preserve' the problem in the sense that it account for the feeling of difficulty" (Sorensen 1993: 11).

Durch die modifizierte Konzeption des GD haben wir erreicht, daß es in einer – realen – GD-Situation *möglich* ist zu kooperieren, ohne irrational zu sein. Wann Kooperation *rational* ist, ist nicht gesagt worden. Offen ist die Frage, wieviel an Eindeutigkeit wir in dieser Sache überhaupt von einer Weiterentwicklung dieser Theorie erwarten wollen. Vorsicht ist immerhin geboten, wenn eine Theorie in der Weise wie orthodoxe Entscheidungstheorie behauptet, eine eindeutige Antwort auf eine praktische Frage zu geben: „Rational analysis, for all its inadequacy, is indeed the best instrument of cognition we have. But often it is at its best when it reveals to us the nature of the situation we find ourselves in, even though it may have nothing to tell us how we ought to behave in this situation" (Rapoport 1966: 214).

Literaturverzeichnis

Baier, K., 1977: Rationality and Morality. In: Erkenntnis, 11, 197-223
Binmore, K., 1993: Bargaining and Morality. In: Gauthier/ Sugden (Hg.), 1993, 131-156
Broome, J., 1991: Rationality and the Sure-Thing Principle. In: Meeks (Hg.), 1991, 74-192
Campbell, R., 1985: Background for the Uninitiated. In: Campbell/ Sowden (Hg.), 1985, 3-41
Campbell, R./ Sowden, L. (Hg.), 1985: Paradoxes of Rationality and Cooperation. Vancouver
Davidson, D., 1985: A New Basis for Decision Theory. In: Theory and Decision, 18, 87-98
Davis, L. H., 1977: Prisoners, Paradox, and Rationality. In: American Phil. Quarterly, 14, 319-27, wiederabgedr. in u. zit. nach Campbell/ Sowden (Hg.), 1985, 45-59
Davis, L. H., 1985: Is the Symmetry Argument Valid? In: Campbell/ Sowden (Hg.), 1985, 255-263
Gauthier, D./ Sugden, R. (Hg.), 1993: Rationality, Justice and the Social Contract. Ann Arbor
Hardin, R., 1982: Collective Action. Baltimore (MD)
Holler, M. J./ Illing, G., 1993: Einführung in die Spieltheorie. 2. Aufl. Berlin u.a.
Hurley, S., 1989: Natural Reasons. Oxford
Kern, L./ Nida-Rümelin, J., 1994: Logik kollektiver Entscheidungen. München

Körner, S. (Hg.), 1974: Practical Reason. Oxford

Kuhn, T. S., 1970: The Structure of Scientific Revolutions. Second Edition. London

Lakatos, I., 1978: The Methodology of Scientific Research Programmes. Philosophical Papers. Volume 1. Cambridge

Lewis, D., 1979: Prisoners' Dilemma is a Newcomb Problem. In: Philosophy and Public Affairs, 8, 235-240, auch in Campbell/ Sowden (Hg.), 1985, 251-255

Luce, R. D./ Raiffa, H., 1957: Games and Decisions. New York

Meeks, G., 1991: Thoughtful Economic Man. Cambridge

Nida-Rümelin, J., 1993: Kritik des Konsequentialismus. München

Nida-Rümelin, J., 1994a: Rationality and Morality. In: Pauer-Studer (Hg.), 1994, 217-228

Nida-Rümelin, J., 1994b: Das *rational choice*-Paradigma: Extensionen und Revisionen. In: ders. (Hg.), 1994c, 3-29

Nida-Rümelin, J. (Hg.), 1994c: Praktische Rationalität. Berlin, New York

Olson, M., 1965: The Logic of Collective Action. Cambridge (Mass.)

Pauer-Studer, H. (Hg.), 1994: Norms, Values, and Society. Dordrecht

Rapoport, A., 1966: Two-Person Game Theory. Ann Arbor

Rapoport, A./ Chammah, A. M., 1965: Prisoner's Dilemma. A Study in Conflict and Cooperation. Ann Arbor

Rawls, J., 1971: A Theory of Justice. Cambridge (Mass.)

Savage, L. J., 1954: The Foundations of Statistics. New York

Schmidt, T., 1995: Rationale Entscheidungstheorie und reale Personen. Marburg

Sen, A. K., 1974: Choice, Orderings, and Morality. In: Körner (Hg.), 1974, 54-67

Sen, A. K., 1977a: Rationality and Morality: A Reply. In: Erkenntnis, 11, 225-232

Sen, A. K., 1977b: Rational Fools: A Critique of the Behavioral Foundations of Economic Theory. In: Philosophy and Public Affairs, 6, 317-344

Sobel, J. H., 1985: Not Every Prisoner's Dilemma is a Newcomb Problem. In: Campbell/ Sowden (Hg.), 1985, 263-274

Sorensen, R.A., 1993: Pseudo-Problems. How Analytic Philosophy Gets Done. London, New York

Watkins, J., 1974: Comment: 'Self-interest and Morality'. In: Körner (Hg.), 1974, 57-67

Watkins, J., 1985: Second Thoughts on Self-Interest and Morality In: Campbell/ Sowden (Hg.), 1985, 59-74

8. Framing oder Informationsknappheit? Zur Erklärung der Formulierungseffekte beim Asian-Disease-Problem

Volker Stocké

Zusammenfassung

Im Mittelpunkt des Beitrags steht die Frage nach den Ursachen und einer angemessenen Erklärung der Formulierungseffekte beim sogenannten *Asian-Disease-Problem*. In diesem Experiment, das zu den „Klassikern" in der Forschung zu den Anomalien der Entscheidungstheorie gehört, wird die Relevanz sprachlicher Unterschiede in der Ergebnisdarstellung für das menschliche Entscheidungsverhalten festgestellt. Die Formulierungseffekte werden als massive Widerlegung des ökonomischen Erklärungsmodells interpretiert und zugleich als Beleg für die Gültigkeit der Framing-Hypothese im Rahmen der Prospekt-Theorie angesehen. Die vorliegende Untersuchung zeigt allerdings auf der Basis variierter Versionen des Experiments, daß die Prospekt-Theorie keine angemessene Erklärung des Ausgangsphänomens bietet. Die Ergebnisse können vielmehr als das Resultat selektiver Informationsverfügbarkeit und daraus resultierender Ergebnisunsicherheit (Ambiguität) erklärt werden. Obwohl dem Faktor der Ambiguität im Rahmen konventioneller Rational-Choice-Erklärungen bisher kaum eine eigenständige theoretische Bedeutung zugemessen wird, kann dessen Entscheidungsrelevanz durch geringfügige Zusatzannahmen über die Art der Prozesse bei der Ausbildung subjektiver „beliefs" in das Grundmodell integriert werden.[1]

---

[1] Der Verfasser dankt Hartmut Esser, Frank Kalter und vor allem Johannes Kopp für die hilfreichen Kommentare bei der Konzeption und Durchführung der Gesamtstu-

1. Die Ausgangsfrage: Formulierungseffekte beim Asian-Disease-Problem

Der vorliegende Beitrag beschäftigt sich mit den Ursachen, den Entstehungsbedingungen und der angemessenen Erklärung einer entscheidungstheoretischen Anomalie, die üblicherweise als besonders schwerwiegende Herausforderung der ökonomischen Handlungstheorie und als Beleg für die Irrationalität menschlichen Entscheidungsverhaltens angesehen wird: Die Entscheidungsrelevanz sprachlicher Unterschiede in der Problemformulierung beim sogenannten *Asian-Disease-Problem* (Tversky, Kahneman 1981; zur generellen Einordnung in den Forschungskontext vgl. den Beitrag von Haug in diesem Band). Hierbei handelt es sich um ein Entscheidungsproblem, bei dem eine Wahl zwischen zwei alternativen Programmen zur Bekämpfung einer fiktiven Krankheitsepidemie zu treffen ist. Die Wahl eines Programms impliziert entweder ein sicheres oder ein riskantes Erfolgspotential, wobei in beiden Fällen die Leistungsfähigkeit der Programme durch identische Erwartungswerte charakterisiert wird. Im Rahmen einer experimentellen Studie werden die mit den Programmen verknüpften Ergebnisbeschreibungen den Entscheidern entweder in einer positiven oder negativen Formulierungsversion vorgelegt („between subjects"-Design): Während bei einer Gruppe der Versuchspersonen ausschließlich der Begriff „retten" zur Anwendung kommt, wird unter der komplementären Versuchsbedingung für eine weitere Gruppe einzig auf den Begriff „sterben" zur Ergebnisdarstellung zurückgegriffen (vgl. Abbildung 1).[2]

Als Ergebnis der Untersuchung von Tversky und Kahneman zeigen sich bei Verwendung der unterschiedlichen Ergebnisformulierungen deutliche und statistisch signifikante Unterschiede im aggregierten Entscheidungsverhalten. Während sich bei positiver Ergebnisdarstellung eine Mehrheit von 72% der Befragten für die sichere Alternative A entscheidet, präferieren bei negativer Formulierung 78% der Entscheider die riskante Alternative B (Tversky, Kahneman 1981). Damit ist - in Abhängigkeit der jeweiligen Formulierung -

---

die. Die Durchführung des empirischen Teils der Untersuchung wäre ohne die kooperative Unterstützung einer großen Anzahl Lehrender und Studierender der Universitäten Heidelberg und Mannheim nicht möglich gewesen. Ihnen sei herzlich gedankt.

[2] Bei der hier dargestellten deutschen Problemformulierung handelt es sich um eine möglichst genaue Übersetzung des englischen Originaltextes, wobei als einzige Modifikation nicht von einer „asiatischen Krankheit" gesprochen wird.

eine annähernd perfekte Umkehr der Mehrheitspräferenzen und der damit verbundenen Risikoeinstellung festzustellen.

Bitte stellen Sie sich folgende Situation vor. Die Bundesrepublik Deutschland bereitet sich auf den Ausbruch einer seltenen Krankheitsepidemie vor, die voraussichtlich 600 Menschen das Leben kosten wird. Zwei unterschiedliche Programme zur Bekämpfung dieser Krankheit wurden vorgeschlagen. Dabei sind die exakten wissenschaftlichen Schätzungen der Folgen der beiden Programme wie folgt:

Positive Ergebnisformulierung:
Bei Anwendung des Programms A werden 200 Personen gerettet. Bei der Anwendung des Programms B gibt es eine Wahrscheinlichkeit von 1/3, daß 600 Personen gerettet werden, und eine Wahrscheinlichkeit von 2/3, daß keine Person gerettet wird.

Negative Ergebnisformulierung:
Bei Anwendung des Programms A werden 400 Personen sterben. Bei der Anwendung des Programms B gibt es eine Wahrscheinlichkeit von 1/3, daß niemand sterben wird, und eine Wahrscheinlichkeit von 2/3, daß 600 Personen sterben werden.

Abbildung 1: Positive und negative Ergebnisformulierung
beim Asian-Disease-Problem

Zur Überprüfung der Reliabilität und Generalisierbarkeit der von Tversky und Kahneman nachgewiesenen Effekte im Asian-Disease-Problem sind eine ganze Reihe von Replikationsstudien durchgeführt worden. Eine Sichtung der Studien ergibt drei Resultate. Erstens kann auch im Rahmen der Replikationstudien in der absoluten Mehrheit der Fälle die Existenz signifikanter Formulierungseffekte beobachtet werden (Bohm, Lind 1992; Fagley, Miller 1990; Frisch 1993[3]; Kopp 1995; Kühberger 1995 [1. Experiment]; Maule 1989; Tindale, Sheffey, Scott 1993; Wang, Johnston 1995; Wang 1996).[4] Bezogen auf die erfolgreichen Replikationen kann - zweitens - allerdings nur bei etwa der Hälfte der Studien ein vollständiger Präferenzumkehreffekt festgestellt werden. Dabei

---

[3] Bei dieser Studie kommt ein „within subject"-Design zur Anwendung, in dem die Versuchspersonen beide Formulierungsversionen bearbeiten.

[4] Dagegen konnten in zwei Untersuchungen die Formulierungseinflüsse der Originalstudie nicht repliziert werden (Kühberger 1995 [2. Experiment]; Miller, Fagley 1991).

können - drittens - weiterhin große Unterschiede in der jeweils berichteten Stärke der Formulierungseffekte nachgewiesen werden, die allerdings in keinem Fall das im Originalexperiment berichtete Niveau erreichen.[5] Während also die konkrete Ausprägung der Formulierungseffekte in den Replikationsstudien offenbar deutlichen Schwankungen unterliegt und diese insgesamt schwächer als im Originalexperiment ausfallen, handelt es sich dabei doch um ein relativ stabiles und damit in jedem Fall erklärungsbedürftiges Phänomen.

Unter der Annahme, daß es sich bei den Formulierungsvarianten des Asian-Disease-Problems um substantiell identische Entscheidungssituationen handelt, können die beobachteten Unterschiede im Entscheidungsverhalten nur als Verletzung des Invarianzprinzips der neoklassischen Version des ökonomischen Erklärungsmodells interpretiert werden (Kahneman, Tversky 1984: 344). Nach diesem Prinzip wird die Unabhängigkeit der Handlungswahlen von ergebnisirrelevanten Unterschieden in der Informationsvermittlung als fundamentales und unstrittiges Kriterium für das Vorliegen rationaler Entscheidungen angesehen (LaValle 1992). In dieser Perspektive sind die zuvor berichteten Ergebnisse über Formulierungseinflüsse im Asian-Disease-Problem als eine schwerwiegende Anomalie und als deutlicher Beleg für die Notwendigkeit einer grundlegenden Modifikation des ökonomischen Entscheidungsmodells einzuschätzen (Frey, Eichenberger 1991; Poulton 1994: 220ff.).

2. Die Erklärung der Anomalie im Rahmen der Prospekt-Theorie

Nach Kahneman und Tversky lassen sich die Formulierungseffekte beim Asian-Disease-Problem und weitere Anomalien des ökonomischen Erklärungsmodells mit Hilfe der Prospekt-Theorie erklären. Hierbei handelt es sich um eine modifiziert, insbesondere um psychologische Komponenten ergänzte Version der einfachen Nutzentheorie, bei der neben den direkten Handlungskonsequenzen zusätzliche Aspekte des weiteren Entscheidungskontextes als entscheidungsrelevant angesehen werden (Kahneman, Tversky 1979, 1984; Tversky, Kahneman 1981, 1986). Demnach kann der gesamte Entscheidungsprozeß in zwei aufeinander aufbauende Schritte untergliedert werden. Im ersten Schritt werden die objektiven Merkmale der Entscheidungssituation in die

---

[5] Die durch die Formulierungsbedingungen erklärte Entscheidungsvarianz schwankt zwischen 25% beim Originalexperiment (Tversky, Kahneman 1981) und 2% bei einer Studie von Kopp (1995).

mentale Realität der Akteure transformiert. In dieser Editierungsphase werden die entscheidungsrelevanten Informationen vereinfacht, interpretiert und dann auf der Basis dieser Interpretationen bewertet. Wegen der Existenz dieser Prozesse an der Schnittstelle zwischen externer Umwelt und interner Informationsrepräsentation werden systematische Abweichungen des Entscheidungsverhaltens von den Prognosen des konventionellen Rational-Choice-Ansatzes vorhergesagt. Die Modellierung des eigentlichen Entscheidungsprozesses folgt dagegen im zweiten Schritt wieder den Annahmen der konventionellen Nutzentheorie. Zusammengefaßt ergeben sich im Rahmen der Prospekt-Theorie in drei bedeutsamen Punkten Abweichungen vom neoklassischen Rational-Choice-Ansatz:

1. *Wahrscheinlichkeitsgewichtung:* Objektive Eintrittswahrscheinlichkeiten potentieller Handlungsergebnisse werden durch die Akteure in subjektive Ergebnisgewichte transformiert, wobei sich typische Abweichungen ergeben. Während kleine Wahrscheinlichkeiten prinzipiell überschätzt werden, liegen die subjektiven Ergebnisgewichte im mittleren und hohen Wahrscheinlichkeitsbereich prinzipiell unter den objektiven Werten. Nur bei den Extremwerten - bei sicheren und unmöglichen Ereignissen - liegt eine Identität zwischen objektiver Realität und subjektiver Repräsentation vor (Tversky, Kahneman 1986: 264). Der beschriebene Transformationsprozeß kann durch die Wahrscheinlichkeitsgewichtungsfunktion π(p) abgebildet werden (vgl. Abbildung 2).

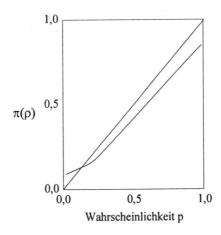

Abbildung 2: Die Gewichtungsfunktion der Wahrscheinlichkeiten
in der Prospekt-Theorie

2. *Referenzpunktabhängige Bewertung:* Die Bewertung der Handlungsalternativen erfolgt immer auf der Basis ihres Veränderungspotentials in Bezug
auf ein aktuell bestehendes Nutzenniveau, das als Referenzpunkt dient. Daher werden potentielle Handlungsergebnisse mental immer als Gewinne
oder Verluste klassifiziert, für deren Bewertung eine spezifische Form der
Nutzenfunktion ausschlaggebend ist. Hierbei wird für beide Ergebnisqualitäten vom Prinzip abnehmender Grenzeffekte ausgegangen, so daß Gewinne mittels einer konkaven und Verluste mittels einer konvexen Nutzenfunktion bewertet werden. Auf der Basis dieser S-förmigen Nutzenfunktion v(x)
wird darüber hinaus im Gewinnbereich risikofreudiges und im Verlustbereich risikoaverses Entscheidungsverhalten unterstellt (vgl. Abbildung 3).
Weiterhin wird Verschlechterungen - verglichen mit Gewinnpotentialen -
ein deutlich größeres Entscheidungsgewicht zugeschrieben (Kahneman,
Tversky 1984: 342).

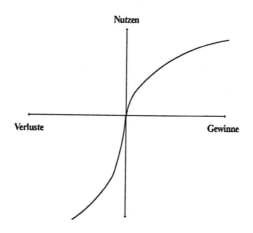

Abbildung 3: Die Nutzenfunktion in der Prospekt-Theorie

3. *Ergebnisirrelevante Referenzpunktdeterminanten:* Die schwerwiegendste
und im vorliegenden Problemkontext wichtigste Abweichung vom konventionellen Rational-Choice-Ansatz besagt, daß die Qualität der Ergebnis-
wahrnehmung - die Existenz eines Gewinn- oder Verlustframes - nicht alleine durch die objektive Qualität der Handlungsergebnisse bestimmt wird
(Kahneman, Tversky 1984). Hier wird vielmehr - neben der Existenz spezifischer Normen, Habits oder Anspruchsniveaus bei den Akteuren - auch die
Verwendung qualitativ unterschiedlicher Arten der Informationspräsentati-

on als relevant angesehen. Der Existenz einer positiven oder negativen Begrifflichkeit wird die Fähigkeit zur automatischen Aktivierung eines Gewinn- oder Verlustframes zugeschrieben. In der hierbei implizierten Verbindung zwischen kulturell definierter Symbolik und der letztendlich prognostizierten Qualität der Ergebnisbewertung kann die insgesamt weitreichendste Modifikation des ökonomischen Ansatzes gesehen werden.

Auf der Basis der skizzierten Zusatzannahmen soll es nach Kahneman und Tversky möglich sein, die beobachteten Formulierungseinflüsse beim Asian-Disease-Problem zu erklären. Die Autoren argumentieren, daß bei Verwendung der positiven Ergebnisformulierung ein Gewinnframe und bei Verwendung einer negativen Beschreibung ein Verlustframe aktiviert wird (Tversky, Kahneman 1986: 261). Die Gesamterklärung der Unterschiede im Entscheidungsverhalten resultiert dann aus der kombinierten Wirksamkeit unterschiedlicher Bereiche der Nutzenfunktion und der Bedeutsamkeit der Wahrscheinlichkeitsgewichtung:

- Demnach sollte bei Gewinnformulierung deshalb die sichere Wahlalternative A bevorzugt werden, weil - wegen des Prinzips des abnehmenden Grenzeffektes - kleine und sichere Gewinne eine höhere Wertschätzung beinhalten als das große, aber unsichere Gewinnpotential bei Alternative B. Die relative Attraktivität von Alternative A wird zusätzlich dadurch gesteigert, daß die Entscheider - gemäß der Gewichtungsfunktion der Wahrscheinlichkeiten- die Erfolgschancen von Alternative B im mittleren Wahrscheinlichkeitsbereich (p = 1/3) unterschätzen. Aus diesen Gründen wird bei Gewinnformulierung das mehrheitlich beobachtete risikoaverse Entscheidungsverhalten prognostiziert.
- Eine umgekehrte, aber analoge Argumentation gilt für die Effekte der negativen Ergebnisformulierung und die daraus resultierende Wirksamkeit eines Verlustframes. Hier werden die kleineren, aber sicheren Verluste bei Anwendung der Alternative A negativer bewertet als das große, aber nur probabilistische Verschlechterungspotential von Alternative B. Außerdem wird auch hier das Mißerfolgsrisiko von Programm B im mittleren Wahrscheinlichkeitsbereich (p = 2/3) - im Vergleich zum sicheren Mißerfolg (p = 1.0) bei Alternative A - untergewichtet. Daher werden bei Verlustformulierung insgesamt risikofreudige Handlungswahlen erwartet und beobachtet.

Im Rahmen der skizzierten Erklärung müssen die Determinanten der Frame-Entstehung allerdings als unklar definiert angesehen werden. Es stellt sich vor allem die Frage, ob für die Aktivierung eines bestimmten Frames die Nennung der entsprechenden Ergebnisqualität oder die reine Existenz einer passenden sprachlichen Symbolik von Bedeutung ist. Im ersten Fall würde das Vorliegen der Ausdrücke „retten" und „nicht sterben" genauso zur Existenz eines Gewinnframes führen, wie dies nach der zweiten Interpretation bei der Präsentation des Begriffs „retten" und dessen Negation „nicht retten" der Fall wäre. Obwohl diese Unterscheidung zwischen Reflection- und Framing-Effekten für die Qualität der Prognosen und die Bewertung der Formulierungseinflüsse von großer Bedeutung ist, ergibt sich weder aus den Annahmen der Prospekt-Theorie noch aus der konkreten Anwendung beim Asian-Disease-Problem eine klare Interpretation (Fagley 1993).

3. Informationsmangel und Ambiguität als alternative Erklärung

Aus einer detaillierteren Untersuchung der Ergebnisdarstellung beim Asian-Disease-Problem ergibt sich eine einfache Alternativverklärung des beobachteten Entscheidungsverhaltens. Ein genauer Blick auf die Vorgaben zeigt, daß bei den beiden Formulierungsvarianten jeweils qualitativ unterschiedliche Ergebniskomponenten der Handlungsalternativen explizit dargestellt werden und andere unbenannt bleiben: Während die Ergebnispotentiale und Realisierungswahrscheinlichkeiten der riskanten Alternative B bei beiden Formulierungsversionen vollständig formuliert vorliegen, werden die Ergebnisse der sicheren Handlungsalternative A in beiden Fällen nur unvollständig dargestellt (vgl. Abbildung 4).

	Gewinn-Formulierung	
	Überlebende	*Opfer*
Alternative A	200 Personen werden gerettet	?
Alternative B	Mit p = 1/3 werden alle 600 gerettet	Mit p = 2/3 wird niemand gerettet

	Verlust-Formulierung	
	Überlebende	*Opfer*
Alternative A	?	400 Personen werden sterben
Alternative B	Mit p = 1/3 wird niemand sterben	Mit p = 2/3 werden alle 600 sterben

Abbildung 4: Struktur der Ergebnispräsentation bei der Originalformulierung des Asian-Disease-Problem

Bei Gewinnformulierung wird nur angegeben, daß die Anwendung von Alternative A zur sicheren Rettung von zweihundert Menschenleben führt, wohingegen der sichere Tod der übrigen vierhundert Menschen unbenannt bleibt. Auch bei Verlustformulierung werden für die beiden Handlungsalternativen unterschiedliche Ergebnisinformationen bereitgestellt. Hier wird bei Alternative A nur angegeben, daß vierhundert Menschen den sicheren Tod finden werden. Ob die Rettung der verbleibenden zweihundert Menschen ebenfalls als sicher angesehen werden darf, bleibt dagegen unklar.

Auf der Basis der beschriebenen Asymmetrie der präsentierten Ergebnisinformationen kann eine einfache und - zur Prospekt-Theorie - alternative Hypothese zur Erklärung der beobachteten Formulierungseffekte formuliert werden. Dabei muß lediglich die Annahme vorausgesetzt werden, daß die Entscheider den explizit benannten und nur indirekt erschließbaren Ergebniskomponenten unterschiedliche Grade an Sicherheit zuschreiben. Wird beispielsweise bei Gewinnformulierung explizit angegeben, daß die Anwendung von Alternative A zur Rettung von zweihundert Menschen führt, so wird zwar dieses Teilergebnis als vollständig sicher angesehen ($p = 1.0$), das Schicksal der nicht benannten Komplementärgruppe bleibt jedoch zweifelhaft. Durch diese Ergebnisunsicherheit ergibt sich eine subjektive Todeswahrscheinlichkeit von kleiner als eins, so daß der subjektive Erwartungswert von Alternative A insgesamt bei mehr als zweihundert geretteten Personen liegt. Dagegen implizieren die vollständigen Angaben der Alternative B - bei Vorliegen vertrauenswürdiger Erfolgswahrscheinlichkeiten - einen Erwartungswert von genau zweihundert Überlebenden und damit eine geringere Attraktivität dieser Option. Eine analoge und im Hinblick auf die Schlußfolgerungen umkehrte Argumentation trifft für die Vorgabe der negativen Formulierung zu. Wegen der ungenannten und daher letztlich unsicheren Rettung der zweihundert bedrohten Personen liegt hier der subjektive Erwartungswert von Alternative A unter dem der riskanten Handlungsoption B.

Die skizzierte Alternativerklärung - sie kann als *Ambiguitätshypothese* bezeichnet werden - impliziert, daß sich die vorliegenden Formulierungseffekte durch die Existenz eines selektiven Informationsmangels und der daraus resultierende Unsicherheit über die „realitätsgerechte" Ausprägung der Erfolgswahrscheinlichkeiten erklären lassen. Es wird also angenommen, daß in dieser Unsicherheit zweiter Ordnung - nämlich der Unsicherheit über die Ausprägung der Erfolgswahrscheinlichkeiten selbst - die Ursache für die Diskrepanz zwischen den subjektiven und den normalerweise als gültig angesehenen „objektiven" Erfolgswahrscheinlichkeiten begründet liegt (als Überblick über formale Modellierungsmöglichkeiten vgl. Camerer, Weber 1992). Da eine valide

Handlungserklärung - zumindest im Rahmen der SEU-Theorie - immer die subjektiven „beliefs" der Entscheider einbeziehen muß, lassen sich die Formulierungseffekte bei Gültigkeit der Ambiguitätshypothese leicht in den Rahmen des konventionellen Rational-Choice-Ansatzes reintegrieren (Fillieule 1996).

4. Prognosen der Erklärungsvarianten

Die Ambiguitätshypothese und die Prospekt-Theorie erscheinen gleichermaßen zur Erklärung des Ausgangsphänomens in der Lage. Sie unterstellen allerdings substantiell unterschiedliche Mechanismen und Bedingungsfaktoren. Auf der Basis dieser Differenzen lassen sich testbare Prognoseunterschiede ableiten, die es ermöglichen, die relative Angemessenheit der beiden Erklärungsvarianten empirisch zu testen.

1. Die Ambiguitätshypothese impliziert folgende Prognose: Wird für beide Handlungsalternativen - bei Gewinn- und Verlustformulierung gleichermaßen - die gleiche Qualität und Quantität an Ergebnisinformation explizit bereitgestellt, so bleibt deren relative Attraktivität über beide Formulierungsversionen hinweg konstant. Ein Wechsel zwischen den Formulierungsbedingungen bedeutet dann nicht gleichzeitig eine informationsbasierte Übervorteilung oder Benachteiligung einer der Wahlalternativen. Bei jeder Formulierungsversion liegt in diesem Fall für beide Wahloptionen eine symmetrische und qualitativ gleichwertige Selektivität der Ergebnispräsentation vor. Für eine derartige Symmetrisierung der Informationsstruktur ergeben sich zwei Möglichkeiten.

(a) Vollständige und symmetrische Informationsstruktur: Bei beiden Handlungsalternativen - und in beiden Formulierungsversionen - werden die zu erwartenden Resultate in einer vollständigen Art und Weise dargestellt (vgl. Abbildung 5). Im Vergleich zur Originalstruktur der Informationspräsentation beinhaltet dies eine Ergänzung der Ergebnisdarstellung bei Alternative A. Im Rahmen der Ambiguitätshypothese wird unter dieser Informationsbedingung die Aufhebung der Formulierungseffekte prognostiziert. Da aber weiterhin bei Gewinnformulierung ausschließlich der Ausdruck „retten" und bei Verlustformulierung der Ausdruck „sterben" zur Informationsvermittlung Verwendung findet, ergibt sich nach den Annahmen der Prospekt-Theorie die Prognose der gleichen Effekte wie im Rahmen der Originaldarstellung (nach Abbildung 1 bzw. 4).[6]

---

[6] Auch aus dem Ansatz der „probabilistic mental models" folgen - allerdings auf der Basis deutlich weniger sparsamer Annahmen - die Prognosen nach der Ambiguitätshypothese (Kühberger 1995). Im Rahmen einer experimentellen Studie unter Ein-

| | Gewinn-Formulierung | |
	Überlebende	*Opfer*
Alternative A	200 Personen werden gerettet	400 Personen werden nicht gerettet
Alternative B	Mit p = 1/3 werden alle 600 gerettet	Mit p = 2/3 wird niemand gerettet

| | Verlust-Formulierung | |
	Überlebende	*Opfer*
Alternative A	200 Personen werden nicht sterben	400 Personen werden sterben
Alternative B	Mit p = 1/3 wird niemand sterben	Mit p = 2/3 werden alle 600 sterben

Abbildung 5: Symmetrische und gleichermaßen vollständige Informationsdarstellung

(b) Unvollständige und symmetrische Informationsstruktur: Die zweite Möglichkeit der Informationssymmetrisierung besteht darin, die Ergebnisse beider Handlungsalternativen in einer gleichermaßen selektiven Art und Weise darzustellen (vgl. Abbildung 6). Dabei werden bei Gewinnformulierung für beide Alternativen ausschließlich Erfolgsaspekte durch den Begriff „retten" und bei Verlustformulierung das negative Ergebnispotential durch den Begriff „sterben" dargestellt. Da hier immer die qualitativ gleichen Ergebnisaspekte der beiden Optionen ungenannt und damit unsicher bleiben, prognostiziert die Ambiguitätshypothese auch hier das Ausbleiben jeglicher Formulierungseinflüsse. Der Prospekt-Theorie entsprechend sollten gerade hier perfekte Präferenzumkehreffekte beobachtet werden, da bei dieser Informationsstruktur sowohl die Qualität der dargestellten Ergebnisaspekte wie auch die verwendete Begrifflichkeit für die Entstehung der jeweiligen Frames sprechen.

beziehung einer allerdings vergleichsweise geringen Zahl von Versuchspersonen zeigt sich eine vorläufige Bestätigung der vorliegenden Hypothese (aus unbekannten Gründen kann schon keine stabile Replikation der Originalergebnisse errreicht werden).

| | Gewinn-Formulierung | |
	Überlebende	*Opfer*
Alternative A	200 Personen werden gerettet	?
Alternative B	Mit p = 1/3 werden alle 600 gerettet	?

| | Verlust-Formulierung | |
	Überlebende	*Opfer*
Alternative A	?	400 Personen werden sterben
Alternative B	?	Mit p = 2/3 werden alle 600 sterben

Abbildung 6: Symmetrische und gleichermaßen unvollständige
Informationsdarstellung

2. Geht man von der Gültigkeit der vorgestellten Alternativerklärung aus, so sollte die relative Attraktivität der Handlungsalternativen durch die gezielte Nennung unterschiedlicher Ergebnisaspekte beeinflußbar sein. In dieser Perspektive muß es möglich sein - unter Verwendung der gleichen sprachlichen Symbolik wie beim Originalexperiment - die beobachteten Effekte der Formulierungsvorgaben zu verstärken oder sogar in ihrer Richung umzukehren.

(a) Unvollständige und asymmetrische Informationsstruktur (Verstärkung):
Die Hypothese einer möglichen Verstärkung kann durch die Verwendung einer Informationsstruktur getestet werden, bei der die Ergebnisse der beiden Alternativen in einer unvollständigen und qualitativ asymmetrischen Art und Weise präsentiert werden (vgl. Abbildung 7). Dabei wird bei Alternative B jeweils jene Komponente der Ergebnisdarstellung eliminiert, deren Informationsgehalt den angenommenen Attraktivitätsunterschieden widerspricht. Damit werden für die riskante Option bei Gewinnformulierung ausschließlich die Risiken und bei Verlustformulierung ausschließlich die bestehenden Chancen explizit dargestellt. Dagegen bleibt die Ergebnispräsentation von Handlungsalternative A unverändert. Weil die informationsbasierten Attraktivitätsunterschiede zwischen den Handlungsalternativen noch klarer hervortreten sollten und die Ambiguitätseinflüsse nicht durch widersprechende Informationskomponenten gedämpft werden, ist im Rahmen der

208

Ambiguitätshypothese eine Verstärkung der Originaleffekte zu erwarten. Da aber weiterhin die Begriffe „retten" und „sterben" ausschließlich bei den entsprechenden Formulierungsvorgaben Verwendung finden, prognostiziert die Prospekt-Theorie weiterhin unveränderte Effekte der Formulierungsvarianten.

	Gewinn-Formulierung	
	Überlebende	*Opfer*
Alternative A	200 Personen werden gerettet	?
Alternative B	?	Mit p = 2/3 wird niemand gerettet

	Verlust-Formulierung	
	Überlebende	*Opfer*
Alternative A	?	400 Personen werden sterben
Alternative B	Mit p = 1/3 wird niemand sterben	?

Abbildung 7: Asymmetrische und gleichermaßen unvollständige Informationsdarstellung (Verstärkung)

(b) Unvollständige und asymmetrische Informationsstruktur (Umkehrung): In diesem Rahmen werden die zur Verstärkungsbedingung exakt komplementären Informationskomponenten bereitgestellt (vgl. Abbildung 8). Bei Gewinnformulierung werden nun für Alternative A ausschließlich negative Resultate und für Alternative B auschließlich die Erfolgschancen explizit vorgegeben, während bei Verlustformulierung die umgekehrten Ergebniskomponenten vermittelt werden. Da als Medium der Informationsvermittlung weiterhin auf die gleiche Begrifflichkeit zurückgegriffen wird, prognostiziert die Prospekt-Theorie auch hier die beobachtete Originalstruktur der Entscheidungen. Dagegen ist im Rahmen der Alternativerklärung nicht nur ein unterschiedliches, sondern vollkommen gegensätzliches Entscheidungsverhalten zwischen den Formulierungsversionen zu erwarten: Alternative A sollte bei Gewinnformulierung als subjektiv weniger attraktiv bewertet werden, verglichen mit der Situation bei Verlustformulierung. Auf Grund der hier sehr unterschiedlichen Prognosen beider Erklärungsansätze dürfte das in diesem Rahmen zu beobachtende Entscheidungsverhalten als

besonders aussagekräftig für den angestrebten Hypothesentest anzusehen sein.[7]

Gewinn-Formulierung

	Überlebende	*Opfer*
Alternative A	?	400 Personen werden nicht gerettet
Alternative B	Mit p = 1/3 werden alle 600 gerettet	?

Verlust-Formulierung

	Überlebende	*Opfer*
Alternative A	200 Personen werden nicht sterben	?
Alternative B	?	Mit p = 2/3 werden alle 600 sterben

Abbildung 8: Asymmetrische und gleichermaßen unvollständige Informationsdarstellung (Umkehrung)

5. Ergebnisse der experimentellen Untersuchung

Aus den beiden Erklärungsansätzen lassen sich für alle vorgestellten Möglichkeiten der Informationspräsentation unterschiedliche und testbare Prognosen über die Struktur der Handlungswahlen ableiten. Während die Prospekt-Theorie grundsätzlich immer die gleiche Art der Formulierungseinflüsse prognostiziert, werden im Rahmen der Ambiguitätshypothese die zuvor dargestellten Unterschiede im Entscheidungsverhalten erwartet. In den folgenden Abschnitten sollen die Ergebnisse einer experimentellen Überprüfung der voneinander abweichenden Vorhersagen vorgestellt werden.

---

[7] Im Rahmen der bereits genannten Arbeit von Kühberger (1995) ergeben sich bei Verwendung einer ähnlichen Informationsstruktur erste Hinweise für die Korrektheit der Ambiguitätshypothese. Im Unterschied zur vorliegenden Studie werden die Ergebnisse von Alternative B jedoch vollständig dargestellt, so daß bezüglich deren Erfolgs- und Mißerfolgswahrscheinlichkeit keine Ambiguität bestehen dürfte.

Vorgehensweise und Design der Untersuchung

Zur Überprüfung der alternativen Erklärungsansätze wird das Entscheidungsverhalten der Versuchspersonen bei Verwendung der unterschiedlichen Bedingungen der Informationsstruktur untersucht. Um zugleich die Replizierbarkeit der Originalergebnisse in der aktuellen Entscheiderpopulation sicherzustellen, wird - neben den vier modifizierten Vorgaben der Informationsstruktur - auch die Originalstruktur der Informationspräsentation in die Untersuchung einbezogen. Durch die Kreuzung der Faktoren „Informationsstruktur" (Struktur 1-5) und „Frame" (Verwendung der Begriffe „retten" oder "sterben") ergibt sich ein 5x2-faktorielles Untersuchungsdesign. Auch bei der vorliegenden Studie wird das Entscheidungsverhalten im Rahmen einer schriftlichen Erhebung erfaßt, wobei - wiederum im Einklang mit der Originalstudie - die experimentellen Faktoren in einem „between subjects"-Design manipuliert werden.

Bei den Probanden der Studie handelt es sich um Studierende der Universitäten Heidelberg und Mannheim, die im Rahmen von Lehrveranstaltungen an der kurzen Befragung teilgenommen haben. Die Befragung erfolgte in der Regel zu Beginn der jeweiligen Sitzung. Den Teilnehmern der Studie wurde keine Zeitbeschränkung bei der Bearbeitung der Problemstellungen vorgegeben und die Zuteilung zu den Versuchsbedingungen erfolgte nach dem Zufallsprinzip. An der Gesamtstudie haben insgesamt 1031 Studierende - 38% Frauen und 62% Männer - teilgenommen, die in ihrer Mehrzahl für folgende Studienfächer eingeschrieben sind: Betriebswirtschaftslehre, Biologie, Mathematik, Medizin, Pädagogik, Physik, Politologie, Psychologie, Rechtswissenschaft, Soziologie, Theologie, Volkswirtschaftslehre, Wirtschaftsinformatik und Wirtschaftspädagogik. Zusätzlich zu den Entscheidungsdaten wurden im Rahmen der Befragung Informationen über die Wahrnehmung der Handlungsalternativen durch die Befragten,[8] Angaben über entscheidungsrelevante Einstellungen der Versuchspersonen[9] sowie demogra-

---

[8] Es handelt sich beispielsweise um die erwarteten Ergebnisse bei Anwendung der Alternativen, das Ausmaß der Entscheidungssicherheit, die wahrgenommene persönliche Betroffenheit der Befragten und eine Begründung der jeweiligen Entscheidung.

[9] Hierbei handelt es sich um die allgemeine Bewertung von Risiken, das Ausmaß an Optimismus der Befragten und die Bewertung von Chancengleichheit als Zuteilungsregel.

phische Hintergrundinformationen über die Teilnehmer[10] erhoben. Die nachfolgende Darstellung der Ergebnisse beschränkt sich auf die Erklärungskraft der experimentellen Faktoren „Frame" und „Informationsstruktur" für das beobachtete Entscheidungsverhalten.

Ergebnisse der Untersuchung

- *Replikation der Originalergebnisse:* Auch bei der vorliegenden Replikationsstudie können signifikante, aber im Vergleich zur Originalstudie - wie bei allen anderen Untersuchungen - deutlich abgeschwächte Formulierungseffekte beobachtet werden. Werden die Ergebnisse der Alternativoptionen in einer positiven Art und Weise dargestellt, so entscheiden sich 47% der Befragten für die sichere Alternative A, während dies bei Verwendung der negativen Informationspräsentation nur für 24% der Entscheider zutrifft (vgl. Abbildung 9). Da sich somit bei beiden Formulierungsvorgaben eine Mehrheit der Befragten für die riskante Alternative B entscheidet, kann der ursprüngliche Präferenzumkehreffekt nicht repliziert werden. Die Effektstärke der Formulierungsbedingungen liegt außerdem weit unter dem Niveau der Ausgangsstudie. Während sich im Rahmen des Originalexperiments 25% der Entscheidungsvarianz durch die Unterschiede in der Ergebnisdarstellung erklären lassen, trifft dies bei der vorliegenden Replikationsstudie für lediglich 6% zu ($\eta^2 = 0.06$; $p < 0.001$). Gleichwohl ist aber auch im Rahmen der vorliegenden Studie die Existenz signifikanter und damit erklärungsbedürftiger Entscheidungsdifferenzen festzustellen.
- *Symmetrische und vollständige Informationsstruktur:* Werden alle Ergebnisaspekte der Handlungsalternativen explizit dargestellt, zeigt sich ein völlig anderes Bild. Unter dieser Bedingung kann praktisch keine Einfluß der Formulierungsdifferenzen beobachtet werden. Bei Verwendung des Begriffs „retten" entscheiden sich hier 42% und bei Verwendung des Begriffs „sterben" 38% der Befragten für die sichere Alternative A (vgl. Abbildung 9). Die Differenzen im Entscheidungsverhalten aufgrund der unterschiedlichen Formulierungsvorgaben sind statistisch nicht signifikant ($\eta^2 = 0.002$; $p > 0.5$). Die Annahme der möglichen Entscheidungsrelevanz reiner Unterschiede in der jeweils vorliegenden sprachlichen Symbolik kann somit nicht bestätigt werden.

---

[10] Es wurden Informationen über Alter, Geschlecht, Zahl der Hochschulsemester und die Art des Studiengangs der Befragten erfaßt.

- *Symmetrische und unvollständige Informationsstruktur:* Werden die Ergebnisinformationen für beide Handlungsalternativen in einer gleichermaßen unvollständigen Art und Weise präsentiert, so entscheiden sich bei positiver Ergebnisformulierung 43% und bei negativer Darstellung 49% der Befragten für die sichere Alternative A (vgl. Abbildung 9). Auch hier können keine signifikanten Formulierungseffekte festgestellt werden (η^2 = 0.003; p > 0.4). Selbst wenn perfekte Bedingungen einer Frame-Entstehung vorliegen - die Qualität der dargestellten Ergebnisaspekte und die verwendete Begrifflichkeit stimmen hier überein - können keine Veränderungen der Risikoeinstellung der Entscheiderpopulation registriert werden.

- *Asymmetrische und unvollständige Informationsstruktur (Verstärkung):* Nachdem die Ergebnisse für die symmetrisierten Bedingungen der Informationsstruktur vorgestellt wurden, stellt sich nun die Frage nach der Entscheidungsrelevanz einer asymmetrischen Vorgabe. Wird den Entscheidern eine Informationsstruktur vorgelegt, die - gemäß der Ambiguitätshypothese - in ihrer Qualität der Originalstruktur der informationsbasierten Attraktivitätsdifferenzen entspricht und diese dabei noch klarer zum Ausdruck bringt, so ergeben sich folgende Ergebnisse. Zwar lassen sich signifikante Formulierungseffekte feststellen (η^2 = 0.05, p < 0.001); Handlungsalternative A erscheint hier bei Gewinnformulierung für 57% der Befragten als die bessere Lösung, während dies bei Verlustformulierung nur bei 35% der Fälle zutrifft (vgl. Abbildung 9). Die vorliegende Entscheidungsverteilung bei Gewinn- und Verlustformulierung unterscheidet sich jedoch in keinem der beiden Fälle statistisch von jener der Replikationsstudie (Gewinn: η^2 = 0.005, p > 0.3; Verlust: η^2 = 0.01, p > 0.1). Auch die Erklärungskraft der Formulierungsvorgaben - 6% beim Replikationsexperiment und 5% beim aktuellen Experiment - differiert nur unwesentlich. Damit impliziert die Beseitigung jener Informationskomponenten, die im Widerspruch zur angenommenen informationsbasierten Präferenzstruktur stehen, keine Verstärkung des Originaleffektes.

- *Asymmetrische und unvollständige Informationsstruktur (Umkehrung):* Wird den Akteuren die umgekehrte Informationsstruktur explizit bereitgestellt, so ergeben sich auch hier signifikante - nun aber umgekehrte - Effekte der Formulierungsvorgaben auf die Risikoeinstellung der Akteure (η^2 = 0.07; p < 0.001). Unter dieser Bedingung entscheiden sich bei Vorgabe einer positiven Begrifflichkeit 32% und bei negativer Formulierung 59% der Entscheider für die sichere Alternative A (vgl. Abbildung 9). Vergleicht man die Entscheidungsverteilung bei positiver Formulierung in der Replikationsstudie mit jener bei Verwendung einer negativen Begrifflichkeit im aktuellen Experiment, so können keine statistisch bedeutsamen Unterschiede festgestellt werden ($\eta^2 = 0.008$; $p > 0.2$). Dies trifft auch für den umgekehrten Vergleich zu ($\eta^2 = 0.006$; $p > 0.2$). Bei Präsentation der vorliegenden Informationsstruktur zeigt sich also - verglichen mit der Replikationsstudie - eine spiegelbildliche Entscheidungsverteilung und eine perfekte Umkehrung der ursprünglich beobachteten Formulierungseffekte. Diese Aussagen gelten auch für den Vergleich mit den Ergebnissen hinsichtlich der „Verstärkungs-Bedingung".

Art der Studie	Formulierung	Fallzahl	Wahl von Altern. A	Wahl von Altern. B	η^2	Signifikanz
Ergebnis der Originalstudie	positiv negativ	152 155	72% 22%	28% 78%	0.25	p < 0.001
Replikation	positiv negativ	101 104	47% 24%	53% 76%	0.06	p < 0.001
Vollständig/ symmetrisch	positiv negativ	107 104	42% 38%	58% 62%	0.002	p > 0.5
Unvollständig/ symmetrisch	positiv negativ	105 97	43% 49%	57% 52%	0.003	p > 0.4
Unvollständig/ asymmetrisch (Verstärkung)	positiv negativ	105 106	57% 35%	43% 65%	0.05	p < 0.001
Unvollständig/ asymmetrisch (Umkehrung)	positiv negativ	107 95	32% 59%	68% 41%	0.07	p < 0.001

Abbildung 9: Entscheidungsverhalten beim Originalexperiment (Tversky, Kahneman 1981), bei der hier durchgeführten Replikationsstudie und den variierten Bedingungen der vorgegebenen Informationsstruktur

6. Diskussion und Schlußfolgerungen

Die vorliegenden Ergebnisse zeigen deutlich, daß die Prospekt-Theorie nicht als valide Erklärung der beobachteten Formulierungseffekte angesehen werden kann. Allerdings ist ausdrücklich zu betonen, daß sich die hier getroffene Bewertung ausschließlich auf die Framing-Hypothese der Theorie bezieht, während andere Teile - beispielsweise die referenzpunktabhängige Bewertung objektiv unterschiedlicher Ergebnisqualitäten - davon unberührt bleiben.

Nach den durchgeführten Untersuchungen kommt weder der symbolischen Qualität sprachlicher Begriffe noch der selektiven Darstellung qualitativ unterschiedlicher Outcome-Aspekte eine bedeutsame Entscheidungsrelevanz zu. Es ist vielmehr von zentraler Bedeutung, ob für die Wahlalternativen - unabhängig von der Formulierung - die gleiche Informationsmenge über die zu erwartenden Vorteile und/oder Nachteile explizit dargestellt wird. Formulierungseffekte werden immer nur dann beobachtet und können offenbar in beliebige Richtungen gelenkt werden, wenn bei den Alternativen selektiv Ergebniskomponenten unterschiedlicher Qualität unbenannt bleiben.

Nach den vorliegenden Ergebnissen treten die - prinzipiell replizierbaren - Formulierungseffekte dann nicht mehr auf, wenn für beide Handlungsalternativen die substantiellen Outcomes gleichermaßen vollständig dargestellt werden. Selbst wenn bei den beiden Formulierungsbedingungen jeweils eine selektive Darstellung positiver bzw. negativer Ergebnisaspekte unter Verwendung der entsprechenden Begrifflichkeit erfolgt, ergeben sich nicht die vorhergesagten Unterschiede im Entscheidungsverhalten, obwohl hierbei die beiden möglichen Vorbedingungen einer Frame-Entstehung gleichzeitig erfüllt sind. Eine besonders klare Evidenz gegen die Framing-Hypothese und für die Gültigkeit der hier vorgestellten Alternativerklärung ergibt sich auch aus der beobachteten Umkehrung der Originaleffekte: Bei Verwendung einer - im Vergleich zur Originalformulierung - komplementären Selektivität der Ergebnisdarstellung resultieren Unterschiede im Entscheidungsverhalten, die den Prognosen der Prospekt-Theorie vollkommen widersprechen.

Keine Bestätigung findet allerdings die Hypothese einer möglichen Verstärkung, wonach die Vorgabe eindeutiger informationsbasierter Attraktivitätsunterschiede zur Beeinflußung einer größeren Teilpopulation der Entscheider und damit zu einer Verstärkung der Originaleffekte führen sollte. Offensichtlich wird in jedem Fall nur ein bestimmter Anteil der Entscheider durch die Informationsstruktur beeinflußt. Damit stellt sich die hier bisher noch ungeklärte Frage nach den individuellen Determinanten der Beeinflußbarkeit. Es könnte einerseits angenommen werden, daß nur das Entscheidungsverhalten der sehr gering motivierten Versuchspersonen durch den Unterschied zwischen explizit vorliegender und nur implizit in der Gesamtproblemstellung enthaltener Ergebnisinformation bestimmt wird. Dagegen erfolgt bei dem zu einer aktiven Informationssuche motivierten Teil der Population eine eigenständige Ergänzung der fehlenden Informationskomponenten und somit eine Überwindung der Ambiguitätseffekte. So finden sich einerseits empirische Belege für die Existenz individueller Motivationsunterschiede in der Informationssuche bzw. -ergänzung (Borigida, Howard-Pitney 1983). Andererseits liegen auch Hinweise für die Relevanz aufwendigerer Informationsverarbeitungsmodi für die Überwindung von Framing-Einflüssen im allgemeinen (Takemura 1992, 1993) und speziell für die Stärke der Formulierungseffekte beim Asian-Disease-Problem vor (Miller, Fagley 1991; Takemura 1994; für abweichende Ergebnisse vgl. Svenson, Benson 1993). In diesem Sinne wäre die Empfänglichkeit für Formulierungseffekte durch - situational und eben auch dispositional bestimmte - Unterschiede im „satisficing" der Entscheider zu erklären (Simon 1993). Die Immunität einer Teilpopulation gegenüber der Vollständigkeit der Ergebnisdarstellung kann aber auch einfach darauf zurückgeführt werden, daß diese Entscheider die Ergebnisse einer aktiven Informationsergänzung als plausibel und damit als verläßliche Entscheidungsgrundlage ansehen. Eine explizite Untersuchung der individuellen sowie der situationalen Determinanten der Entstehung von Ergebnisunsicherheit und Ambiguität beinhaltet eine wichtige Problemstellung zukünftiger Forschung.

Während die ursprüngliche Erklärung der Formulierungseffekte im Rahmen der Prospekt-Theorie eine Ergänzung des ökonomischen Entscheidungsmodells durch theoriefremde und nur wenig exakte Erklärungsfaktoren impliziert, kann die nachgewiesene Relevanz der Informationsknappheit prinzipiell als kompatibel mit den theoretischen Annahmen des Ausgangsmodells angesehen werden. Zwar wird der Ambiguität entscheidungsrelevanter Informationen im Rahmen des neoklassischen Ansatzes traditionell keine eigenständige Bedeutung für das Entscheidungsverhalten zugemessen, dennoch werden in jüngerer Zeit vermehrt Erweiterungen des Ansatzes verfolgt, bei denen das Vertrauen der Akteure in die Informationsgrundlagen der Entscheidung systematisch in das ökonomische Erklärungsmodell einbezogen wird (als Überblick vgl. Camerer, Weber 1992). Gerade vor dem Hintergrund der vorliegenden Ergebnisse und der Tatsache, daß eine ganze Reihe weiterer Anomalien auf die Existenz unsicherer Erfolgswahrscheinlichkeiten zurückgeführt werden kann, muß diese Entwicklungsrichtung des Rational-Choice-Ansatzes als fruchtbar angesehen werden (Baron, Frisch 1994; Boiney 1993; Frisch, Baron 1988). Dabei erscheint die Klärung der Frage besonders wichtig, in welcher Art und Weise die Akteure mit dem Problem der Informationsknappheit umgehen und welche Prozesse bei der Herausbildung subjektiver Wahrscheinlichkeitseinschätzungen zum Tragen kommen. Eine explizite Erklärung der daraus resultierenden und systematisch von den Annahmen des ökonomischen Basismodells abweichenden subjektiven „beliefs" der Akteure kann z.B. im Rahmen des Ambiguitätsansatzes von Einhorn und Hogarth (1985; 1987) geleistet werden. Auch die vorliegenden

Ergebnisse über die Bestimmungsfaktoren der Formulierungseffekte beim Asian-Disease-Problem lassen sich im Rahmen dieses Ansatzes rekonstruieren und über die Schnittstelle der subjektiven Wahrscheinlichkeitsparameter in den allgemeinen Rational-Choice-Ansatz reintegrieren (Stocké 1996). Die Existenz von Informationsknappheit und nur partieller Sicherheit über die Ergebnisse von Handlungsalternativen kann als typisches Merkmal realer Handlungssituationen angesehen werden. In dieser Perspektive beinhaltet das Asian-Disease-Problem - trotz des unrealistischen und alltagsfernen Inhaltes - eine bessere Annäherung an die Qualität alltagsweltlicher Entscheidungssituationen, als dies bei vielen anderen Experimenten in der entscheidungstheoretischen Forschung der Fall ist. Die hierbei erzielten Ergebnisse zeigen, auf welche Art und Weise Menschen mit knappen Ressourcen und begrenzter Rationalität zu „vernünftigen" Problemlösungen in der Lage sind. Als Beleg für die Existenz menschlicher Irrationalität eignet sich das Asian-Disease-Problem jedenfalls nicht.

Literaturverzeichnis

Baron, J./ Frisch, D., 1994: Ambiguous Probabilities and the Paradoxes of Expected Utility Theory. In: Wright/Ayton (Hrsg.), 1994, 273-294

Bohm, P./ Lind, H., 1992: A Note on the Robustness of a Classical Result. In: Journal of Economic Psychology, 13, 355-361

Boiney, L.G., 1993: The Effects of Skewed Probability on Decision Making under Ambiguity. In: Organizational Behavior and Human Decision Processes, 56, 134-148

Borgida, E./ Howard-Pitney, B., 1983: Personal Involvement and the Robustness of Perceptual Salience Effects. In: Journal of Personality and Social Psychology, 45, 560-570

Camerer, C./ Weber, M., 1992: Recent Developments in Modeling Preferences: Uncertainty and Ambiguity. In: Journal of Risk and Uncertainty, 5, 325-370

Edwards, W. (Hg.), 1992: Utility Theories: Measurements and Applications. Boston

Einhorn, H.J./ Hogarth, R.M., 1985: Ambiguity and Uncertainty in Probabilistic Inference. In: Psychological Review, 92, 433-461

Einhorn, H.J./ Hogarth, R.M., 1987: Decision Making under Ambiguity. In: Hogarth/Reder (Hg.), 1987, 41-66

Fagley, N.S., 1993: A Note Concerning Reflection Effects versus Framing Effects. In: Psychological Bulletin, 113, 451-452

Fagley, N.S./ Miller, P.M., 1990: The Effect of Framing on Choice: Interactions with Risk-Taking Propensity, Cognitive Style, and Sex. In: Personality and Social Psychology Bulletin, 16, 496-510

Fillieule, R., 1996: Frames, Inferences and Rationality. Some Light on the Controversies about Rationality. In: Rationality and Society, 8, 151-165

Frey, B.S./Eichenberger, R., 1991: Anomalies in Pol. Economy. In: Public Choice, 68, 71-89

Frisch, D., 1993: Reasons for Framing Effects. In: Organizational Behavior and Human Decision Processes, 54, 399-429

Frisch, D./ Baron, J., 1988: Ambiguity and Rationality. In: Journal of Behavioral Decision Making, 1, 149-157

Hogarth, R./ Reder, M.W. (Hg.), 1986: Rational Choice. The Contrast Between Economics and Psychology. Chicago

Kahneman, D./ Tversky, A., 1979: Prospect Theory: An Analysis of Decision under Risk. In: Econometrica, 47, 263-291

Kahneman, D./ Tversky, A., 1984: Choice, Values, and Frames. In: American Psychologist, 39, 341-350

Kopp, J., 1995: Zur Stabilität von Framing-Effekten bei Entscheidungssituationen - eine Replikation und Modifikation des "Asian disease problem" von Kahneman und Tversky. In: Zeitschrift für Sozialpsychologie, 26, 107-118

Kühberger, A., 1995: The Framing of Decisions: A New Look at Old Problems. In: Organizational Behavior and Human Decision Processes, 62, 230-240

LaValle, I.H., 1992: Small Worlds and Sure Things: Consequentialism by the Back Door. In: Edwards (Hg.), 1992, 109-136

Maule, J., 1989: Positive and Negative Decision Frames: A Verbal Protocol Analysis of the Asian Disease Problem of Tversky and Kahneman. In: Montgomery/ Svenson (Hg.), 1989, 163-180

Miller, P./ Fagley N.S., 1991: The Effects of Framing, Problem Variations, and Providing Rationale on Choice. In: Personality and Social Psychology Bulletin, 17, 517-522

Montgomery, H./ Svenson, O. (Hg.), 1989: Process and Structure in Human Decision Making. Chichester

Poulton, E.C., 1994: Behavioral Decision Theory: A New Approach . Cambridge

Simon, H.A., 1993: Homo rationalis. Die Vernunft im menschlichen Leben. Frankfurt

Stocké, V., 1996: Relative Knappheiten und die Definition der Situation. Die Bedeutung von Formulierungsunterschieden, Informationsmenge und Informationszugänglichkeit in Entscheidungssituationen: Ein Test der Framinghypothese der Prospect-Theory am Beispiel des „asian disease problem". Zwischenbericht des Forschungsvorhabens „Zum Framing von Entscheidungssituationen" (Universität Mannheim). Mannheim

Svenson, O./ Benson, L., 1993: Framing and Time Pressure in Decision Making. In: Svenson/ Maule (Hg.), 1993, 133-144

Svenson, O./ Maule, A.J. (Hg.), 1993: Time Pressure and Stress in Human Judgment and Decision Making. New York

Takemura, K., 1992: Effect of Decision Time on Framing of Decision. In: Psychologia, 35, 180-185

Takemura, K., 1993: The Effects of Decision Frame and Decision Justification on Risky Choice. In: Japanese Psychological Research, 35, 36-40

Takemura, K., 1994: Influence of Elaboration on the Framing of Decision. In: The Journal of Psychology, 128, 33-39

Tindale, R.S./ Sheffey, S./ Scott, L.A., 1993: Framing and Group Decision-Making. In: Organizational Behavior and Human Decision Processes, 55, 470-485

Tversky, A./ Kahneman, D., 1981: The Framing of Decisions and the Psychology of Choice. In: Science, 211, 453-458

Tversky, A./ Kahneman, D., 1986: Rational Choice and the Framing of Decisions. In: Journal of Business, 59, 251-278

Wang, X.T., 1996: Framing Effects: Dynamics and Task Domains. In: Organizational Behavior and Human Decision Processes, 68, 145-157

Wang, X.T./ Johnston, V.S., 1995: Perceived Social Context and Risk Preferences. In: Journal of Behavioral Decision Making, 8, 279-293

Wright, G./ Ayton, P., (Hg.), 1994: Subjective Probability. Chichester

9.   Kuhhandel oder Rechte in Verhandlungen

Karl Reinhard Lohmann

Zusammenfassung

Nicht nur in der Theorie individueller Entscheidung treten empirische Anomalien auf. Auch die Nash-Lösung in der formalen Verhandlungstheorie
entspricht nicht dem beobachtbaren Verhalten in realen Verhandlungen.
Dabei läßt sich plausibel begründen, daß die Nash-Lösung dem Interesse der
Beteiligten entspricht. Gegen die Nash-Lösung wird eingewandt, daß sie
keinen Platz für eine sinnvolle Interpretation individueller Rechte biete. In
diesem Beitrag versuche ich plausibel zu machen, daß ein adäquates Modell
von Verhandlungsspielen Rechte abbilden können muß. Mit der Kritik David
Gauthiers an der Nash-Lösung wird ein Versuch vorgestellt, indiviudelle
Rechte in das Standardmodell rationaler Wahl zu integrieren. Ausgehend von
einigen Problemen bei Gauthier wird dafür argumentiert, daß ein adäquates
Verhandlungsmodell sowohl den engen Rahmen der konsequentialistischen
Standardinterpretation der Theorie rationaler Wahl verlassen als auch ein
modifiziertes Verständnis individueller Rechte beinhalten muß.[1]

1.   Einleitung

Die Standardtheorie rationaler Wahl weist ein kleines, aber relevantes Problem auf: Sie ist schlicht empirisch falsch. Dabei ist zunächst unklar, in welchem Sinne man sagen kann, daß eine formale Theorie empirisch falsch ist.
Zwar kann man beobachten, daß reale Personen – auch wenn sie ausreichend
Zeit haben, in Ruhe über eine gegebene Situation und ihre eigenen Wünsche
nachzudenken, – oft nicht „Theorie-gemäß" handeln. Wenn man die Theorie

---

[1]   Für kritische Anregungen danke ich Thomas Schmidt, Göttingen.

rationaler Wahl normativ auffaßt, dann kann man auch sagen, daß sich eine nicht unerhebliche Zahl von Personen irrational entscheidet. Diese Beobachtung mag gegen diese Personen sprechen, sie stellt aber keinen Einwand gegen die Theorie dar (Spohn 1993). Trotzdem ist es mindestens beunruhigend, daß Personen, die wir als kluge Geschäftspartnerinnen, vorausschauende Väter usw. kennen, im Lichte des Theorie rationaler Wahl offensichtlich irrational sind. Man spricht davon, daß die Theorie rationaler Wahl zu empirischen Anomalien führt.

Eine Anomalie, so kann man sehr vereinfachend sagen, liegt dann vor, wenn Entscheidungen, die in der formalen Rekonstruktion als irrational bezeichnet werden müssen, unter Verweis auf Intuitionen oder Überzeugungen einer Person gerechtfertigt werden können. Es gibt Fälle, in denen es nicht vernünftig erscheint, sich an die (Standardinterpretation der) Theorie rationaler Wahl zu halten. Dabei ist die Verwendung von „vernünftig" hier natürlich noch erläuterungsbedürftig; der Begriff steht als Platzhalter für irgendeine Theorie guter Gründe, die von einer Person für ihre Entscheidungen als relevant angesehen werden. Im allgemeinen reden wir von Anomalien im Zusammenhang mit den Entscheidungen einer einzelnen Person. Das können zum einen wie beim Wahl-Paradoxon (Kirchgässner 1991: 158; vgl. Mensch in diesem Band) Entscheidungen sein, die sich nicht oder nur unter heroischen Annahmen im Rahmen der Standardtheorie rekonstruieren lassen („Menschen empfinden beim demokratischen Wahlakt – unabhängig von anderen Umständen wie insbesondere den Wahlaussichten der gewählten Partei – ein besonderes Glücksgefühl"). Zum anderen mögen es solche Entscheidungen sein, bei denen eine Person in zwei formal analogen Entscheidungssituationen (wie z.B. beim Allais-Paradoxon) zu unterschiedlichen Entscheidungen kommt (Eisenführ 1994: 328-330; vgl. auch Haug in diesem Band). Ein solches Wahlhandeln verstößt gegen die Forderung nach Transitivität der Präferenzordnung und (beim Allais-Paradoxon) gegen die Forderung nach Unabhängigkeit einer Entscheidung von irrelevanten Alternativen, die zum axiomatischen Kern der Theorie rationaler Wahl zählen. Mit den als *framing* bezeichneten Modifikationen des Standardmodells (Tversky, Kahnemann 1981) soll gezeigt werden, unter welchen Bedingungen für solche scheinbar irrationale Entscheidungen gute Gründe angegeben werden können. Reale Personen können unter Umständen kognitiv überfordert sein (Simon 1986), eine spezifische Art der Risikobewertung vornehmen (Tversky, Kahnemann 1986) oder bestimmen ihnen ganz wichtige Ziele verfolgen, die für die Beschreibung der Entscheidungssituationen relevant sind (McClennen 1993: 12-13; Anderson 1993: 97-103; Haug und Stocké in diesem Band).

Ich werde hier eine andere Art von Anomalie diskutieren, die im Rahmen strategischer Entscheidungen in Verhandlungen zwischen Personen auftritt. Auch diese Art der Anomalie, deren paradigmatischer Fall der Kuhhandel ist, folgt demselben Schema: Das Verhalten realer Personen ist (in der formalen Rekonstruktion) scheinbar irrational, zugleich lassen sich aber bei näherer Betrachtung gute Gründe für eben dieses Verhalten angeben. Als „Kuhhandel" bezeichne ich eine Verhandlungssituation, bei der die Akteure in der Ausgangsposition über unterschiedlich starke Verhandlungsmacht verfügen. In einer ersten holzschnittartigen Formulierung lautet meine These, daß das Ergebnis eines Kuhhandels auch dann abzulehnen ist, wenn es alle Beteiligten im Vergleich mit einer Ausgangssituation besserstellt, weil Rechte der Beteiligten verletzt werden.

Im folgenden werde ich versuchen, diese These zu präzisieren. Dabei ist es insbesondere notwendig, die Verwendungsweise von „Recht" genauer zu erläutern. „Recht" kann sich dabei nicht auf positive Rechtsansprüche beziehen (Schockenhoff 1996: 296-317). Aber auch im Rahmen der Naturrechtstradition bieten sich verschiedene Verwendungsweisen an, von denen wir eine ganze Reihe heute vielleicht nicht mehr besonders überzeugend finden oder schlicht nicht verstehen. Meine These ist nicht mit der formalen Verhandlungstheorie kompatibel, in der persönliche Rechte und individueller Vorteil zusammenfallen, so daß es sinnvoll erscheint, zunächst im nächsten Abschnitt einige Grundlagen der Verhandlungstheorie einzuführen. Anschließend werde ich versuchen, mit dem Sklavenhalter-Argument die Intuition plausibel zu machen, daß auch mit einer prima facie vorteilhaften Verhandlungslösung Rechte verletzt werden können. Im vierten Abschnitt diskutiere ich den Versuch David Gauthiers, die Intuitionen des Sklavenhalter-Arguments in die formale Verhandlungstheorie zu integrieren. Im abschließenden fünften Abschnitt werde ich dann einen Vorschlag vorstellen, wie die Anomalie beim Kuhhandel adäquat interpretiert werden kann.

2. Volenti non fit iniuria

Für Anhänger der Orthodoxie, das heißt hier der konsequentialistischen Standardinterpretation der bayesschen Theorie rationaler Wahl, ist die These von besonderen Rechten, die es in Verhandlungen zu beachten gelte, entweder schlicht unverständlich oder mindestens häretisch. Verhandlungen, so ihr Einwand, bestehen gerade darin, daß Rechte freiwillig übertragen werden. Bei diesem Einwand lassen sich zwei Argumente trennen. Zum einen wird gesagt, daß es aus begrifflichen Gründen unklar ist, was es heißen soll, daß beim freiwilligen Tausch Rechte von Personen, die einem Verhandlungsergebnis zustimmen, verletzt werden. Mit der Zustimmung wird eine Verletzung von Rechten begrifflich ausgeschlossen. Der Satz „Ich stimme zu, daß Du mein Recht φ verletzt" ist sinnlos. Zum anderen werden in der Lesart der Standardinterpretation „gute Gründe" auf die Bewertung der Folgen oder Konsequenzen einer Wahlhandlung reduziert. Rationale Personen werden einem Verhandlungsergebnis nur dann zustimmen, wenn es im Vergleich mit einer Ausgangssituation einen positiven Nutzen aufweist. Es ist unklar, was es heißen soll, daß Rechte einer Person in Verhandlungen verletzt werden, wenn jedes zustimmungsfähige Ergebnis einer Verhandlung die Beteiligten (im Vergleich mit einer Referenzsituation) besserstellt (Buchanan 1984: 76–105). Beide Argumente lassen sich in der klassischen Formulierung zusammenfassen, daß einer Person mit der Erfüllung eines Wunsches kein Schaden oder kein Unrecht zugefügt werden kann – volenti non fit iniuria.

Von den zwei Argumenten des Einwandes ist das erste Argument, das behauptet, die Verletzung von Rechten sei in Verhandlungen schon aus begrifflichen Gründen ausgeschlossen, stärker. Selbst wenn das Argument zuträfe, kann man meine These verteidigen. Dazu ist es allerdings notwendig, den Begriff „Recht" zu präzisieren. Das Argument wendet sich gegen Sätze der Art „Ich stimme zu, daß Du mein Recht φ verletzt". Mit der Zustimmung wird φ übertragen, so daß die Verwendung des Possessivpronomens „mein" fehlerhaft ist. Im allgemeinen bezieht sich die Zustimmung in Verhandlungen auf eine Verteilung. φ bezeichnet dann Rechte an Gummibären, Eiskonfekt, Ehre oder ganz allgemein Nutzen-Auszahlungen, über die verhandelt wird. Davon zu unterscheiden sind jedoch Sätze der Art „Ich stimme einer Verteilung als Ergebnis einer Verhandlung zu, und dabei wird mein Recht λ verletzt". Das Recht λ ist unabhängig von der Verteilung. Damit meine Ausgangsthese verteidigt werden kann, muß sich der Begriff „Recht" auf Rechte des Typus λ beziehen, die unabhängig von der Verteilung sind. Das zweite Argument des volenti-non-fit-iniuria-Einwandes richtet sich gegen diese Vorstellung, daß es Situationen geben kann, in denen trotz der Zustimmung Rechte einer Person verletzt werden. Ein Verhandlungsergebnis ist zustimmungsfähig, wenn es den Wünschen der Beteiligten entspricht. Entweder, so das Argument, entspricht ein Verhandlungsergebnis in Anbetracht *aller* Umstände tatsächlich den Wünschen der Beteiligten, dann bewerten sie einen möglichen Verlust von λ eben geringer als mögliche Nutzengewinne durch die neue Verteilung. Oder sie werden, wenn ihnen λ ganz wichtig ist, einer Verteilung nicht zustimmen.

Damit der Einwand „durchgeht", müssen wir präzisieren, was es heißt, daß ein Verhandlungsergebnis den Wünschen der Beteiligten entspricht. Natürlich kann man sagen, daß jedes Ergebnis, das die Beteiligten besserstellt, ihren Wünschen entspricht. Man kann sich aber leicht klarmachen, daß dieses Kriterium in Verhandlungen rationaler, eigeninteressierter Personen unterbestimmt ist. Zwar werden rationale Personen ein Ergebnis anstreben, das besonders gut ihren Wünschen entspricht: Wir fordern mindestens, daß ein Verhandlungsergebnis Pareto-optimal ist, das heißt, keiner der Beteiligten sich besserstellen kann, ohne daß eine andere Person schlechtergestellt wird. Aber auch das Pareto-Kriterium zeichnet mehrere mögliche Ergebnisse aus, zwischen denen jede einzelne Person nicht indifferent ist. Die Vorstellung, daß ein Verhandlungsergebnis den Wünschen der Beteiligten entspricht, bleibt trivial, wenn nicht genau ein bestes Verhandlungsergebnis ausgewiesen werden kann, von dem wir gemäß angebbarer Kriterien sagen können, es erfülle besser als alle anderen die Wünsche jedes einzelnen Beteiligten. Genau das scheint die formale Theorie der Verhandlungsspiele zu leisten.

Für eine ganz einfache Skizze solcher Spiele gehen wir von Verhandlungen zwischen zwei Personen A und B aus. In Verhandlungen geht es um die Aufteilung eines beliebigen x zwischen den Beteiligten. Die Menge aller möglichen Aufteilungen bildet dabei den sogenannten Verhandlungsraum. Ein anschauliches Beispiel für solche Verhandlungsspiele bietet ein einfacher Wochenmarkt kurz vor Verkaufsschluß, wenn die Preise zwischen Verkäufer und Käuferin frei ausgehandelt werden. Beide profitieren aus dem Handel; die Höhe des individuellen Nutzens hängt davon ab, welcher Preis vereinbart wird. Die Differenz zwischen Zahlungsbereitschaft der Käuferin und der Mindestforderung des Verkäufers bildet hier den Verhandlungsraum.

Stellen wir uns folgendes Verhandlungsspiel vor, das *grosso modo* dem klassischen „Divide a Dollar" Spiel entspricht (Binmore 1992: 191-195). Ein nicht sehr wohlwollender Onkel bietet seiner Nichte (A) und ihrer Freundin (B) in einer Art Spiel einen Dollar, wenn sie sich auf eine Aufteilung des Geldes einigen können. Er schlägt folgendes Verfahren vor. Beide Spielerinnen müssen unabhängig voneinander sagen, welchen Anteil (in Cents) sie gerne hätten. Übersteigt die Summe dieser Forderungen einen Dollar, bekommt keine der beiden Spielerinnen eine Auszahlung, und der Onkel behält sein Geld. Wir stellen uns jetzt vor, die beiden würden eine ältere Freundin bitten, sie zu beraten. Die gute Freundin denkt einige Zeit nach und nennt dann drei Kriterien, denen eine Lösung des Verteilungsproblems genügen muß. Da beide Spielerinnen (aus welchen Gründen auch immer) möglichst viel Geld haben wollen, muß jede Verhandlungslösung erstens Paretooptimal sein. Es werden also solche Verhandlungsergebnisse ausgeschlossen, bei denen nur ein Teil des Dollars zwischen den Spielerinnen aufgeteilt wird. Die Freundin führt nun ein Gedankenexperiment durch. Wenn man davon ausgehen könnte, daß beide Spielerinnen die gleichen Vorlieben und Ausgangsvoraussetzungen hätten, dann scheint es plausibel, den Dollar zu gleichen Teilen zwischen ihnen aufzuteilen. Man kann dann auch sagen, daß die Spielerinnen identische Nutzenfunktionen haben, so daß sie ihre Auszahlungen gleich bewerten werden. Nun haben die beiden Spielerinnen tatsächlich sehr verschiedene Vorlieben, insbesondere bewerten sie (aus welchen Gründen auch immer) den Wert oder Nutzen des Dollars ganz verschieden. Wenn man wie bei dem Spiel um einen Dollar von einem homogenen Gut (und von einem konstanten Grenznutzen des Geldes) ausgeht, dann lassen sich die unterschiedlichen Bewertungen durch lineare Transformation der ursprünglichen Nutzenfunktionen gewinnen. Die Lösung des Spieles sollte, so die Freundin, drittens auch solche unterschiedliche Bewertungen der Auszahlungen berücksichtigen.

Die Lösung, die die wohlwollende Freundin den Spielerinnen vorschlägt, entspricht der Nash-Lösung (Binmore 1992: 180-189) für Verhandlungsspiele, die sich wie in der folgenden Abbildung darstellen läßt.

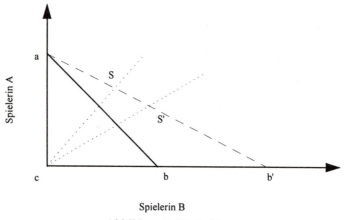

Spielerin B

Abbildung 1: Nash-Lösung

Auf den Achsen wird jeweils der Nutzen abgetragen, den die Spielerinnen aus einem Dollar gewinnen. Das Dreieck a-b-c gibt den Verhandlungsraum wieder. Die Pareto-optimalen Verhandlungslösungen liegen auf der Linie a-b – der sogenannten Paretofront. Die gestrichelten Linien zeigen, wie sich eine lineare Transformation der Nutzenfunktion der Spielerin *B* auf die Verhandlungslösung auswirkt. Der Verhandlungsraum wird nach *b'* gestreckt, und die

Verhandlungslösung wandert nach *S*. Die gepunkteten Linien sind Hilfslinien.

Gegen diese Lösung wendet die Nichte ein, daß man (wenn man unterschiedliche Nutzen-Bewertungen berücksichtige) auch beachten müsse, daß es *ihr* Onkel sei; sie müsse also mehr bekommen. Die ältere Freundin denkt wieder eine Weile nach und erläutert dann, warum sie meint, daß dieser Einwand für die Lösung der Verhandlung in diesem Fall irrelevant ist: „Nehmen wir einmal an, das Geld käme nicht von Deinem Onkel, sondern von einem beliebigen Menschen, dann würdest Du zustimmen, daß jede von Euch einen Halben Dollar bekommt. De facto handelt es sich aber um Deinen Onkel, der Deiner Mitspielerin maximal nur 75 Cents geben würde. Wenn Du einer Lösung, bei der Deine Mitspielerin ihr Maximum und Du nichts erhältst, ohnehin nicht zustimmst, dann ist die Frage, wieviel Geld sie maximal bekommen könnte, für das Spiel irrelevant."

Dieses Argument der Unabhängigkeit einer Verhandlungslösung von irrelevanten Alternativen läßt sich anhand der folgenden Abbildung nachvollziehen.

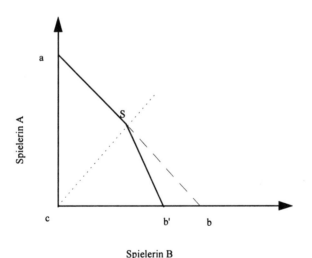

Spielerin B

Abbildung 2: Unabhängigkeit einer Verhandlungslösung von irrelevanten Alternativen

Der ursprüngliche Verhandlungsraum war a-b-c mit der Verhandlungslösung in S. Die Auszahlungen in S werden von beiden Spielerinnen vor allen möglichen Auszahlungen auf der Linie S-b bevorzugt. Da S auch in dem neuen Verhandlungsraum a-b'-c enthalten ist, muß S auch das Verhandlungsergebnis sein, wenn der Verhandlungsraum um die irrelevanten Alternativen im Raum b'-S-b verkleinert wird.

Folgt man den Überlegungen der älteren Freundin sind folgende vier Forderungen, die auch als Nash-Axiome bezeichnet werden, plausibel: (1) die Pareto-Forderung, (2) die Symmetrie-Annahme, (3) die Möglichkeit der linearen Transformation der Nutzenfunktionen und (4) die Unabhängigkeit von irrelevanten Alternativen. Dabei ist leider unklar, was genau hier „plausibel" heißt. Man könnte vielleicht sagen, daß eine Verhandlungslösung, die den vier Forderungen genügt, zustimmungsfähig ist. Aber auch dieser Begriff ist nicht eindeutig bestimmt. Auf der einen Seite entsprechen die Forderungen bestimmten Intuitionen über (minimale) Fairneß in Verhandlungen und können vielleicht in diesem Sinne als zustimmungsfähig bezeichnet werden. Auf der anderen Seite sind in Verhandlungen zwischen eigeninteressierten, rationalen Personen nur solche Lösungen zustimmungsfähig, die den Interessen der Beteiligten entsprechen. Es bleibt also zu zeigen, daß die (durch die vier Anforderungen gekennzeichnete) Nash-Lösung auch den Interessen unserer Spielerinnen entspricht.

Dazu modifizieren wir unser ursprüngliches Spiel ein wenig. Anstatt nur eine Verhandlungsrunde zuzulassen, betrachten wir ein sequentielles Spiel. Eine der Spielerinnen macht einen ersten Vorschlag, wie der Dollar aufgeteilt werden soll. Die andere Spielerin kann den Vorschlag entweder annehmen oder ablehnen. Lehnt sie ab, kann sie einen neuen Vorschlag unterbreiten. Dieses Spiel, das man auch als Rubinstein-Spiel bezeichnet, wird dadurch etwas kompliziert, daß die Spielerinnen (wie im richtigen Leben) die Auszahlungen in der Zeit diskontieren, das heißt, die Auszahlungen in einer späteren Verhandlungsrunde werden geringer bewertet als Auszahlungen einer früheren Verhandlungsrunde. Wenn man annimmt, daß beide Spielerinnen die Auszahlungen mit demselben Diskontsatz, z. B. dem Marktzins für Geld, diskontieren, dann kann man zeigen, daß die Nash-Lösung tatsächlich den Interessen der Spielerinnen in einem sequentiellen Spiel entspricht. Eine sehr vereinfachte graphische Darstellung des Rubinstein-Spieles stellt die dritte Abbildung dar. (Für das „echte" Rubinstein-Spiel, das üblicherweise als Entscheidungsbaum dargestellt wird, sind eine Reihe weiterer Annahmen notwendig, die hier für das Argument irrelevant sind; siehe Binmore 1992: 203-212.)

Wir gehen wieder von einem Verhandlungsraum a-b-c aus. Die Diskontierung der Auszahlungen wirkt sich wie eine Verkleinerung des Auszahlungsraumes aus, so daß die relative Differenz von b zu b' bzw. zu b" (und entsprechend für a) dem Diskontsatz entspricht. Weil die Spielerinnen Diskontierungsverluste fürchten, sind beide bereit, ihrer jeweiligen Mitspielerin Zugeständnisse bei der Aufteilung des Dollars zu machen. Wenn man von einem für beide Mitspielerinnen gleichen Diskontsatz ausgeht, ergibt sich die Nash-Lösung, wie wir sie bisher diskutiert haben.

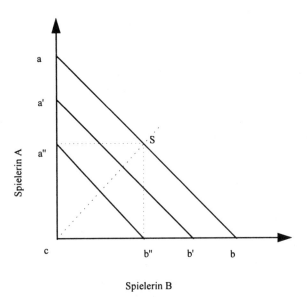

Abbildung 3: Vereinfachte Darstellung des Rubinstein-Spiels

Man scheint also zeigen zu können, daß sich in Verhandlungen eindeutige Lösungen angeben lassen, die den Wünschen der Beteiligten entsprechen. Wenn man die vier Nash-Axiome als minimale Fairneß-Bedingungen interpretiert, scheint diese Lösung sowohl dem rationalen Eigeninteresse oder den Wünschen von Personen in einer Verhandlungssituation als auch (unter der Voraussetzung gleicher Diskontraten) plausiblen Gerechtigkeitsforderungen zu genügen: Es ist rational, der Nash-Lösung zuzustimmen. Es mag Menschen geben, die sich in Verhandlungen anders verhalten, dann sind sie eben irrational. Es ist prima facie nicht einsichtig, in welchem Sinne die Verletzung irgendwelcher Rechte oder andere gute Gründe gegen die Nash-Lösung sprechen sollten.

227

3.   Das Sklavenhalter-Argument

Die Nash-Lösung scheint tatsächlich eine „gute" Lösung von Verhandlungsspielen zu sein. So wie die Axiome oben normalsprachlich eingeführt wurden, entsprechen sie nicht nur dem Modell rationaler Wahl, sondern auch weitgehend unseren moralischen Überzeugungen. Das gilt allerdings nur für den bisher diskutierten speziellen Fall, in dem wir zwar mit dem dritten Nash-Axiom der linearen Transformierbarkeit unterschiedliche Bewertungen der Auszahlungen durch die Spielerinnen diskutiert haben, ansonsten aber von gleichen Ausgangsbedingungen ausgegangen sind. Der interessante und für einen Kuhhandel paradigmatische Fall sind hingegen Verhandlungen bei ungleichen Ausgangsbedingungen der Beteiligten. Ungleiche Ausgangsbedingungen lassen sich in das ganz einfache Modell als unterschiedliche Diskontraten einführen, mit denen die Verhandlungspartner rechnen (müssen). Da der Diskontsatz nicht nur als Opportunitätskosten (einer Geldanlage zum Marktzins) interpretiert werden kann, sondern auch die Risiko-Aversion oder eine reine Zeitpräferenz beinhalten kann, entspricht diese Modellierung realen Fällen von Verhandlungen zwischen Beteiligten mit großen Wohlstandsunterschieden: Arme Menschen oder Länder (Hausman, McPherson 1996: 9-16) können oder wollen ihre Ausgaben nicht aufschieben; sie diskontieren besonders stark. Anhand des oben bereits eingeführten ganz einfachen Modells sequentieller Spiele läßt sich graphisch zeigen, wie sich solche Unterschiede auf die Nash-Lösung in Verhandlungsspielen auswirken, wie wir sie bisher diskutiert haben. (Zur Unterscheidung von dem speziellen Fall gleicher Diskontraten wird dieses Ergebnis auch als allgemeine Nash-Lösung bezeichnet.)

Wir gehen von einem Spiel aus, in dem A stärker diskontiert, das heißt, zukünftige Auszahlungen entsprechend geringer bewertet als B. Dann verschiebt sich das Verhandlungsergebnis zugunsten von B von S nach S'. Man kann auch sagen, daß B in diesem Spiel über eine stärkere Verhandlungsmacht verfügt. S' ist für A das beste Ergebnis, das sie unter den gegebenen Machtverhältnissen erreichen kann. Und in diesem Sinne kann man sagen, daß A dem Ergebnis S' zustimmen sollte. Diese Art der Zustimmung unter dem Vorbehalt, daß unter den gegebenen Machtverhältnissen nicht mehr zu erreichen ist, kann man (vielleicht) von der Zustimmung unterscheiden, wie sie in einem Fall gleicher Verhandlungsmacht vorliegt.

228

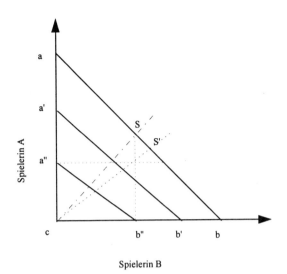

Abbildung 4: Allgemeine Nash-Lösung

Diese noch sehr unklare Intuition, daß ein Verhandlungsergebnis, das sich aus der unterschiedlichen Stärke der Beteiligten ergibt, in einem anderen Sinne als „zustimmungsfähig" zu bezeichnen ist als ein Ergebnis unter gleichen Ausgangsbedingungen, kann man anhand des sogenannten Sklavenhalter-Argumentes erläutern (Gauthier 1986: 190-191). Versetzen wir uns etwas mehr als 100 Jahre zurück und stellen wir uns eine Verhandlung zwischen einer Sklavenhalterin und ihrem Sklaven vor. Die Sklavenhalterin schlägt ihrem Sklaven vor, ihn von den Ketten zu befreien, wenn er dafür einwilligt, etwas mehr zu arbeiten. Wenn man annimmt, daß der Sklave tatsächlich gerne von den Ketten befreit würde, können wir sagen, daß es für ihn rational ist, diesem Handel auch dann zuzustimmen, wenn sich seine Lebensbedingungen ansonsten nicht verbessern und die Sklavenhalterin den gesamten Gewinn aus der Mehrarbeit einstreicht. Zugleich dürfen wir aber annehmen, daß der Sklave versuchen wird, mitsamt seinen Ketten auch das Joch der Sklaverei abzustreifen und sich der leidigen Tyrannei der Sklavenhalterin zu entledigen. Anders als bei der Zustimmung in einer Verhandlung unter gleichen Ausgangsbedingungen, so das Argument, wird mit der Zustimmung in Verhandlungen mit ungleichen Machtverhältnissen kein Zustand erreicht, der alle Beteiligten zufriedenstellt. Auch wenn der Sklave einem Verhandlungsergebnis zugestimmt hat, behält er das Recht, den so erreichten Zustand zu verändern.

Gegen das Sklavenhalter-Argument wenden Vertreter einer „orthodoxen" Interpretation der Theorie rationaler Wahl (Buchanan 1984: 13; Nozick o.J.: 176-186) ein, das Argument gewinne seine Plausibilität daraus, daß zwei Probleme nicht klar genug getrennt werden. Bei realen Verhandlungen geht es, so der Einwand, (anders als bei hypothetischen Verhandlungen) auf der einen Seite um das Problem, ein unter den gegebenen Umständen für alle Beteiligten bestes Ergebnis zu finden. Nur in bezug auf dieses Problem ist die Frage der Zustimmungsfähigkeit sinnvoll. Unter den gegebenen Umständen ist es für den Sklaven eben besser, ohne Fesseln mehr zu arbeiten, als weiterhin angekettet zu sein. Auf der anderen Seite stellt sich das Problem der Durchsetzbarkeit einer Verhandlungslösung. Es macht keinen Sinn zu sagen, daß eine Person das Recht habe, gegen eine Verhandlungslösung, der sie zugestimmt hat, (einer Art Vertrag) zu verstoßen. Das gilt sowohl für die Durchsetzung einer Verhandlungslösung bei gleichen Ausgangsbedingungen als auch im Sklavenhalter-Fall. Man kann sich leicht klarmachen, daß in beiden Situationen analoge Probleme auftreten. Auch bei Gleichverteilung einer Verhandlungsmenge, der rationale Personen bei gleichen Ausgangsbedingungen zustimmen werden, wäre es für jede einzelne besser, wenn sie sich irgendwie einen größeren Anteil sichern könnte. Wenn wir Verhandlungsstärke nicht dem Faustrecht gleichsetzen, bedarf die Durchsetzung der Verhandlungslösung zusätzlicher Absicherung. Ausgeklügelte Auszahlungsmechanismen, wie man sie aus jedem Western oder Krimi bei der Übergabe von Lösegeld kennt, oder einfach ein entwickeltes sanktionierendes Rechtssystem sichern die Durchsetzung von Verhandlungslösungen – im Fall gleichstarker Partner wie auch im Sklavenhalter-Fall.

Eine adäquate Rekonstruktion von Verhandlungen muß den Unterschied zwischen der Zustimmungsfähigkeit einer Lösung unter den empirisch gegebenen Bedingungen und der Durchsetzbarkeit dieser Lösung berücksichtigen. Wenn man Verhandlungen bei ungleicher Verhandlungsstärke (wie Vertreter des Sklavenhalter-Argumentes) kritisiert, stellen sich zwei Fragen. Zum einen muß man genauer erklären können, welche Gründe es in unserer realen Welt dafür gibt, ungleiche Machtverhältnisse zu vernachlässigen. Zum anderen muß man etwas dazu sagen, inwiefern diese Gründe dem Interesse rationaler Personen entsprechen.

4. David Gauthiers „Gutmenschen"

David Gauthier (1986) setzt bei seinem Versuch, die beiden Fragen zu beantworten, bei den Intuitionen des Sklavenhalter-Argumentes an. Dabei versucht er zu zeigen, daß es unter gewissen Umständen in Verhandlungen rational ist, auf die Durchsetzung von Machtpositionen zugunsten angebbarer Rechte der beteiligten Personen zu verzichten. Ich diskutiere im folgenden zunächst sein Argument für die Wahl kooperativer Strategien, das als Versuch einer Antwort auf die erste Frage interpretiert werden kann. In einem zweiten Schritt zeichne ich dann seine Erläuterung individueller Rechte nach. Dabei ist bei Gauthier nicht wirklich verständlich, ob und gegebenenfalls wie diese Antworten bei ihm zusammenhängen oder ob es sich um weitgehend disparate Projekte (Vallentyne 1991) handelt, die nur durch den Buchrücken miteinander verbunden sind.

Gauthier geht von einer normalen zwei Personen Gefangenendilemma-Situation als paradigmatischem Fall der Konkurrenz in Verteilungskonflikten aus (Gauthier 1986: 170-182). (Anders als in Verhandlungsspielen sind beim Gefangenendilemma (wenn man keine gemischten Strategien zuläßt) feste Strategiepaarungen und Auszahlungen gegeben.) Folgt man dieser Charakterisierung, sind Konkurrenzsituationen für die Akteure durch eine symmetrische Auszahlungsstruktur gekennzeichnet. Bei nur zwei möglichen Strategien ist eine Zusammenarbeit („Kooperation") im Vergleich mit antagonistischer Konkurrenz („Defektion") beider Akteure vorteilhaft; die höchsten individuellen Auszahlungen ergeben sich jedoch, wenn es einem der Beteiligten gelingt, kooperatives Verhalten seines Konkurrenten auszubeuten. (Das entspricht dann der Strategiepaarung Kooperation-Defektion.) Dabei sind die Begriffe „Zusammenarbeit" oder „Kooperation" und „antagonistische Konkurrenz" interpretationsbedürftig. Eine plausible Interpretation bietet sich im Rahmen der Theorie öffentlicher Güter an, deren Bereitstellung für alle Beteiligten vorteilhaft ist, die aber auch Ausbeutung durch *free-riding* (Nutzung ohne Beteiligung an der Erstellung) erlauben, weil keine Person von der Nutzung einmal erstellter Güter ausgeschlossen werden kann. Wenn sich die Akteure individuell rational verhalten, sind im Rahmen solcher Gefangenendilemma-Situationen kooperative Lösungen ausgeschlossen.

Gauthiers Argument für die Möglichkeit einer kooperativen Lösung setzt voraus, daß die Dispositionen zu kooperieren oder zu defektieren ähnlich wie bestimmte natürliche Eigenschaften, z.B. „blaue Augen haben", in einer Gesellschaft mit einer angebbaren Häufigkeit verteilt sind. Anders als natürliche Eigenschaften sind diese Dispositionen hingegen Ergebnis einer individuellen Wahl. Auch Spieler, die sich für eine Kooperations-Disposition entschieden haben, werden nur dann kooperieren, wenn sie ihren Mitspieler als kooperativ einschätzen. (Gauthier spricht von einer Strategie des *constrained-maximization*.) Dabei bedeutet „einschätzen" hier so etwas wie (mit einer gewissen Fehlerwahrscheinlichkeit) „erkennen". Weil beidseitige Kooperation vorteilhafter ist als beidseitige Defektion ist es, so Gauthier, rational, sich für eine Kooperations-Disposition zu entscheiden, wenn genügend andere Spieler auch kooperieren. (Dabei sehe ich wieder von den Einzelheiten, insbesondere der genauen Berechnung des Schwellenwertes für Kooperation bei Gauthier ab (siehe dazu Franssen 1994).) Wenn Gauthiers Argument zutrifft, ist es (unter nicht unplausibel restriktiven Bedingungen) rational zu kooperieren.

Allerdings lassen sich (mindestens) zwei Einwände gegen das Gauthier-Argument vorbringen. Erstens bleibt unverständlich, was es in strategischen Entscheidungssituationen heißen soll, daß die Akteure einer Kooperations- (oder Defektions-) Disposition folgen. Mit seinem Versuch zu zeigen, daß sich Kooperation unter bestimmten Umständen „lohnt", bleibt Gauthier auf der einen Seite im Rahmen der konsequentialistischen Standardinterpretation der Theorie rationaler Wahl (Nida-Rümelin 1993). Auf der anderen Seite ist die Annahme einer stabilen Disposition, an der sich die Akteure bei ihren Entscheidungen orientieren, weder mit dem Standardmodell der Entscheidungstheorie vereinbar noch wirklich einsichtig. Gauthier erläutert nicht genau, was man unter einer Entscheidungsdisposition zu verstehen hat, die sowohl (wie bestimmte phänotypische natürliche Eigenschaften) von anderen erkannt werden kann, als auch von einer Person frei gewählt wird (Binmore 1993). Zweitens ist schlicht unklar, was das Argument als Antwort auf die Frage nach der Bedeutung unterschiedlicher Verhandlungsstärken in unserer realen Welt ausrichtet. Die Pointe des Gefangenendilemmas ist gerade, daß die möglichen Strategien und die Auszahlungsmatrix symmetrisch sind, das heißt, beide Akteure über dieselbe Spielstärke oder Macht verfügen. Selbst wenn man genau verstehen würde, in welchem Sinne Personen Dispositionen wählen können, ergibt sich nur unter diesen sehr speziellen Bedingungen des Gefangenendilemmas für beide Mitspieler gleichermaßen ein Vorteil aus der Wahl kooperativer Strategien. Anders als im Gefangenendilemma ist für Verhandlungsspiele unklar, was es heißt zu kooperieren und inwiefern eine kooperative Strategie auch unter asymmetrischen Machtverhältnissen (relativ zu anderen Strategien) höhere Auszahlungen verspricht. Eine Verallgemeinerung des Gauthier-Argumentes, die auch auf ungleiche Machtverhältnisse (und Situationen ohne festgelegte Strategiepaarungen) anwendbar ist, setzt voraus, daß wir erstens Gefangenendilemma-Situationen als paradigmatischen Fall der Konkurrenz betrachten und zweitens eine unter diesen Bedingungen gewählte Disposition als stabil betrachten. Kooperative Personen, so könnte man dann sagen, werden auch in Verhandlungen und unter asymmetrischen Machtverhältnissen kooperieren. Dispositionen lassen sich, so wie sie von Gauthier eingeführt werden, treffend in Analogie zu der Wahl einer Lebensform beschreiben (Gauthier 1994). „Lebensform" bezeichnet dann eine Menge fester Regeln, an denen sich eine Person bei ihren Handlungen orientiert und die auch dann stabil bleiben, wenn sich einzelne Umstände (und die zu erwartenden Auszahlungen) ändern. Regel-geleitetes Handeln folgt nicht mehr nur den (erwarteten) Folgen, so daß man endgültig den engen Rahmen der konsequentialistischen Standardinterpretation der Theorie rationaler Wahl verläßt. Emphatisch kann man auch sagen, daß Personen sich entscheiden, ein bestimmter – eben ein guter oder ein gewitzter – Mensch zu sein. Gauthiers Regelfolger (constrained-maximizer) sind „Gutmenschen".

Folgt man Gauthier so weit, besteht Kooperation eben darin, die Möglichkeit eines individuellen Vorteils nicht auszunutzen. Das entspricht vielleicht besonders gut unseren Erfahrungen mit realen Personen in Verhandlungen (und unseren moralischen Überzeugungen hinsichtlich eines fairen Verhandlungsergebnisses). Es stellt sich dann allerdings die zweite Frage, inwiefern wir sagen können, daß Kooperation in Verhandlungen im Interesse der Beteiligten liegt. Der Verweis auf Dispositionen bleibt unbefriedigend, wenn man nicht erklären kann, warum es gute Gründe dafür gibt, sich auch gegen den eigenen Vorteil zu entscheiden. Wenn Dispositionen als wählbare Strategien eingeführt werden, dann reicht der Hinweis auf die (psychologisch) gegebene Stabilität einer solchen Entscheidung nicht hin, sondern bedarf der Ergänzung im Rahmen einer adäquaten Theorie rationaler Wahl.

Gauthiers Antwort auf die zweite Frage kann in diesem Sinne verstanden werden: Die Nash-Verhandlungslösung ist schlicht unvernünftig. Rationale Personen, so ungefähr die Intuition, gehen Verhandlungen nur dann ein, wenn sie sich im Vergleich mit einer Situation ohne Verhandlungen besserstellen können. Das unterscheidet die Gauthier-Lösung in Verhandlungsspielen von solchen, wie wir sie bisher in Anlehnung an Nash diskutiert haben. Die allgemeine Nash-Lösung geht von einem gegebenen Ausgangspunkt (dem Konfliktpunkt) und gegebenen Verhandlungsstärken (unseren Diskontparametern) aus. Gauthier konstruiert für seine Verhandlungslösung unter Verweis auf die natürlichen Ausgangsbedingungen der Akteure (vor jeder Verhandlung) einen alternativen Referenzpunkt. In Anlehnung an John Lokke geht auch Gauthier davon aus, daß die natürlichen Ausgangsbedingungen eine Art Rechtsanspruch konstituieren, der für Verhandlungen relevant ist:

Personen werden, auch wenn sie Verhandlungen eingehen, nicht auf ihre natürlichen Rechte verzichten (Gauthier 1986: Kap. 7).

Dabei lassen sich zwei Arten von Rechten unterscheiden. (Weder die Unterscheidung noch die Terminologie finden sich so bei Gauthier.) Zum einen gibt es eine Art Abwehrrecht. Jede Person beansprucht eine Mindestauszahlung in Höhe des Beitrages, den sie auch ohne Verhandlungen und unabhängig von anderen Personen, erreichen könnte. (Gauthier nennt das eine Situation ohne externe Effekte: Gauthier 1986: 87, 128; vgl. Buchanan 1991: 209-211.) Zum anderen formuliert Gauthier eine Art Anspruchsrecht auf Auszahlungen aus dem Verhandlungsraum, die den eingebrachten Fähigkeiten der Personen entsprechen sollen. Das setzt voraus, daß wir den Verhandlungsraum als Produkt einer Zusammenarbeit auffassen, in die jede Person ihre Fähigkeiten einbringt. Macht, die sich alleine aus der Verhandlungssituation ergibt, wie z. B. ein relativ vorteilhafter Diskontparameter, ist dann für eine Verhandlungslösung irrelevant. Die Begründung beider Arten von Rechten geht von einem allgemeinen Rechtsprinzip aus, das bei Locke (1983: Kap. 5) ausführlich diskutiert wird und das Gauthier mit Verweis auf diesen voraussetzt: Individuelle Leistungen konstituieren (in einer Welt ohne externe Effekte) Rechtsansprüche. Solche „natürlichen Rechte" sind unabhängig vom positiven Recht (Gesetz).

Den Unterschied, der sich im Vergleich mit der allgemeinen Nash-Lösung für Verhandlungsspiele mit asymmetrischen Verhandlungsräumen ergibt, zeigt die Abbildung 5. Wir gehen wieder von einem Spiel mit gegebenen, zugunsten von A asymmetrischen Verhandlungsstärken aus, das seine Verhandlungslösung in S hat. (Auf die Hilfslinien wurde hier zur besseren Übersichtlichkeit verzichtet.) Für die Konstruktion der Gauthier-Verhandlungslösung, die für Zwei-Personen-Spiele mit der Kalai-Smorodinsky-Lösung (Holler, Illing 1996: 206-213) zusammenfällt, sind der Ausgangspunkt (c) und der sogenannte Idealpunkt entscheidend. Der Ausgangspunkt gibt dabei nicht die faktischen Anfangsbedingungen des Spieles wieder, sondern die hypothetischen Auszahlungen in einer Situation, in der die Beteiligten unabhängig voneinander sind, und entspricht den Abwehrrechten der Individuen. (Hier wurde c zur Vereinfachung im Nullpunkt gewählt, d. h. wir gehen davon aus, daß A und B unabhängig voneinander die gleichen Auszahlungen erreichen würden.) Der Idealpunkt wird wie in der Abbildung aus den Extremen des Verhandlungsraums konstruiert und kann im Sinne von Anspruchsrechten interpretiert werden. Rechte lassen sich so auch formal abbilden und in eine Verhandlungslösung integrieren.

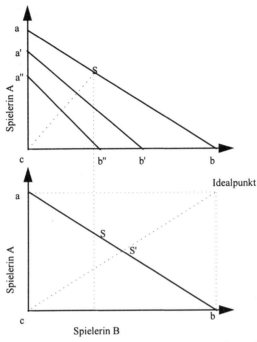

Abbildung 5: Darstellung der Gauthier-Verhandlungslösung

Allerdings setzt diese Verhandlungslösung voraus, daß alle Akteure genau
verstehen, was natürliche Rechte sind, und daß sie sich solche Rechte wechselseitig und unabhängig von den faktischen Ausgangsbedingungen zugestehen. Die Vorstellung wechselseitig anzuerkennender Rechte ist aber alles
andere als klar. So wie Gauthier Rechte einführt, gibt es mindestens drei
Probleme. Erstens ist nicht klar, wie Verhandlungspartner legitime Rechtspositionen erkennen können. Anders als z. B. bei Präferenzen, die in Verhandlungen als bekannt vorausgesetzt werden, ist die Offenlegung von
Rechten kein rein epistemisches Problem. Die Anerkennung von Rechtsansprüchen setzt normative Urteile voraus, die von allen geteilt werden müssen.
Gauthier versucht, dieses Problem zu umgehen, indem er Rechtspositionen
aus einer Situation vor jeder Verhandlung herleitet: Es handelt sich eben um
natürliche Rechte. Allerdings hilft auch dieser „Trick" nicht weiter. Da die
Referenzsituation hypothetisch ist, können die Ansprüche nicht einfach
„erkannt" oder abgelesen werden. Die soziale Verhandlungssituation ist von
einer (hypothetischen) Situation unabhängiger Individuen (ohne externe

Effekte) zu unterscheiden. Selbst wenn wir annehmen, die Verhandelnden könnten sich alle (und alle in gleicher Weise) eine solche Situation vorstellen, führt die notwendige Unterscheidung dieser Situation von der sozialen Verhandlungssituation zweitens zu dem Problem der Übertragbarkeit von hypothetischen Rechtsansprüchen auf die faktische Verhandlungssituation. Auch Rechtsansprüche, die mit Bezug auf die hypothetische Situation eindeutig anerkannt werden, können in der Verhandlungssituation miteinander konfligieren und also nicht durchsetzbar sein. Auch wenn man die (nun schon recht starke) Annahme teilt, daß natürliche Rechte eindeutig zu erkennen sind und auch in Verhandlungen nicht miteinander konfligieren, kann man sich schließlich drittens fragen, inwiefern aus natürlichen Rechten, die aus einer hypothetischen Situation abgeleitet werden, sinnvoll verbindliche Ansprüche in realen Konflikten legitimiert werden können. Genau das behauptet aber das allgemeine Rechtsprinzip, auf das sich Gauthier (mit Verweis auf Locke) bei der Begründung natürlicher Rechte beruft.

Die Rede von natürlichen Rechten ist, so wie sie bei Gauthier eingeführt wird, nicht verständlich. Es ist nicht einsichtig, inwiefern es für die Beteiligten einer Verhandlung gute Gründe gibt, sich wechselseitig solche Rechte zuzuerkennen. Gauthier muß für sein Verhandlungsmodell nicht nur starke psychologische Annahmen, wie die Erkennbarkeit stabiler Entscheidungsdispositionen, voraussetzen, sondern es bedarf außerdem Verhandlungspartner, die sehr ähnliche Vorstellungen über ein anzustrebendes Verhandlungsergebnis teilen und bereit sind, auf die Durchsetzung weitergehender eigener Möglichkeiten zu verzichten. Unsere reale Welt ist aber (im allgemeinen) nicht mit solchen Gauthierschen „Gutmenschen" bevölkert.

5. Rechte und soziale Beziehungen

Wenn man nicht glaubt, daß unsere Welt von lauter Gutmenschen bevölkert ist, und wenn man auch kein besonderes Vertrauen in die Ausstattung der Erdenbewohner mit natürlichen Rechten hat, scheint mein ganzes Projekt zum Scheitern verurteilt. Es mag dann immer noch sein, daß reale Personen in Verhandlungssituationen mit asymmetrischen Machtverhältnissen eher irgendwelchen (moralischen) Intuitionen als der Theorie rationaler Wahl folgen. Wenn es nicht gelingt, die mit dem Sklavenhalter-Argument zum Ausdruck gebrachte Überzeugung gegebener Rechtspositionen zu begründen, bleibt uns nichts anderes übrig, als ein solches Verhalten irrational zu nennen. Im Rahmen der konsequentialistischen Standardinterpretation der Theorie rationaler Wahl und der von Gauthier mit Verweis auf John Locke aufgegriffenen Tradition natürlicher Rechte läßt sich nicht für meine Ausgangsthese argumentieren.

Man kann allerdings mit Gründen sowohl der konsequentialistischen Standardinterpretation als auch der Lockeschen Naturrechtstradition widersprechen, ohne deshalb das Programm einer Theorie rationaler Wahl oder die Vorstellung natürlicher (also unabhängig vom positiven Recht begründeter) Rechte ganz aufgeben zu müssen. Im Rahmen einer modifizierten Theorie der Rationalität läßt sich auch die Rede von natürlichen Rechten ganz gut verstehen. Der Ausgangspunkt der Kritik an Gauthier war das Unverständnis darüber, was es heißt, daß Personen Dispositionen wählen. Gauthier modelliert die Wahl von Dispositionen so, als sei die Wahl unabhängig von den Entscheidungen anderer Personen. Das funktioniert aber nur, weil er davon ausgeht, daß die Verbreitung von Dispositionen in einer Gesellschaft dem Muster natürlicher Eigenschaften („blaue Augen haben") von Personen folgt. Das ist aber auch im Rahmen von Gauthiers eigenen Überlegungen unsinnig. Wenn kooperative oder defektierende Strategien das Ergebnis individueller Wahl sind, ist es nicht möglich, von einer gegebenen Verbreitung dieser Strategien in einer Gruppe auszugehen. Es ist rational, so ungefähr Gauthiers Überlegung, sich für eine kooperative Verhaltensweise verbindlich zu entscheiden, wenn auch genügend andere bereit sind, sich kooperativ zu verhalten. Gauthier vernachlässigt bei seinem Versuch der Modellierung die soziale Struktur dieser Wahl: Die Entscheidungen für Kooperation oder Defektion der Mitglieder einer Gruppe lassen sich nicht unabhängig voneinander beschreiben.

Dabei muß man dann natürlich genauer erklären, was es heißt, daß Entscheidungen nicht unabhängig beschreibbar sind, und was genau „Kooperation" und „Defektion" hier bedeutet. Zur Illustration kann die arbeitsteilige Produktion als der paradigmatische Fall einer sozialen Struktur dienen, in der individuelle Entscheidungen voneinander abhängen. Grundlage der arbeitsteiligen Produktion ist die Zusammenarbeit von Menschen mit verschiedenen Stärken oder Fähigkeiten, deren gemeinsame Anstrengung (aufgrund von *economics of scale*-Effekten) höher zählt als die individuellen Einzelleistungen. Anders als beim Gefangenendilemma, bei dem der Focus auf der Frage der individuell besten Strategie liegt, steht bei dem Beispiel der arbeitsteiligen Produktion das Problem der Verteilung im Mittelpunkt: Menschen, die zusammenarbeiten, müssen das Produkt ihrer Zusammenarbeit aufteilen.

Man kann mit Gauthier der Meinung sein, daß die Verteilung den eingebrachten Fähigkeiten der beteiligten Personen entsprechen soll. Dabei muß man sich auf solche Fähigkeiten beziehen, die in irgendeiner Weise für das

Produkt der Zusammenarbeit relevant sind. Eine anteilige Verteilung setzt aber voraus, daß einzelnen Fähigkeiten Anteile am Produkt der gemeinsamen Arbeit zugeordnet werden können. Das ist bei der arbeitsteiligen Produktion typischerweise gerade nicht der Fall. Zwar kann man sagen, daß ein berechenbarer Schaden entsteht, wenn einer der Beteiligten die Mitarbeit einstellt. Der Schaden entspricht dem Unterschied zweier Produktionsverhältnisse, nicht jedoch dem Anteil der Person an der ursprünglichen Zusammenarbeit. Eine Person kann mit der Drohung, ihre Mitarbeit einzustellen, Macht ausüben, sie kann jedoch nicht legitime Ansprüche an die Verteilung begründen. Wenn man (wie Nozick o.J.: 3. Teil) Ansprüche aus der Ausübung solcher Verhandlungsmacht als legitim oder mindestens als im Vergleich mit allen weitergehenden Ansprüchen wohlbegründet bezeichnet, setzt man voraus, daß Ansprüche alleine deshalb als wohlbegründet gelten, weil uns keine alternativen Begründungsverfahren einfallen.

Genau das widerspricht aber sowohl unseren Erfahrungen als auch unseren moralischen Überzeugungen. Vertreter des Gleichheitsprinzips sagen, daß es (unter „normalen" Bedingungen) keinen guten Grund dafür gibt, in Verteilungsfragen von der Gleichverteilung abzuweichen (Dworkin 1990: 254). Das ist offensichtlich falsch, wenn wir von strikter numerischer Gleichverteilung und Menschen mit unterschiedlichen Interessen und Bedürfnissen ausgehen. Auch wenn wir annehmen, daß Menschen arbeitsteilig zusammenarbeiten und keine anteiligen Ansprüche am Produkt zuordenbar sind, kann man sagen, daß mindestens unterschiedliche Interessen und Bedürfnisse berücksichtigt werden müßten. Das entspricht ungefähr den Überlegungen, mit denen oben bei der Diskussion der Nash-Lösung das Axiom der Transformierbarkeit eingeführt wurde. Dagegen kann man allerdings einwenden, daß es nicht im Interesse einer Person sein kann, zugunsten irgendwelcher exzentrischer und vielleicht besonders kostspieliger Bedürfnisse anderer auf Anteile an dem Produkt der gemeinsamen Arbeit zu verzichten (Dworkin 1981: 228-240). In welchem Sinne kann man dann sagen, daß Gleichverteilung als Verteilungsgrundsatz bei der arbeitsteiligen Zusammenarbeit wohlbegründet ist?

Wenn man mit anderen zusammenarbeitet, setzt das zwar voraus, daß sich die Beteiligten wechselseitig zugestehen, bei Verhandlungen ihre individuellen Interessen zu verteidigen. Unter der Bedingung der Knappheit werden sich eigeninteressierte Akteure aber nicht unbedingte Ansprüche auf bestimmte Anteile am gemeinsam geschaffenen Produkt zugestehen; die konkrete Verteilung ist tatsächlich das Ergebnis einer Verhandlung. Es ist nicht vernünftig, mit anderen zusammenzuarbeiten, wenn man weiß, daß diese Verhandlung über die Verteilung des gemeinsam erstellten Produktes aus welchen Gründen auch immer, seien es besondere Fähigkeiten oder Bedürfnisse der anderen Beteiligten oder die Machtverhältnisse in der Gruppe, unter asymmetrischen Ausgangsbedingungen stattfindet. Statt uns auf Kriterien der Verteilung zu konzentrieren, ist es also mindestens für arbeitsteilige Zusammenarbeit sinnvoll, die Strukturen legitimer Verhandlungen zu klären. Soziale Strukturen sind anders als die Naturgesetze, denen wir weitgehend hilflos ausgeliefert sind, das Ergebnis von Entscheidungen der beteiligten Personen. Die Forderung nach Gleichheit läßt sich in bezug auf diese Strukturen von Verhandlungen sinnvoll als Forderung nach einem Verzicht auf die Durchsetzung von Macht verstehen. Weil die Zusammenarbeit im Interesse aller Beteiligten liegt und mindestens „schwächere" Personen einer Zusammenarbeit nur zustimmen werden, wenn sie bei der Verhandlung um die Verteilung des Produkts dieser Arbeit nicht strukturell benachteiligt sind, kann man auch sagen, daß diese Art von Gleichheit der Ausgangsbedingungen im Interesse aller an der Zusammenarbeit Beteiligten liegt.

Man kann jetzt genauer erklären, was es heißt, daß rationale Personen im Rahmen sozialer Strukturen kooperieren und inwiefern dabei Rechte bedeutend sind. Eine Person wählt nicht nur im Rahmen gegebener Strukturen eine individuell beste Strategie, sondern auch die Konstitution der Strukturen. Schwächere werden nur dann einer Zusammenarbeit zustimmen, wenn der vorgesehene Verteilungsmechanismus sie nicht benachteiligt – ansonsten sehen sie sich halt nach anderen (gleichermaßen schwachen) Partnern um. Für Stärkere hingegen wäre bei Zusammenarbeit zwar ein Verteilungsmechanismus vorteilhaft, der ihnen erlaubt, ihre Macht durchzusetzen. Wenn sie aber mit anderen zusammenarbeiten wollen, müssen sie entweder bei der Zusammenarbeit mit Schwächeren einer Verteilung unter gleichen Ausgangsbedingungen zustimmen oder sie arbeiten mit anderen Starken zusammen, so daß sich eine Art Machtgleichgewicht ergibt. Kooperation besteht also in der Konstitution eines Verteilungsmechanismus unter gleichen Ausgangsbedingungen. Diese Überlegungen sind weitgehend unabhängig von den in realen Verhandlungen erzielbaren Auszahlungen der Akteure. Reale Verhandlungen zeichnen sich gerade dadurch aus, daß sich das Ergebnis nicht ex ante eindeutig bestimmen läßt: Eine Rekonstruktion im Rahmen des strikt konsequentialistischen Modells der Theorie rationaler Wahl wird damit unmöglich (Brams, Taylor 1996: 231-236).

Der von den Akteuren gemeinsam festgelegte Ausgangspunkt läßt sich als Rechtsposition auffassen. Anders als bei Gauthier werden solche Rechtspositionen weder aus einer hypothetischen „natürlichen" Situation unabhängiger Personen abgeleitet noch sind sie mit eindeutigen Ansprüchen auf eine bestimmte Auszahlung oder einen bestimmten Anteil einer Auszahlungsmenge verbunden. Rechte sind Teil der sozialen Struktur, auf die sich rationale Akteure einigen werden, und erlauben allen Akteuren gleichermaßen, in Verhandlungen ihre individuellen Interessen zu verfolgen. Man kann deshalb auch von sozialen Rechten sprechen. Die Ausnutzung von Macht wird mit der Anerkennung sozialer Rechte ausgeschlossen. Die Begründung solcher Rechte ist unabhängig von geltendem positiven Recht, sondern leitet sich aus den sozialen Beziehungen realer Akteure her. (Zu der Tradition dieser Begründungsform im Rahmen der Naturrechts-Diskussion siehe Welzel 1955: 67-81, 100-105). Die Anerkennung solcher Rechte bezieht sich zunächst nur auf Personen, die sich an der Zusammenarbeit beteiligen (können); über weitergehende Rechte von Menschen, die sich entweder nicht an der Zusammenarbeit beteiligen können (Kranke) oder wollen („Lebenskünstler" und „Individualisten"), ist damit noch nichts gesagt.

Für „normale" Verhandlungen zwischen Personen, die zusammenarbeiten, läßt sich unter Verweis auf die in sozialen Beziehungen anzuerkennenden Rechte ganz gut erklären, warum reale Personen mit Gründen nicht dem Standardmodell der Theorie rationaler Wahl folgen bzw. folgen sollten. Die Verhandlungstheorie erweist sich als geeigneter Rahmen, das Problem individueller Rechte in Verteilungskonflikten zu diskutieren. Selbst wenn man aufgrund der unplausibel starken Annahmen nicht bereit ist, die Gauthier-Lösung zu akzeptieren, erweist sich sein Ansatz einer Modifikation der formalen Verhandlungstheorie als fruchtbar. Die Begründung sozialer Rechte setzt nur zwei plausible Annahmen voraus. Die erste betrifft die Produktionsfunktion in der arbeitsteiligen Zusammenarbeit, die eine abnehmende Grenzproduktivität aufweisen muß, so daß die individuellen Anteile an der Gesamtproduktion nicht zuordenbar sind. Die zweite Annahme bezieht sich auf die weitgehende Freiheit bei der Wahl alternativer Koalitionen (von Schwächeren oder Stärkeren einer Gruppe). Die zweite Annahme erweist sich empirisch als restriktiver. In entwickelten ökonomischen Gesellschaften schränken das Steuerrecht, die Kapitalverfügbarkeit usw. die Koalitionsmöglichkeiten de facto ein: Schwächere werden so gezwungen, sich auf Verhandlungen unter asymmetrischen Machtverhältnissen einzulassen.

Natürlich kann man gegen diese Überlegungen einwenden, daß es doch Situationen geben mag, in denen auch asymmetrische Verhandlungen den Schwächeren von Vorteil erscheinen. Genau dies bezeichne doch der Begriff des Kuhhandels. Wenn man den Überlegungen bisher gefolgt ist, wird man auf diesen Einwand erwidern, Schwächere müßten unter asymmetrischen Machtverhältnissen davon ausgehen, daß die Stärkeren diese Machtverhältnisse auch ausnutzen werden, so daß sie in realen Verhandlungen unter asymmetrischen Ausgangsbedingungen keine oder nur geringfügige Verbesserungen erreichen können. (Das entspricht einer Lösung auf der Paretofront nahe der Maximalauszahlung für die Stärkeren.) Für Schwächere wäre es besser, sich mit anderen (den vielen Schwachen) zusammenzutun. Die Diskussion sozialer Rechte bei Verhandlungen ist ökonomisch und politisch relevant. Nicht ohne Grund warnten die „Sozialistischen Monatshefte" 1898 die Sozialdemokratie vor einem Kuhhandel beim Mandatschacher und forderten reale Gleichheit in politischen Verhandlungen. Zusammenarbeit setzt voraus, daß die Partner gleichberechtigt ihre Interessen verfolgen können. Ansonsten dienen Verhandlungen nur der Legitimation von Ansprüchen der Mächtigeren.

Literaturverzeichnis

Anderson, E., 1993: Value in Ethics and Economics. Cambridge/Mass.

Binmore, K., 1992: Fun and Games. Lexington/Mass.

Binmore, K., 1993: Bargaining and Morality. In: Gauthier/Sugden (Hg.), 1993, 131-156

Brams, S. J./ Taylor, A. D., 1996: Fair Division. From Cake-Cutting to Dispute Resolution. New York u.a.

Buchanan, J, 1984: Die Grenzen der Freiheit. Tübingen

Buchanan, J., 1991: The Economics and the Ethics of Constitutional Order. Kap. 16 „The Gauthier Enterprise". Ann Arbor

Dworkin, R., 1981: What is Equality? Part I: Equality of Welfare. In: Philosophy and Public Affairs, 10.3, 185-246

Dworkin, R., 1990: Bürgerrechte ernstgenommen. Frankfurt

Eckensberger, L. H./ Gähde, U. (Hg.), 1993: Ethische Norm und empirische Hypothese. Frankfurt

Eisenführ, F./ Weber, M., 1994: Rationales Entscheiden. Berlin u.a.

Franssen, M, 1994: Constrained Maximization Reconsidered - An Elaboration and Critique of Gauthier's Modelling of Rational Cooperation in a Single Prisoner's Dilemma. In: Synthese, 101, 249-272

Gauthier, D., 1986: Morals by Agreement. Oxford

Gauthier, D., 1994: Assure and Threaten. In: Ethics, 104, 690-721

Gauthier, D./ Sugden, R., (Hg.), 1993: Rationality, Justice and the Social Contract. Ann Arbor

Hausman, D./ McPherson, M. S., 1996: Economic Analysis and Moral Philosophy. New York u.a.

Holler, M./ Illing, G., 1996: Einführung in die Spieltheorie. Berlin u.a.

Kirchgässner, G., 1991: Homo Oeconomicus. Tübingen

Locke, J., 1983: Über die Regierung. Stuttgart

McClennen, E. F., 1993: Rationality and Dynamic Choice. Foundational Explorations. New York u.a.

Nida-Rümelin, J., 1993: Practical Reason, Collective Rationality and Contractarianism. In: Gauthier/ Sugden (Hg.), 1993, 53-73

Nozick, R., o.J.: Anarchie, Staat und Utopie. München

Schockenhoff, E., 1996: Naturrecht und Menschenwürde. Universale Ethik in einer geschichtlichen Welt. Mainz

Simon, H., 1986: Rationality in Psychology and Economics. In: Journal of Business, 59, 219-224

Spohn, W., 1993: Wie kann die Theorie der Rationalität normativ und empirisch zugleich sein? In: Eckensberger/ Gähde (Hg.), 1993, 151-196

Tversky, A./ Kahnemann, D., 1981: Rational Choice and the Psychology of Choice. In: Science, 211, 453-458

Tversky, A./ Kahnemann, D., 1986: Rational Choice and the Framing of Decisions. In: Journal of Business, 59, 251-278

Vallentyne, P. (Hg.), 1991: Contractarianism and Rational Choice. New York u.a.

Vallentyne, P., 1991: Gauthier's three Projects. In: Vallentyne (Hg.), 1991, 1-11